T0267825

LOS JUICIOS DE
NÚREMBERG

Annette Wieviorka

LOS JUICIOS DE NÚREMBERG

El primero de los grandes procesos internacionales

Traducción del francés de
Hugo López Araiza Bravo

CRÍTICA

Título Original: *Le procès de Nuremberg*
Esta obra se ha publicado dos veces con el mismo título, en 1995 (Édilarge S.A.
Éditions Ouest-France, Rennes) y en 2005 (Memorial por la Paz, Caen).

© Annette Wieviorka
© Éditions Liana Levi, 2006-2022

Diseño de portada: Planeta Arte & Diseño / Estudio La fe ciega / Alejandra Ruíz
Esparza
Fotografías de portada: Wikimedia Commons
Traducido por: Hugo López Araiza Bravo
Diseño de interiores: Elizabeth Estrada Morga

Derechos reservados

© 2023, Ediciones Culturales Paidós, S.A. de C.V.
Bajo el sello editorial CRÍTICA M.R.
Avenida Presidente Masarik núm. 111,
Piso 2, Polanco V Sección, Miguel Hidalgo
C.P. 11560, Ciudad de México
www.planetadelibros.com.mx
www.paidos.com.mx

Primera edición en formato epub: septiembre de 2023
ISBN: 978-607-569-575-4

Primera edición impresa en México: septiembre de 2023
ISBN: 978-607-569-574-7

Impreso en los talleres de Litográfica Ingramex, S.A. de C.V.
Centeno núm. 162-1, colonia Granjas Esmeralda, Ciudad de México
Impreso y hecho en México – *Printed and made in Mexico*

Índice

Introducción

El 17 de agosto de 1987, en la fortaleza de Spandau en Berlín Oriental, custodiada aquel día por los estadounidenses, se suicidó Rudolf Walter Richard Hess de 93 años. El cuerpo fue entregado a su familia. No lo incineraron, como a todos los demás acusados condenados a muerte y cuyas cenizas fueron dispersadas. La fortaleza, que ya solo albergaba a un prisionero, fue destruida. El último de los inculpados desapareció cuarenta años después del gran juicio de Núremberg, un acontecimiento primordial en la historia del siglo xx. Por primera vez —y última, hasta la acusación de Slobodan Milošević en 1999—, los más altos responsables de un Estado fueron llevados ante un tribunal de justicia internacional y juzgados. Por consiguiente, el juicio entró en la Historia como un suceso aparte y único que suscitó de inmediato una abundante bibliografía, más estadounidense que francesa. Primero entre los juristas, que cuestionaron su legitimidad y no cesaron de debatir sus posibles consecuencias: Núremberg fue el origen de un nuevo derecho internacional. Después, entre los historiadores, quienes se dedicaron a exponer sus premisas, a describir a sus actores y a analizar su desarrollo.

En ese marco se inscribe nuestra obra, que quiere proponer a los lectores una síntesis de ese juicio. En primer lugar, ¿cómo nació la idea misma de celebrar ese proceso? ¿Cómo se elaboró el estatuto del tribunal, cómo se redactaron los cargos y se eligieron a los acusados? ¿Cómo se desarrolló el juicio y qué aspectos de la historia del Tercer Reich y de la Segunda Guerra Mundial puso en evidencia? Y finalmente, ¿qué posteridad tuvo el proceso?

1

De camino al juicio

A diferencia de la Primera Guerra Mundial, el fin de la segunda estuvo marcado por una explosión de juicios por crímenes de guerra o colaboración con el enemigo debido a que, en todos los países europeos ocupados por los nazis, la violencia fue extrema y, desde la invasión de Polonia en septiembre de 1939, se dirigió sobre todo contra la población civil.

Muy rápido, las noticias fragmentadas y casi siempre inverificables sobre esos actos criminales llegaron a oídos aliados por medio de agentes clandestinos o de viajeros de países neutrales. Primero llegaron a Londres, donde fueron escuchadas por los polacos reunidos en torno a Władysław Sikorski, quien había sido designado primer ministro del Gobierno en el exilio, con sede en París, por el presidente de la República de Polonia, Raczkiewicz, el 30 de septiembre de 1939, después de que el país fuera invadido y anexionado al mismo tiempo por Alemania y la Unión Soviética.

Tras la debacle francesa, Sikorski llegó a Londres y presidió el destino de una Polonia borrada del mapa hasta su muerte, el 4 de julio de 1943, en un accidente aéreo sobre Gibraltar que aún no ha sido esclarecido. A finales de 1941, el Gobierno polaco estaba lejos de ser el único exiliado en Londres. En ese momento, en la capital británica, había ocho Gobiernos de países ocupados por los nazis que estaban atentos a los crímenes cometidos contra sus ciudadanos.

Las noticias no solo llegaban a Londres. Estados Unidos mantuvo embajadas en varios países del Viejo Continente hasta su entrada en la guerra en diciembre de 1941. Así, la embajada ubicada en Berlín avisó al Gobierno estadounidense de la deportación de judíos alemanes a Polonia y, entre 1940 y1941, llegaron informes a Estados Unidos sobre las redadas y los trabajos forzados en las granjas y fábricas alemanas. Ciertos nombres se volvieron familiares para la opinión pública de los países no ocupados: Hermann Göring, Rudolf Hess, Heinrich Himmler, Joseph Goebbels, Julius Streicher y Albert Speer.

El 13 de enero de 1942, los representantes de ocho Gobiernos en el exilio y del Comité de la Francia Libre se reunieron en el Palacio de St. James en Londres para celebrar una «conferencia interaliada para el castigo de los crímenes de guerra». Exigían «que la guerra tenga por objetivo principal, entre otros, castigar a los culpables de estos crímenes contra la humanidad, sea cual fuere el nivel de responsabilidad de los autores». Afirmaron «su voluntad de perseguir, investigar, juzgar y condenar a los criminales, sin distinción de origen, y velar por la ejecución de las sentencias en el marco de una jurisdicción internacional».[1]

La idea no era nueva, pues había sido formulada desde el final de la Gran Guerra. En efecto, el artículo 227 del Tratado de Versalles estipulaba que «las potencias aliadas y asociadas acusan públicamente a Guillermo II de Hohenzollern, exemperador de Alemania, por ofensa suprema contra la moral internacional y la autoridad sagrada de los tratados». Debía constituirse un tribunal especial «para determinar la pena que estime deba ser aplicada». Sin embargo, como el Gobierno holandés se rehusó a entregar a Guillermo II, su juicio nunca se llevó a cabo. El artículo 228 del Tratado de Versalles preveía el juicio de los criminales de guerra, pero solo hubo uno en Leipzig, de mayo de 1921 a diciembre de 1922, y fue en gran parte una farsa, en él absolvieron a 888 acusados y condenaron a 13 a penas ligeras que ni siquiera purgaron.

La Declaración del Palacio de St. James retomaba la idea de juzgar a los criminales emitida en el Tratado de Versalles, pero también quería asegurarse de la realización práctica del proceso. De ahí la idea de elaborar durante la guerra misma una «jurisdicción internacional» que estableciera el marco para juicios futuros. Aquel 13 de enero de 1942, en Londres, cobró forma la idea de un proceso internacional.

Sin embargo, es más fácil hacer declaraciones públicas y proferir amenazas que organizar la represión prevista para la posguerra. Se sucedieron varias declaraciones. La del 17 de diciembre de 1942 tiene una importancia particular, pues menciona por primera vez de manera explícita la masacre de los judíos. Publicada de forma simultánea en Londres, Moscú y Washington, la declaración interaliada fue leída por Anthony Eden, secretario del Ministerio de Asuntos Exteriores, en la Cámara de los Comunes: «La atención de los Gobiernos de Bélgica, Gran Bretaña, Países Bajos, Grecia, Luxemburgo, Noruega, Polonia, los Estados Unidos de América, la Unión de Repúblicas Socialistas Soviéticas, Checoslovaquia, Yugoslavia y el Comité Francés de la Liberación Nacional ha sido atraída por múltiples noticias provenientes de distintas fuentes europeas, según las cuales la administración alemana, en los territorios que ha sometido a leyes bárbaras, no se contenta con retirarles a las personas de origen israelita los derechos humanos más elementales, sino que se prepara para ejecutar el designio muchas veces expresado por Hitler de exterminar al pueblo judío en Europa. Los judíos están siendo concentrados en condiciones inhumanas en Europa Central, en particular en Polonia, que los nazis han transformado en un gigantesco matadero. Vacían sistemáticamente los guetos que ellos constituyeron, a excepción de algunos trabajadores altamente calificados que son necesarios para su industria bélica. Nunca hemos logrado obtener información sobre los deportados. Los más robustos entre ellos son lentamente socavados por el agotamiento que provocan los trabajos forzados en los campos, mientras que los más débiles mueren de hambre o son simplemente masacrados. Las víctimas de esas sanguinarias atrocidades, hombres, mujeres y niños inocentes, se cuentan por cientos de miles.

»Los gobiernos arriba nombrados, junto con el Comité Francés de la Liberación Nacional (CFLN), condenan con el rigor más extremo esa política de exterminio. Declaran que tales actos solo pueden reforzar la determinación de los pueblos libres de destruir la tiranía bárbara del régimen de Hitler. Reafirman solemnemente su voluntad de castigar a los culpables de acuerdo con sus crímenes y acelerar las medidas necesarias para llegar a ese fin».[2]

«Castigar a los culpables», sin duda. Pero no hay ninguna indicación en cuanto a la naturaleza de ese castigo ni de los medios para lograrlo. El problema, más allá del principio del castigo, reafirmado sin cesar desde St. James, se mantenía intacto.

En octubre de 1943, las cosas se aclararon en parte. Se trató, en efecto, de la creación y del establecimiento de una Comisión de Crímenes de Guerra de las Naciones Unidas en Londres. La expresión «Naciones Unidas» apareció durante la declaración de principios de la Conferencia de Washington en diciembre de 1941, donde Roosevelt y Churchill discutieron sus objetivos bélicos y designaron a las naciones asociadas en la lucha contra el nazismo. La Comisión de Crímenes de Guerra reagrupaba a 17 de ellas (Sudáfrica, Australia, Bélgica, Canadá, China, Estados Unidos, Francia, Grecia, las Indias Orientales, Luxemburgo, Nueva Zelanda, Noruega, Países Bajos, Polonia, Reino Unido, Checoslovaquia y el CFLN) y celebró su primera reunión el 20 de octubre de 1943 en el Ministerio de Asuntos Exteriores, en Londres. La Unión Soviética, cuya participación estaba contemplada, se ausentó. Reclamaba siete representantes, uno por cada una de sus repúblicas donde se desarrollaba el combate (Ucrania, Bielorrusia, las tres repúblicas bálticas, la República Carelo-Finesa y Rusia misma). Entre las Naciones Unidas había ocho Gobiernos en el exilio y el CFLN, lo que ya constituía una debilidad: nada permitía afirmar que esos Gobiernos serían restaurados tras la liberación de sus respectivos países. Además, la Comisión solo disponía de medios irrisorios. Se suponía que investigaría los crímenes de guerra, pero no contaba con el equipo necesario para ello y los recursos de los Gobiernos que la mantenían eran magros; en un último análisis, solo le restaba una posibilidad: registrar los casos de criminales de guerra que le transmitían los distintos Gobiernos.

En marzo de 1944, sir Cecil Hurst, el británico que asumió la presidencia de la Comisión, confesó que apenas un puñado de casos podía considerarse razonablemente como atrocidades.[3] La Comisión no había recibido ninguna prueba que demostrara las masacres de judíos en Polonia. Quince meses después, durante la preparación de los juicios de Núremberg, la Comisión constató que esas pruebas existían, que estaban en manos del Gobierno británico y que este no se las había transmitido.

Entonces, la Comisión dirigió su atención a cuestiones jurídicas. ¿Acaso la guerra de agresión es un crimen, según el derecho internacional? ¿Los crímenes de un Gobierno contra sus propios ciudadanos pueden considerarse crímenes contra la humanidad bajo jurisdicción internacional?

No se trataba de preguntas nuevas; ya habían sido planteadas tras la Gran Guerra y las respuestas no eran más claras que en aquel entonces. Esa reflexión previa alimentó a la de los juristas que prepararon los juicios de Núremberg. De hecho, la Comisión se mantuvo en fase preparatoria hasta la primavera de 1945, planteando preguntas de principio y reflexionando sobre las reglas de procedimiento. Es decir que cuando se abrió la negociación que culminó con la famosa Carta de Londres que fijó el Estatuto del Tribunal Internacional de Núremberg, la Comisión apenas estaba en los prolegómenos, y su trabajo se realizó en paralelo al de los representantes de Francia, Reino Unido, la Unión Soviética y Estados Unidos que preparaban el proceso de los «grandes» criminales en la misma ciudad, Londres. En realidad, los resultados de la Comisión fueron magros, y la única contribución importante de los Gobiernos en el exilio, cuyas poblaciones fueron las que más sufrieron, fue la Declaración de St. James.

El 30 de octubre de 1943, al mismo tiempo en que se creaba oficialmente la Comisión de Crímenes de Guerra, se redactó una declaración que pasaría a la historia como la Declaración de Moscú. En efecto, durante la reunión en Moscú de los ministros de Asuntos Exteriores —el estadounidense Cordell Hull, el británico Anthony Eden y el soviético Mólotov—, se redactó una declaración que Roosevelt, Stalin y Churchill hicieron propia. En ella, los aliados evocaron dos tipos de criminales: los que cometieron sus crímenes en un solo lugar serían «llevados a la escena de sus crímenes y juzgados por los pueblos contra los que habían atentado», mientras que los principales (*major* en inglés) «culpables de crímenes en distintos países deben ser castigados en virtud de una decisión común de los gobiernos aliados». Esa tipología no tomaba en cuenta la enormidad del crimen, sino su envergadura geográfica, su carácter transnacional, en principio vinculado con grandes responsabilidades. Por poner solo un ejemplo: Rudolf Höss, comandante de Auschwitz, el hombre a cargo de transformar Auschwitz-II Birkenau en la sede de la masacre de los judíos llegados de toda la Europa ocupada, debía ser entregado al lugar donde llevó a cabo su crimen, en Polonia, para ser juzgado ahí. Sin embargo, la naturaleza de la «decisión común» mencionada en la declaración —proceso, ejecución sumaria— no quedó establecida en Moscú. La Declaración de Moscú tuvo como efecto despojar a la Comisión de Crímenes de Guerra de los «principales» criminales.

Entre el 28 de noviembre y el 2 de diciembre de 1943 se celebró la Conferencia de Teherán, donde, por primera vez en la historia de la Segunda Guerra Mundial, se encontraron Roosevelt, Stalin y Churchill. Las discusiones políticas versaron sobre tres puntos: la creación de una Organización de Naciones Unidas, las futuras fronteras de Polonia y la suerte de Alemania. Para Stalin, el final de la guerra no debía concluir con un armisticio, sino con la rendición incondicional de Alemania. Sin embargo, aunque la cuestión de los crímenes de guerra no figurara en el orden del día de la conferencia, durante una cena ocurrió una curiosa conversación. Durante un largo discurso que acompañaba a un brindis, Stalin declaró que cincuenta mil oficiales alemanes debían ser pasados por las armas. Churchill tomó sus palabras al pie de la letra y declaró que ni él ni la opinión pública británica podrían tolerar ejecuciones en masa de oficiales. Charles Bohlen, intérprete de Roosevelt y el único estadounidense rusófono presente durante esa conversación, pensó que Stalin lo decía medio en broma, que su sonrisa sardónica y el gesto que hizo con la mano eran más un deseo de burlarse de Churchill y de provocarlo que una indicación real de sus intenciones. No obstante, los testigos que narraron el intercambio de palabras se lo tomaron muy en serio, y a la cabeza Churchill, como lo narra en su *Memorias*. Lo que le impresionó no fue tanto la idea de una ejecución sumaria —de la que era partidario—, sino su carácter masivo y la calidad de aquellos cuya muerte deseaba Stalin: todos eran oficiales.

En septiembre de 1944, Roosevelt y Churchill se encontraron de nuevo en Quebec. Churchill había informado al Gabinete de Guerra su intención de discutir con Roosevelt la suerte de los criminales cuyos delitos no tuvieran una ubicación geográfica precisa. La postura británica, expresada en un memorándum dirigido a lord Simon, era clara: los británicos esperaban, en primer lugar, que los principales responsables nazis se suicidaran o que su suerte fuera resuelta por el pueblo. Los que eludieran ese justo castigo, y para los cuales proponían establecer una lista, serían ejecutados en cuanto se determinara su identidad. No querían celebrar un proceso debido a que aún estaba vivo el recuerdo del fracaso de los procedimientos previstos por cl Tratado de Versalles. En ese entonces, los británicos habían defendido con fervor la idea de establecer tribunales para castigar a los criminales de guerra. La negativa a entregar a Guillermo II y la farsa de Leipzig fueron una verdadera afronta que no se iban a arriesgar a sufrir de nuevo. Roosevelt aceptó la postura británica y los dos hombres de Estado acordaron comunicarle a Stalin la propuesta de Simon y sugerir un diálogo para establecer juntos una lista de nombres.

El mes siguiente, Churchill partió a Moscú para entrevistarse con Stalin. Informó a Roosevelt el 22 de octubre de 1944 que el tío Jo se había plantado en una línea «ultrarrespetable»: no habría ejecuciones sin proceso, para demostrarle al mundo que los aliados no tenían miedo de juzgar a esos hombres. De nada sirvió que Churchill señalara las dificultades del derecho internacional: sin juicio, Stalin se negaba a declarar la pena de muerte para los responsables nazis.[4]

La cuestión de las penas que sufrirían los criminales no fue abordada por Churchill sino hasta el final de la Conferencia de Yalta. Refiriéndose al último párrafo de la declaración de Moscú, «un huevo que yo mismo puse», diría después, propuso de nuevo la ejecución de los responsables nazis en cuanto se estableciera su identidad. El comunicado final de la conferencia apenas si menciona la cuestión de los grandes criminales de guerra, solo se declaró que los tres ministros de Asuntos Exteriores harían un informe tras la conferencia.

Cuando la guerra entró a su última fase, las cosas se precipitaron. En abril de 1945, Roosevelt envió a uno de sus hombres cercanos, el juez Samuel Rosenman, a Londres para discutir la cuestión de los crímenes de guerra. De camino, este se encontró con De Gaulle, quien prefería un proceso a las ejecuciones. Sin embargo, el 12 de abril, aún no había unanimidad entre los dirigentes estadounidenses en cuanto a querer o no un juicio. Abogaron, en torno a Henry Morgenthau, su secretario del Tesoro y partidario de una desindustrialización total de Alemania y de su partición definitiva, a favor de ejecuciones rápidas de los responsables nazis. El Gabinete de Guerra británico se mantuvo en su postura inicial. Tras la muerte de Roosevelt, la decisión quedó en manos de Truman. Su postura no era ambigua: rechazaba las ejecuciones sumarias. El 3 de mayo, el Gabinete de Guerra británico capituló. Mussolini fue ejecutado; Hitler y Goebbels se suicidaron. El anhelo expresado el año anterior fue satisfecho en parte. Es verdad que aún veían «objeciones a un proceso en debida forma para los criminales de guerra más importantes cuyos crímenes carezcan de ubicación geográfica, pero si los dos grandes aliados permanecen convencidos de la necesidad de un juicio, aceptamos su postura», precisaron.[5]

El presidente Truman le encargó a Robert Jackson la preparación del proceso. Este era juez de la Suprema Corte desde 1941 y fue nombrado procurador general el 2 de mayo de 1945. No estaba sometido al Departamento de Estado, sino que dependía directamente del presidente de los Estados Unidos. Puede decirse sin exageración que ese hombre marcó con su propia impronta la jurisdicción del proceso y que fue, según Edgar Faure, el «director de la representación».[6] Hombre cercano a F. D. Roosevelt, demostró una gran constancia en sus ideas. Desde 1940 le había explicado al presidente estadounidense que su nación no pondría en entredicho su estatus de país neutral si ayudaba a los aliados. Ahí se reveló, precozmente, una de sus obsesiones: demostrar que Estados Unidos no había hecho nada ilegal y justificar su intervención militar probando que los alemanes habían planificado una guerra de agresión.

Esa obsesión, compartida por otros estadounidenses, debe ser comprendida en el contexto propio de la historia de Estados Unidos, el de la fuerza y la recurrencia de la corriente aislacionista.

En uno de los primeros informes que Jackson envió a Truman, le explicó el sentido que según él debía tener el juicio: «El proceso que interponemos contra los principales acusados está relacionado con el plan de dominación nazi, y no con los actos individuales de crueldad que sucedieron fuera de todo plan concertado. Nuestro proceso debe constituir un historial bien documentado de lo que fue, estamos convencidos, un plan general, concebido con la intención de incitar a cometer las agresiones y los actos de barbarie que han indignado al mundo. No debemos olvidar que en el momento en que los nazis proclamaban audazmente sus planes, estos eran tan extravagantes que el mundo se rehusó a considerarlos con seriedad».

El 20 de junio de 1945, la numerosa y bien equipada delegación estadounidense llegó a Londres para negociar rápidamente un acuerdo que permitiera la puesta en marcha del proceso y para preparar el material documental que estaban reuniendo, sobre todo, los equipos en Washington y París. Armados con su entusiasmo, su riqueza y su equipamiento, los estadounidenses estaban convencidos de estar llevando las cosas de la manera más diligente. La mayoría eran oficiales jóvenes de reserva, aún extasiados por el gran movimiento de exaltación y las manifestaciones de confianza y gratitud que acompañaron la marcha de los ejércitos aliados en Europa. Para Truman, presidente de los Estados Unidos desde hacía apenas un mes, las cosas eran sencillas: «Tenemos el serio deber de darle una dura lección al pueblo alemán: debe cambiar de mentalidad para poder reintegrarse a la familia de naciones pacíficas y civilizadas», le escribió a la general Evangeline Booth, del Ejército de Salvación.

La delegación estadounidense, dirigida por Jackson, comenzó a negociar solo con los británicos, cuya delegación dirigía el *attorney general* sir David Maxwell Fyfe, quien fue reemplazado por sir

Hartley Shawcross tras la derrota de Churchill en las elecciones y la llegada al poder de los laboristas.

En ese primer momento se abordaron dos preguntas. La primera correspondía a la cantidad de procesos: ¿un solo gran juicio o varios? La segunda: el contenido del acta de acusación. ¿El énfasis debía recaer sobre los crímenes de guerra o sobre la «conspiración» nazi para dominar Europa, como lo deseaban los estadounidenses? En efecto, ellos eran partidarios de un proceso que tuviera esa acusación como eje, con una cantidad limitada de acusados y pocas pruebas, pero decisivas.

No obstante, los estadounidenses también deseaban acusar a cierto número de organizaciones, pues, según ellos, habían sido los principales instrumentos de la conspiración: el gabinete del Reich, el cuerpo de jefes políticos del partido, el Alto Mando de las Fuerzas Armadas Alemanas (*Oberkommando der Wehrmacht,* OKW), las SS (*Schutzstaffel,* escuadrón de protección), las SA (*Sturmabteilung,* sección de asalto) y la Gestapo (*Geheime Staatspolizei,* policía secreta del Estado). Los británicos, que habrían preferido un proceso rápido, de menos de dos semanas, en realidad no se opusieron al plan estadounidense. Ya habían terminado un enorme trabajo al pasar por el tamiz las biografías de los jefes nazis que el Ministerio de Asuntos Exteriores había compilado. Les propusieron diez nombres a los estadounidenses: a la cabeza, el de Hermann Göring. Con los suicidios de Hitler, Goebbels y el de Himmler tras su arresto, era indiscutiblemente el más alto dignatario del Tercer Reich aún con vida y, además, estaba en manos de los aliados. En efecto, Göring se había entregado voluntariamente a los estadounidenses.

El mariscal del Reich había sido uno de los primeros compañeros de Hitler. Este as de la aviación de cazabombarderos alemán durante la Gran Guerra conoció a Hitler en 1922. Fue uno de los primeros adherentes del partido nazi y se convirtió en jefe de las SA en 1923. Acompañó a Hitler durante su tentativa de golpe de Estado en 1923. Herido durante el tiroteo que puso fin a esa primera aventura, huyó de Alemania y no volvió sino hasta 1928, después de la amnistía. Tras su regreso, su papel fue fundamental en el ascenso del nazismo. En efecto, puso al servicio del partido y de su líder sus vínculos con los medios militares, las altas finanzas y la industria. A partir de 1932 fue presidente del Reichstag. Junto con Wilhelm Frick, fue el único nazi en entrar en el primer Gobierno de Hitler como ministro sin cartera y comisario del Reich en aeronáutica. Al mismo tiempo, se convirtió en ministro del Interior de Prusia y, por lo tanto, quedó a la cabeza del *Land* más importante. Convertido en ministro del Aire en mayo de 1933, a partir de entonces fue uno de los funcionarios con más poder. Se consagró a la aviación y pudo anunciar, desde el 10 de marzo de 1935, que Alemania estaba creando una fuerza aérea militar, que no tardó en desplegar en el conflicto español. En 1939, la Luftwaffe creada por él era la fuerza aérea más avanzada del mundo. En paralelo, Göring tuvo un papel cada vez más importante en la economía del Reich, que orientó hacia la autarquía y el rearme. En 1939, fue nombrado comisario del plan cuatrienal. Los primeros éxitos en la guerra relámpago le valieron el título de mariscal del Reich. Nombrado sucesor de Hitler por decreto el 29 de junio de 1941, su estrella se apagó a partir de sus reveses militares de 1943 y finalmente fue relevado de sus funciones por el Führer. Göring se rindió ante los estadounidenses. Por lo tanto, estaba a disposición de la justicia aliada.

El segundo en la lista era Rudolf Hess. Estaba en manos de los británicos desde que había huido a ese país el 10 de mayo de 1941, para ofrecer por iniciativa propia, aseguraba, una paz separada al Reino Unido mientras se preparaba la invasión de la Unión Soviética. Él también había sido uno de los primeros compañeros de Hitler. Entró al partido nazi desde 1920 y participó, al igual que Göring, en el famoso intento de golpe de Estado de Múnich, orquestado en la cervecería. Encarcelado en la fortaleza de Landsberg, fue a él a quien Hitler dictó *Mein Kampf*. Se convirtió en su amigo íntimo, en su compañero más fiel. En abril de 1933, Hitler lo nombró su representante y su remplazo, y entró al Gobierno como ministro sin cartera. Era el segundo al mando del régimen, inmediatamente después de Göring. Pero su escapada de 1941 hizo que se dudara acerca de su equilibrio mental. Su abogado explicaría que una declaración oficial del partido nazi, proveniente del Ministerio Alemán de Propaganda, ya informaba desde el 12 de mayo de 1941 de «una enfermedad que se ha desarrollado a lo largo de los años» y de «trastorno mental», y precisaría también que la prensa inglesa había comentado que la actitud de Hess tras su aterrizaje delataba cierta «ausencia de claridad mental». Los expertos médicos que lo examinaron definieron su estado mental como «incierto» y su personalidad como «psicopática». Señalaron que uno de los expertos que lo habían tenido en observación en Inglaterra durante los últimos cuatro años había dado parte «de los síndromes de su enfermedad: imaginaba ser envenenado y vivía con otras ideas análogas. En parte a causa del fracaso de su misión, las manifestaciones anormales se multiplicaron y lo empujaron a tentativas de suicidio. Presenta, además, tendencias histéricas manifestadas por síntomas varios, en particular por una amnesia que duró de noviembre de 1943 a junio de 1944 y a la que se resistió a toda tentativa de cura».[7]

A diferencia de los dos primeros, Joachim von Ribbentrop no era un nazi de la primera camada, pues apenas se uniría al partido en 1932. Representante de comercio internacional para un fabricante de champaña, deslumbró a Hitler con su conocimiento de lenguas extranjeras y sus conexiones mundanas. Embajador en Londres de 1936 a 1939, sucedió a Neurath en el Ministerio de Asuntos Exteriores en 1938 y firmó el pacto germano-soviético del 23 de agosto de 1939. Tras el colapso de Alemania, se escondió en Hamburgo, donde fue arrestado el 14 de junio por soldados británicos.

El cuarto en la lista era Robert Ley, miembro del partido nazi desde 1932 y dirigente del Frente Alemán del Trabajo. Huyó a los

Alpes bávaros y se escondió en un chalet no muy lejos de Berchtesgaden, donde los estadounidenses lo arrestaron.

Wilhelm Keitel fue el primer militar en la lista de posibles acusados. Nombrado jefe del *Oberkommando der Wehrmacht* (Alto Mando de las Fuerzas Armadas Alemanas) en 1938 por Hitler, quien apreciaba su servilismo, ejerció hasta 1945 las funciones meramente teóricas de ministro de Guerra. En realidad, era el títere de Hitler, cuyas decisiones militares encubría. Signatario de la capitulación alemana el 8 de mayo de 1945, fue arrestado el 13 del mismo mes por los estadounidenses.

Con el sexto de la lista británica, Julius Streicher, cambiamos de registro. Sin duda, al igual que Göring y Hess, formaba parte de la vieja guardia y estuvo entre los participantes del golpe de 1923. Nombrado *Gauleiter* (jefe del partido nazi) para Franconia en 1923, le debía su fama al periódico que fundó el mismo año, *Der Stürmer*, publicación que desarrolló un antisemitismo desmesurado y vulgar, donde los relatos de crímenes sexuales se mezclaban con los de homicidios rituales no menos alucinantes. Aunque ya no tuviera un papel político directo a partir del inicio de la guerra, seguía dirigiendo un periódico que inspiraba repulsión incluso en el interior de ciertos círculos nazis. Escondido en los Alpes bávaros, fue arrestado por los estadounidenses el 23 de mayo de 1945.

Ernst Kaltenbrunner, por su parte, se había unido al partido nazi en 1932. Encargado de la policía en Austria tras el *Anschluss*, consolidó ahí el control de los nazis. En 1943 remplazó a Heydrich a la cabeza del RSHA, el *Reichssicherheitshauptamt*, la Oficina Central de Seguridad del Reich. Fue capturado por los estadounidenses el 15 de mayo de 1945.

Otra «celebridad» era Alfred Rosenberg. Al principio fue el teórico del partido nazi. En 1923, Hitler lo designó la cabeza del *Völkischer Beobachter*. En 1941, ese nazi de la primera camada se convirtió en ministro de los Territorios Ocupados del Este, lo que le ofreció la posibilidad de poner en práctica las teorías raciales desarrolladas en su infumable *El mito del siglo xx*. Los ingleses lo descubrieron en Flensburg, en el hospital de la marina donde lo estaban tratando por un simple esguince de tobillo.

Hans Frank, otro de los primeros adherentes al partido nazi y presente durante el fallido golpe de Estado o *putsch* de la cervecería, fue nombrado en 1939 cabeza del Gobierno General producto del desmembramiento de Polonia, de la que se consideraba una suerte de rey. Los crímenes cometidos en ese territorio le valieron los sobrenombres de «verdugo de Polonia» y «carnicero de Cracovia». El 6 de mayo de 1945, el ejército estadounidense capturó a más de dos mil alemanes en Berchtesgaden. Uno de ellos se cortó las venas. Era Hans Frank.

Wilhelm Frick cerraba la lista propuesta por los británicos. Ministro del Interior del Reich, se convirtió en protector de Bohemia-Moravia en 1943, cuando Himmler le arrebató su puesto anterior.

Esa primera lista de acusados que se encontraban en manos de los británicos o de los estadounidenses presenta una homogeneidad sólida. Todos, salvo Ribbentrop, eran compañeros desde el inicio. Todos habían asumido responsabilidades eminentes, y su culpabilidad, si bien debía ser establecida con rigor, no dejaba lugar a dudas. A excepción de Rudolph Hess, todos serían condenados a muerte y ejecutados. Los estadounidenses, por su parte, se ocuparon por establecer el sistema del proceso. Como no tenían ninguna lista que proponer, aceptaron con gusto la británica.

Los británicos no tardaron en proponer seis nombres nuevos. En primer lugar, el de Hitler, cuya muerte no había sido confirmada aún. Después, el de Hjalmar Schacht, director del Banco Central, el hombre que había logrado enderezar la catastrófica situación monetaria de 1923. Su simpatía por Hitler le valió recobrar la presidencia del *Reichsbank,* a la que había renunciado en

1930 en protesta por el pago de reparaciones a los aliados estipulado por el Plan Young. Artífice de la recuperación de la economía alemana entre 1933 y 1936, más tarde se opuso a Göring, pero no por eso dejó de ser ministro sin cartera hasta 1943. Arrestado por orden de Hitler durante la represión que siguió al atentado fallido del 20 de julio de 1944, Schacht conoció varios campos de concentración. Evacuado por los alemanes hacia Dachau durante los últimos días de la guerra, y luego hacia Austria, fue arrestado por los estadounidenses.

El tercero era Arthur Seyss-Inquart, nazi austriaco y partidario feroz del *Anschluss*, que preparó en Viena y que llevó a cabo siguiendo dócilmente las órdenes de Hitler. En mayo de 1940 se convirtió en comisario en los Países Bajos y en Bélgica. Formaba parte de los pasajeros de una lancha de motor interceptada por los canadienses a principios de mayo de 1945.

El almirante Dönitz fue el comandante en jefe de la marina nazi de 1943 a 1945 y, en vísperas de su suicidio, Hitler lo nombró su sucesor a la cabeza del Tercer Reich. Los estadounidenses lo arrestaron a finales de mayo de 1945. Fue el cuarto añadido a la lista, pero sin mucha convicción. Los británicos no estaban muy seguros de la necesidad de tenerlo en el banquillo de los acusados: el almirantazgo, después de consultar su bitácora, consideraba que esta no contenía nada que lo pudiera incriminar.

Walther Funk, sucesor anodino de Schacht a la cabeza del *Reichsbank* y ministro nazi de Economía, puede considerarse uno de los instigadores del saqueo económico del Reich. Fue arrestado en Berlín el 11 de mayo de 1945. Junto con el sexto, Albert Speer, ilustra el vínculo entre economía y delincuencia. Speer, el arquitecto favorito de Hitler y constructor de la gran cancillería del Reich, sucedió a Todt en el Ministerio de Armamento tras su muerte accidental el 8 de febrero de 1942. Fue arrestado por los británicos en Flensburgo-Murwick, sede del último Gobierno alemán.

Los británicos sugirieron añadir a Baldur von Schirach, uno de los primeros adherentes al nazismo, «jefe de las Juventudes del Reich Alemán» desde 1933, encargado de la dirección totalitaria de la juventud nazi con el fin de inculcarle sus principios ideológicos. Los estadounidenses lo creyeron muerto, pero estaba escondido en un pueblo del Tirol. El 5 de junio de 1945, el comandante estadounidense recibió una carta: «Es por voluntad propia que me entrego a las autoridades aliadas. Así tendré la posibilidad de responder por mis actos ante un tribunal internacional».[8] Schirach se había enterado de que los dirigentes de las Juventudes Hitlerianas serían arrestados. Él, como su jefe, no podía mantenerse escondido mientras sus subordinados corrían el riesgo de ser castigados.

La cuestión de la lista de acusados que debían figurar en el proceso quedó interrumpida. Otras labores más urgentes esperaban a los británicos y a los estadounidenses.

El 24 de junio llegó a Londres la delegación francesa, que se reducía de hecho al juez Robert Falco, acompañado por el profesor André Gros, quien conocía bien el tema de los crímenes de guerra por haber representado a Francia en la Comisión de Crímenes de Guerra de las Naciones Unidas. El 25 del mismo mes también se presentó la delegación soviética, encabezada por el general Nikítchenko y el profesor Trainin, autor de una obra sobre crímenes de guerra. La bella armonía que unía a británicos y estadounidenses ya no fue operante con los recién llegados. Las cosas se complicaron. Pasaron dos meses de crisis antes de que fuera posible llegar a un acuerdo entre las cuatro delegaciones y comenzar con el proceso.

El 26 de junio, la Conferencia celebró su primera sesión. Serían 15 en total. Los soviéticos expresaron de inmediato un desacuerdo doble; en primer lugar, sobre la forma del proceso y, en segundo, sobre la naturaleza de los crímenes. Nikítchenko criticó lo que constituía el núcleo de la acusación tal como lo deseaba Jackson:

la noción de crimen contra la paz y la acusación de las organizaciones. En alianza con el francés Robert Falco, deseaba que se pusiera atención en los crímenes de guerra, cuya crueldad habían sufrido tanto la Unión Soviética como Francia. Las nociones de «conspiración» y «crímenes contra la paz» indignaron a los soviéticos, pero también a los franceses. Para el profesor André Gros, los nazis no eran criminales porque hubieran desatado una guerra de agresión, sino porque la llevaron a cabo de forma criminal al violar las leyes y costumbres de la guerra y cometer un sinnúmero de atrocidades.

Durante seis semanas, los soviéticos se atrincheraron en sus posturas. Además, exigían que el proceso se llevara a cabo en Berlín, en la zona que ellos ocupaban, algo a lo que los estadounidenses se rehusaron con vehemencia. En ausencia de estudios precisos sobre cómo los soviéticos prepararon el proceso de Núremberg, resulta imposible saber qué se esconde tras esos antagonismos: quizá solo una ausencia de directivas precisas de parte de Stalin. De hecho, la situación se desbloqueó de golpe con la Conferencia de Potsdam, durante la cual Stalin se alineó con las posturas estadounidenses.

El 2 de agosto, tras una breve sesión, Nikítchenko aceptó la propuesta estadounidense. La conspiración formaría parte de los cargos; el proceso se llevaría a cabo en Núremberg, dentro de la zona de ocupación estadounidense. Mas hubo una concesión: la sede permanente del tribunal quedó establecida en Berlín, donde se celebraría la sesión de inauguración el 18 de octubre de 1945. Por fin pudo ser redactada y rubricada la Carta de Londres.

El 8 de agosto de 1945, solemnemente, los líderes de las cuatro delegaciones firmaron dos breves documentos llamados respectivamente Carta de Londres del 8 de agosto de 1945 y Estatuto del Tribunal Militar Internacional, que formaba parte integral de la primera.

«El acuerdo entre el Gobierno provisional de la República Francesa y los Gobiernos de los Estados Unidos de América, el Reino Unido de Gran Bretaña e Irlanda del Norte y la Unión de Repúblicas Socialistas Soviéticas respecto al enjuiciamiento y castigo de los grandes criminales de guerra de las potencias europeas del Eje» comprende dos páginas y ocho artículos. Prevé el establecimiento de un Tribunal Militar Internacional para «juzgar a los criminales de guerra cuyos crímenes carezcan de una ubicación geográfica determinada, ya sean acusados individualmente, en calidad de miembros de grupos u organizaciones, o en ambos conceptos» (Art. 1). «Todos los Gobiernos de las Naciones Unidas podrán adherirse a este acuerdo enviando una notificación por vía diplomática al Gobierno del Reino Unido, el cual informará de cada adhesión a los demás Gobiernos» (Art. 5). Grecia, Dinamarca, Yugoslavia, Países Bajos, Checoslovaquia, Polonia, Bélgica, Etiopía, Australia, Honduras, Noruega, Panamá, Luxemburgo, Haití, Nueva Zelanda, India, Uruguay y Paraguay se adhirieron al acuerdo.

El Estatuto es más largo, y comprende treinta artículos. Los cinco primeros tratan de la constitución del tribunal. El proceso penal seguido por la Corte es anglosajón. Regresaremos a esto. Todas las decisiones deben ser tomadas por mayoría de tres cuartos. El artículo 6, por mucho el más comentado, define los actos que son «crímenes sometidos a la jurisdicción del tribunal y causantes de una responsabilidad individual». La reciente focalización sobre el crimen contra la humanidad ha hecho olvidar que los primeros crímenes enumerados por el Estatuto son «los crímenes contra la paz», es decir, lo que deseaba la acusación estadounidense, y que, sin excepción alguna, todos los acusados fueron inculpados de «plan concertado o conspiración», un cargo finalmente reservado para ocho de ellos: Göring, Ribbentrop, Hess, Rosenberg, Neurath, Keitel, Jodl y Raeder. Los crímenes contra la paz, hoy en día caídos en el olvido, están definidos así:

«[...] la dirección, preparación, desencadenamiento o continuación de una guerra de agresión o de una guerra de violación de tratados, garantías o acuerdos internacionales, o la participación en un plan concertado o en una conspiración para la consecución de cualquiera de los actos precedentes». El acta de acusación vuelve a los «crímenes contra la paz» y despliega el cargo:

«Todos los acusados, en conjunto con otras personas, durante cierta cantidad de años anteriores al 8 de mayo de 1945, participaron en calidad de jefes, organizadores, instigadores o cómplices en la concepción o la ejecución de un plan concertado o una conspiración con el objeto de cometer crímenes contra la paz, crímenes de guerra y crímenes contra la humanidad, tal y como están definidos en el estatuto de este tribunal [...].

«Ese plan concertado o conspiración conllevó o causó la perpetración de crímenes contra la paz, dado que los acusados concibieron, prepararon, desataron y dirigieron guerras de agresión que fueron asimismo guerras hechas en violación de tratados, acuerdos o compromisos internacionales. El desarrollo y la puesta en marcha de tal plan concertado o conspiración conllevaron la perpetración de crímenes de guerra, dado que implicaron guerras sin cuartel contra los países y las poblaciones, y dado que los acusados las decidieron y dirigieron en violación de las reglas y costumbres de la guerra».

El segundo cargo no presentaba ningún problema de definición. Los crímenes de guerra ya formaban parte del derecho internacional desde inicios de siglo. Son: «[...] las violaciones de las leyes y costumbres de la guerra. Tales violaciones comprenden, sin estar limitadas a ellos, el asesinato, el maltrato o la deportación para trabajo forzado o para algún otro fin de las poblaciones civiles en los territorios ocupados, el asesinato o maltrato de prisioneros de guerra o de personas en el mar, la ejecución de rehenes, el saqueo de bienes públicos o privados, la destrucción sin motivo de ciudades y pueblos o la devastación no justificada por exigencias militares».

El tercer cargo, el de «crímenes contra la humanidad», fue bastante difícil de delimitar, y su definición no fue aprobada sino hasta después de analizar 15 versiones preliminares. Los crímenes contra la humanidad son «[...] el asesinato, el exterminio, la reducción a la esclavitud, la deportación y todo acto inhumano cometido contra todas las poblaciones civiles, antes o durante la guerra, o bien las persecuciones por motivos políticos, raciales o religiosos, siempre que esos actos o persecuciones, hayan constituido o no una violación del derecho interno del país donde fueron perpetrados, *hayan sido cometidos como consecuencia de cualquier crimen incluido en la competencia del tribunal o en relación con tal crimen*».[9] Esa última frase es crucial, pues constriñe la noción de crimen contra la humanidad al limitarla en el tiempo. Se trata de la manifestación de una reticencia de los anglosajones a evocar crímenes anteriores al inicio de la guerra, es decir, aquellos cometidos antes de 1939, a menos de que se hallara una relación con la conspiración, lo que podría ser el caso de los crímenes contra la humanidad cometidos durante el *Anschluss* o en Checoslovaquia. Aunque no se pronuncie la palabra *judío*, no cabe duda de que lo que constituye el «crimen contra la humanidad» es la persecución de los judíos. Sin embargo, para los aliados, la noción de judíos masacrados por el simple hecho de ser judíos planteaba dificultades insuperables. Para que cupiera en el marco jurídico del proceso, había que considerarla como «medida militar» puesta en marcha por los alemanes para lograr sus objetivos de guerra. Ese problema fue bien comprendido por el líder de la delegación británica en la Conferencia de Londres, sir David Maxwell Fyfe: «La preparación incluiría, según yo, actos como el hecho de aterrorizar y matar a su propia población judía para preparar la guerra, es decir, actos preliminares cometidos al interior del Reich con el fin de disciplinar al Estado en vista de una agresión y de una militarización. Esto sería políticamente importante para nosotros, porque el maltrato infligido a los judíos escandalizó la conciencia de nuestro pueblo y, no me cabe duda, de las demás naciones unidas; pero debíamos tomar eso en consideración en algún momento, y yo creía que quedaba cubierto por esta acta en la preparación de ese designio. Solo quería precisar que pensábamos en ello, pues fui contactado por distintas organizaciones judías y me gustaría satisfacerlas, de ser posible. Tan solo pienso en el trato general sufrido por los judíos que resultó formar parte del plan general de agresión».[10]

Jackson se unió al punto de vista británico al declarar: «Existe, desde tiempos inmemoriales, un principio general según el cual, en tiempos ordinarios, los asuntos internos de otro Estado no nos incumben; en otras palabras, la manera en la que Alemania trate a sus habitantes o en la que cualquier otro país trate a los suyos, no es asunto nuestro al igual que no corresponde a los demás Estados involucrarse en nuestros problemas... En ciertos momentos, circunstancias lamentables hacen que, en nuestro propio país, las minorías sean tratadas injustamente. Estimamos que es justificable que intervengamos o intentemos castigar a individuos o a Estados, solo porque los campos de concentración y las deportaciones seguían un plan o un esfuerzo concertado por librar una guerra injusta en la cual nos vimos empujados a participar. No vemos ninguna otra base sobre la cual estaríamos justificados para juzgar las atrocidades cometidas al interior de Alemania, bajo el régimen alemán o incluso en violación del derecho alemán, por las autoridades del Estado alemán».[11]

De hecho, los delegados de Londres no deseaban reconocer la destrucción del mundo judío europeo como un crimen *sui generis*. A fin de cuentas, ni siquiera fueron capaces de incluir los decretos judíos anteriores a la guerra en la cuenta de la agresión. Durante el juicio, la acusación no consiguió establecer ningún vínculo entre esos decretos y la «conspiración con fines bélicos» porque no existía tal.

No obstante, si le creemos al profesor André Gros, quien, junto con Robert Falco, representó a Francia en la Conferencia de Londres, Francia habría deseado que las persecuciones fueran definidas como un crimen independiente. El Gobierno francés ya había propuesto tras la masacre de los armenios durante la Primera Guerra Mundial que, teniendo en cuenta los «crímenes de Turquía contra la humanidad», los Gobiernos aliados anunciaran públicamente que todos los miembros del Estado otomano y aquellos de sus agentes que hubieran estado implicados en las masacres fueran considerados personalmente responsables de sus actos. El profesor André Gros no creía, y tenía razón, que la acusación tendría los medios para probar que las persecuciones contra los judíos hubieran sido infligidas en vista de la agresión.

El Estatuto contiene otros artículos importantes. Afirma en particular que «la situación oficial de los acusados, ya sea como jefes de Estado o como altos funcionarios no será considerada ni como una excusa absolutoria ni como motivo de disminución de la pena» (Art. 7) y que el hecho de que «el acusado haya actuado conforme a las instrucciones de su Gobierno o de un superior jerárquico no lo librará de su responsabilidad, pero podrá ser considerado motivo de disminución de la pena si el tribunal decide que la justicia lo exige» (Art. 8). El Estatuto precisa también que el proceso será un proceso justo y, en especial, que los acusados podrán recibir la asistencia de un abogado libremente elegido.

Entre la publicación de la Carta y del Estatuto y la inauguración solemne del juicio, el 18 de octubre de 1945, las cuatro delegaciones se preocuparon por reunir las pruebas, redactar el acta de acusación y establecer la lista definitiva de acusados, pues una primera lista debía ser publicada a fuerza antes del 1.º de septiembre, según una decisión tomada en la Conferencia de Potsdam.

El 23 de agosto, las cuatro delegaciones se reunieron para establecer la lista. A los 16 nombres ya propuestos añadieron cinco nuevos. En primer lugar, el de Fritz Sauckel, célebre en toda la Europa ocupada por haber ejecutado, como «plenipotenciario general para la mano de obra», el plan del Servicio del Trabajo Obligatorio. Después, el de Alfred Jodl, jefe del Estado Mayor de la *Wehrmacht*. Dos diplomáticos se les unieron: Franz von Papen, embajador en Viena y Ankara, y Konstantin von Neurath, nombrado protector de Bohemia-Moravia en 1938, cuando Ribbentrop lo remplazó en Asuntos Exteriores. Por último, el único «pez gordo» en manos soviéticas, el gran almirante Erich Raeder, que dirigió la marina alemana hasta su dimisión en 1943. Arrestado en los suburbios de Berlín por los soviéticos el 23 de junio de 1945 e internado en una cárcel berlinesa, fue transferido con su mujer a Moscú e internado en una dacha a una veintena de kilómetros de la capital. Por último, se añadieron a la lista Gustav Krupp —con el nombre de pila equivocado, pues Jackson tenía planeado acusar a Alfried— y un hombre cuya suerte se desconocía, Martin Bormann, quien remplazó en la cancillería del *Führer* a Rudolf Hess tras su escapada londinense. En total, debían publicarse 23 nombres el 28 de agosto de 1945.

Entonces se manifestaron los soviéticos. Se sentían humillados por la elección de los acusados. Diez de los inculpados, entre ellos Göring, estaban en manos de los estadounidenses; cinco, entre ellos Ribbentrop y Hess, en la de los británicos; dos, en manos angloestadounidenses. Los franceses solo tenían a Neurath; los soviéticos, a Raeder. Por eso propusieron nuevos nombres, pero eran personajes demasiado oscuros para figurar en el banquillo de los acusados junto a los «grandes criminales». Los aliados occidentales solo cedieron con Hans Fritzsche, colaborador de Goebbels en el Ministerio de Propaganda, internado en Lubianka, en Moscú, solo para complacerlos. Ahora, podía publicarse la lista. Se hizo el 29 de agosto de 1945. Comprendía 24 nombres.

Muy pronto fue evidente que la presencia de Gustav Krupp von Bohlen und Halbach entre los acusados era un error. No menos de 26 páginas oficiales al respecto figuran entre los «documentos oficiales del proceso», que constituyen el primero de los 42 volúmenes editados en las cuatro lenguas del juicio. En primer lugar, una petición de su abogado, Theodor Klefisch, señala que el acusado Krupp «de 75 años de edad, se encuentra desde hace mucho tiempo imposibilitado, a causa de sus graves discapacidades físicas y mentales, de aguantar un interrogatorio y de seguir debates. No se encuentra en estado de entrar en contacto con el mundo exterior, de dar explicaciones ni de recibirlas».[12] En resumen, Gustav Krupp estaba senil. Sufría, según uno de los certificados médicos presentados por el abogado, de un «reblandecimiento arteriosclerótico progresivo del cerebro». Robert Jackson tomó nota de la imposibilidad de comparecer de Gustav Krupp. No obstante, no quería renunciar a ello. En su respuesta a la petición entregada a nombre de Krupp, von Bohlen escribió: «Cuatro generaciones de la familia Krupp han poseído y explotado el potente material armamentístico que fue la principal fuente de aprovisionamiento bélico de Alemania. Desde hace más de 130 años, esa familia ha sido el hogar, el símbolo y el beneficiario de las más siniestras fuerzas que han amenazado la paz de Europa [...]. Alrededor de 1937, su hijo Alfried se convirtió en el gerente de las fábricas. En 1940, Krupp von Bohlen, quien se estaba haciendo viejo, se convirtió en presidente honorario del consejo de administración, con lo que le dejó el puesto de presidente efectivo a su hijo, Alfried». Jackson señaló además que, desde 1943, Alfried era el único propietario de la empresa. Por eso, el procurador estadounidense simplemente propuso sustituir a Gustav por Alfried, que estaba en manos de los británicos, solicitud a la cual se adhirieron el 16 de noviembre de 1945 el procurador soviético, Pokrovski, y el francés, François de Menthon. La solicitud fue rechazada por los jueces. Fue una gran suerte para Alfried Krupp, quien más tarde fue juzgado únicamente por los estadounidenses durante el proceso de los industriales y condenado a 12 años de reclusión.

A la lista de acusados se añadió otra, la de las organizaciones: el Gabinete del Reich, el Cuerpo de Jefes Políticos del Partido Nazi, las ss, la Gestapo, las SA, el Estado Mayor General y el Alto Mando de las Fuerzas Armadas Alemanas.

Estamos tan acostumbrados a la lista de acusados del juicio que la consideramos evidente. En realidad, no lo es, y fue establecida sin una verdadera reflexión sobre la naturaleza del Estado nazi. Como hemos visto, los acusados se eligieron antes incluso de la elaboración de la Carta y el Estatuto y, sobre todo, antes de la redacción del acta de acusación. Su presencia dependió en gran parte del azar de su captura. La sobrerrepresentación del ejército (Keitel y Jodl; Raeder y Dönitz) se debe en gran medida a la insistencia estadounidense en la guerra de agresión, y explica por el contrario la subrepresentación de las ss y la Gestapo, representadas únicamente por Ernst Kaltenbrunner. La gran industria alemana, debido a la confusión entre Gustav y Alfried Krupp, no estuvo representada. Por último, para ciertos acusados —Schacht, Von Papen y Fritzsche—, se sabía de entrada que sería difícil, incluso imposible, de establecer su responsabilidad en el marco de un proceso justo.

2

El desarrollo del proceso

El 18 de octubre de 1945, el tribunal celebró su sesión inaugural en Berlín. El artículo 22 del Estatuto preveía, en efecto, que «la sede permanente del tribunal estará en Berlín. La primera reunión de los miembros del tribunal, al igual que la de los representantes del ministerio público, se celebrará en Berlín, en un sitio que será fijado por el Consejo de Control para Alemania. El primer proceso se llevará a cabo en Núremberg, y todos los procesos ulteriores tendrán lugar en sitios elegidos por el tribunal».

Esa primera audiencia, presidida por el general soviético Nikítchenko, fue breve. Consistió principalmente en la entrega del acta de acusación al tribunal, mientras que a los acusados se les entregaron copias del Estatuto, del acta de acusación y de los documentos relacionados. A partir de esa sesión inaugural, la presidencia del proceso sería atribuida al británico Lawrence, *Lord Justice of Appeal*. Un mes después, el proceso real inició, esta vez, en Núremberg.

«La ciudad de Núremberg me parecía una vasta superficie cubierta de ondulaciones desiguales», escribió Edgar Faure. «Al acercarme, vi que esas líneas de colinas representaban pilas multiformes de bloques erráticos».[13] Núremberg, en efecto, había sido arrasada por completo, como muchas ciudades alemanas. Fuertemente bombardeada por la Real Fuerza Aérea en enero y marzo de 1945, y tomada por el 15° cuerpo del general Wade Haislip tras duros combates a mediados de abril, se había convertido en un campo de ruinas. Tan solo quedaban en pie el palacio de justicia y la prisión, conectados por un túnel, el ayuntamiento y el Gran Hotel: en suma, un lugar adecuado para la organización de un juicio. Eso fue lo que motivó la elección de Núremberg, y no el peso simbólico de una ciudad donde fueron aprobadas las leyes antisemitas de 1935 y donde se celebraba cada año el mitin en masa del partido nazi. El general Nikítchenko le dijo al juez estadounidense Biddle: «Me da la impresión que los pilotos de sus bombarderos ya pensaban en el juicio: no perdonaron nada más que el palacio de justicia. Ustedes los estadounidenses piensan siempre en todo».[14]

De la ciudad medieval, la de Alberto Durero, no quedaba nada; tampoco nada de la ciudad nazi, la de las grandes liturgias organizadas por Albert Speer, uno de los acusados del juicio, en el inmenso estadio construido por Fritz Todt. El ejército estadounidense restableció a las prisas la electricidad, el teléfono, el agua y la circulación de los tranvías. Se creó una villa internacional desde cero, «cuyas raíces se hundían directamente en las bodegas de los Liberty Ships»,[15] los cargueros estadounidenses que aprovisionaban a Europa. En el desierto de ruinas inertes, apuntó Didier Lazar, quien asistió al juicio, «surgieron aquí y allá habitaciones aliadas. Entre esos centros de vida circulan Jeeps ruidosos, mientras que, en el silencio de la ciudad muerta, crecen lentamente las gramíncaз».[16]

La delegación francesa y una parte de la británica se alojaron en el pueblo vecino de Zirndorf, que una novela de Jakob Wassermann, *Los judíos de Zirndorf*,[17] había dado a conocer. El muro del club de los franceses, adornado con un gran fresco que representaba la plaza de la Concordia, era uno de los lugares importantes donde socializaba la pequeña comunidad internacional reunida en torno al juicio.

El juicio fue seguido por un grupo de periodistas que representaban a unas veinte naciones, alojados, o más bien amontonados de forma incómoda, en la increíble residencia del gran industrial de los lápices, Faber-Castell, un edificio que solo podía resultar «de los sueños monstruosos de un potentado oriental o de un rey loco de Baviera». En ese «barroquismo», a la vez morisco y *art déco*, transitaban los grandes nombres de la información.[18] Los más numerosos, alrededor de ochenta, venían de Estados Unidos. Unos cincuenta cubrían el proceso para la prensa británica, 25 para la Unión Soviética, entre ellos Iliá Ehrenburg, y unos cuarenta para Francia. Como apuntó Casamayor, «era la época en la que Kessel estaba vivo; Ella Maillart, joven; Bodart, delgado; cuando Yves Delbars y Pierre Frédérix eran nombres conocidos y todo mundo se inclinaba ante una vieja dama, frágil como una flor de estanque y que tenía nombre de fuente, Andrée Viollis».[19]

Por la noche, todo Núremberg iba al Gran Hotel, donde las personalidades de las distintas delegaciones se encontraban para cenar. Edgar Faure precisa que «ahí era donde recibíamos a los visitantes que, en un redoble ininterrumpido, llegaban de las capitales victoriosas a hacer una breve incursión a este enclave consagrado a la justicia y a la Historia».[20] Todas las noches había un espectáculo. Luego, tocaba una orquesta y se bailaba. Edgar Faure recuerda que sintió «cierta sorpresa al ver al presidente de la Corte, el Sr. [...] Lawrence, que parecía salido de una ilustración de Dickens, alzar en alto la pierna como lo exigía una figura del baile de moda».[21] Así, en Núremberg se constituyó una suerte de pequeña comunidad, un enclave social y geográfico donde se llevaba, según la expresión de Telford Taylor, uno de los procuradores adjuntos estadounidenses, una vida semicolonial.

Sin embargo, el centro vital de Núremberg era sin duda el palacio de justicia, aún llamado el «Castillo» y acondicionado por los estadounidenses, en quienes recaía toda la organización material del juicio. Ahí se podía vivir en una abundancia de la que Europa había perdido el recuerdo. Un *self-service* servía a todos la misma comida. Un *snack bar* ofrecía a toda hora del día sándwiches que hacían soñar a los franceses, provenientes de un país donde aún reinaba el racionamiento. A eso se le añadían distintos servicios: peluquero, dispensario, consultorio dental, sastre, zapatero, lavandero, tintorero, biblioteca, oficina de correos, banco. Y, por último, la famosa PX, «verdadera cueva de Alí Babá», según Casamayor,[22] donde todos podían comprar su ración quincenal de cigarros, dulces, jabón y navajas de afeitar. Los vínculos con el exterior estaban asegurados por teléfono o telégrafo.

Frente a la entrada de la gran sala de audiencias, contra un muro donde se habían instalado las banderas de las cuatro potencias de la Gran Alianza, resaltaban los jueces. Pero no por llamarse Tribunal Militar lo convertía en un tribunal de militares. Solo los jueces soviéticos portaban sus uniformes. Los demás usaban el hábito tradicional de sus respectivos países. La Carta precisaba: «Cada una de las potencias signatarias designará a un juez y a un juez suplente». Por lo tanto, eran ocho, alineados, primero los cuatro titulares y luego los suplentes, presididos por el juez Lawrence, *Lord Justice of Appeal*, representante en Inglaterra de la justicia del rey y, como tal, el segundo magistrado más alto de las cortes de justicia del reino. Al terminar el proceso, el rey le otorgaría un título nobiliario: se convertiría en lord Oaksey. Didier Lazard, testigo del juicio, lo describió así: «La imagen perfecta de una justicia serena, reina la asamblea como Júpiter en el Olimpo. Tiene 65 años, pero no lo parece. Su tez es fresca, su aire es serio. Si bien sus ojos tienen destellos de malicia, su sonrisa está llena de bondad. Sobre todo, su fisionomía da la impresión de un equilibrio perfecto».[23] Edgar Faure, por su parte, lo consideraba «una perfecta encarnación de Pickwick»,[24] mientras que, a su suplente Norman Birkett le recordaba más bien a otro personaje de Dickens, el Sr. Macawber. La autoridad del juez Lawrence es universalmente reconocida.

El juez estadounidense, cuyo hermano había sido embajador en París, era Mr. Francis Biddle. Hablaba francés con soltura y su tez cobriza delataba una ascendencia piel roja, algo de lo que, según Edgar Faure, estaba muy orgulloso. Por otro lado, le parecía que su rostro «expresaba una confianza en sí y, en el límite, un complejo de superioridad rayando en la arrogancia».[25] Su suplente, John Parker, casi no llamó la atención de los testigos.

El juez francés, el profesor Donnedieu de Vabres, enseñó Derecho Penal a varias generaciones de estudiantes de la facultad de París. Esa «suerte de galo de las Cevenas»,[26] habría podido pasar por una alegoría de la Justicia, «de no ser por la ligera impresión de comicidad ligada a sus cabellos despeinados y dispersos sobre una frente inmensa, y al armazón pasado de moda de sus lentes. Hablaba con lentitud, en un registro de canto gregoriano. Además, hacía falta un esfuerzo excepcional para sacarlo del mutismo».[27] Ya sabemos que su suplente, Robert Falco, había representado a Francia durante la negociación de los acuerdos de Londres. Era un orador brillante, un hombre afable y modesto.

Por último, los soviéticos. El mayor general I. T. Nikítchenko y el teniente coronel A. F. Volchkov eran los únicos en portar títulos militares. Los jueces se mantenían entre ellos, sin mezclarse con sus conciudadanos. Ese era el precio a pagar por una justicia serena y honesta.

El ministerio público se sentaba a la izquierda de los jueces. Al igual que ellos, estaba compuesto por representantes de las cuatro potencias. Sin embargo, la tarea era tan pesada que cada procurador contaba con la asistencia de varios procuradores adjuntos y abogados generales. Así, el juez Jackson estaba rodeado de un equipo de 32 abogados generales y procuradores adjuntos, contra siete para el Reino Unido, nueve para la Unión Soviética y diez (sustitutos incluidos) para Francia.

El procurador estadounidense Robert H. Jackson dominaba la acusación. Ya mencionamos el hecho de que había sido el alma del proceso, el maestro de obras de su jurisdicción. Al contrario del juez Lawrence, estaba lejos de provocar unanimidad. Según Didier Lazard, se trataba de un «hombre poderoso, muy estadounidense; algunos caricaturistas lo representaron como un jugador de rugby».[28] Edgar Faure veía en él a un hombre «solemne y distante» al que le atribuía un cierto desdén, quizá, añadía con humor, porque no se interesaba en él.

El procurador británico principal era el *attorney general* sir Hartley Shawcross, quien, como ya se comentó, había remplazado al jefe de la delegación británica que negoció los acuerdos de Londres, sir David Maxwell Fyfe, tras la victoria electoral de los laboristas sobre los conservadores. El *attorney general*, que en el Reino Unido es el jefe de todos los ministerios públicos y tiene rango de ministro, el equivalente del *garde des Sceaux* francés, debe vivir en la sede del Gobierno. Shawcross, se encontraba la mayoría del tiempo en Londres, solo estuvo presente en las grandes ocasiones; por lo tanto, fue Maxwell Fyfe quien casi siempre representó en la práctica a la acusación británica. Estimado por todos, era un hombre de una distinción extrema, «siempre vestido de negro, con corbata, con una perla en la punta del alfiler», también tenía un rostro «largo de rasgos perfectamente regulares» y grandes ojos negros «cuya mirada parecía perpetuamente cargada de un mensaje afectuoso, con una insinuación de desengaño metafísico».[29]

Los procuradores soviéticos, el general R. A. Rudenko y su adjunto, el coronel Y. V. Pokrovski, quienes, al igual que los jueces, iban de uniforme, eran los más misteriosos, pues rara vez se mezclaban con la microsociedad internacional de Núremberg.

Tan solo queda la acusación francesa. El primer procurador general fue François de Menthon, nombrado por el jefe del Gobierno provisional, el general De Gaulle. Cuando este se retiró en enero de 1946, De Menthon, quien ya había sido llamado para convertirse en ministro de Justicia, dejó Núremberg de forma definitiva.

Fue remplazado por otro demócrata cristiano, Auguste Champetier de Ribes, de salud inestable (murió en marzo de 1947, tras haber conseguido la presidencia del Consejo de la República), uno de los grandes abogados civiles de París, a quien asistían Edgar Faure y Charles Dubost, abogado en la corte de apelaciones de Aix-en-Provence. Serge Fuster, alias Casamayor, era uno de los cuatro sustitutos.

En realidad, si bien solo las cuatro potencias acusaban y juzgaban, otros 15 países habían aprobado el juicio y estaban representados por ellas. Así, la URSS hablaba en nombre de los países convertidos en sus satélites, en particular Polonia, lo que, como veremos, implica cierta audacia. Francia era la voz de los países ocupados del Oeste: Bélgica, Países Bajos, Noruega y Luxemburgo.

De frente a los jueces, los acusados entraron al tribunal en grupos de tres, acompañados por policías estadounidenses de casco y guantes blancos que se formaron tras ellos. Se instalaron en dos filas, en un orden inmutable, el de su clasificación en el acta de acusación, un orden que, *grosso modo*, correspondía al de su jerarquía. Göring, Hess, Ribbentrop, Keitel, Kaltenbrunner —cuando su salud se lo permitió pues, víctima de un infarto cerebral, no estuvo presente al inicio del proceso—, Rosenberg, Frank, Frick, Streicher, Funk y Schacht ocupaban la primera fila, y los demás, la segunda. De los 24 que figuraban en un inicio en el acta de acusación, solo 21 estaban presentes en el banquillo. El nombre de Gustav Krupp, como ya vimos, desapareció. Robert Ley se suicidó en su celda antes de que iniciara el juicio. Muy agitado, sintiéndose incapaz de defenderse de las acusaciones, el líder del Frente del Trabajo se colgó la noche del 25 de octubre de 1945. Martin Bormann no pudo ser hallado, y fue juzgado en ausencia. Hoy en día el consenso es que seguramente murió durante los últimos combates en Berlín.

En cada audiencia hubo la misma entrada, descrita por Joseph Kessel en la segunda semana del juicio. «Los militares se cuadran chocando los talones. Los civiles se dan la mano. Algunos sonríen. Otros tienen rasgos inquietos. Algunos rostros no muestran ninguna expresión. Se sientan, se instalan, hablan entre ellos o con sus defensores. Pero ninguno de esos veinte hombres [Kaltenbrunner está ausente], cuyas caras escruto con una avidez apasionada, ninguno porta en la frente ni en los ojos el menor indicio, el menor reflejo, la más mínima justificación de su gloria pasada o del aterrador poder que blandió.

»Y, sin embargo, hace un año, hace doce meses, Rundstedt aún no había lanzado la contraofensiva de las Ardenas. ¡El ceño fruncido de Göring hacía temblar a Alemania, Austria, Bohemia, Noruega y los Países Bajos! Ahí está apoyado en sus codos, con la espalda curva. Su uniforme gris claro, tirando al blanco sucio, flota a su alrededor. Su rostro magullado parece el de una vieja malvada.

»Hace un año, Ribbentrop seguía jugando al soberano en las capitales ocupadas. Hoy, está azorado, con la mirada vacía y el cabello gris desordenado. Su defensor le informa al tribunal que desde hace cuatro meses solo duerme bajo dosis masivas de bromuro.

»Hace un año, Keitel dirigía a millones de hombres en armas aferrándose al territorio francés, italiano, polaco, belga y holandés: sin estrellas, sin condecoraciones. Choca los talones como uno de esos suboficiales avejentados, desgastados y raídos que deambulaban por nuestras ciudades ocupadas.

»Hace un año, Streicher aún disponía de la sangre de todos los judíos a quienes las cámaras de gas, los hornos crematorios y los campos infernales habían dejado un aliento precario y siempre amenazado. Hoy, tan solo es un viejecillo acorralado.

»Y todos los demás, Rosenberg, Frank, Von Neurath, Seyss-Inquart —virrey y verdugo de Ucrania, Polonia y Holanda—, y Sauckel, el reclutador de esclavos del trabajo... Ellos también están ahí, apretujados unos contra otros, todos igual de insignificantes o vulgares o mediocres.

»Sí... ahí están, los antiguos amos insolentes e implacables, los falsos semidioses. Ahí están, arrancados de sus celdas y conducidos al banquillo para la segunda semana de su juicio. Ya no son más que acusados doblegados ante el inflexible mandato de los debates, habituados a las servidumbres de su caída».[30]

Conocemos bien la vida de los acusados en prisión gracias al testimonio brindado por G. M. Gilbert, nombrado psicólogo de la prisión durante todo el proceso, y cuya tarea consistía en mantener un contacto diario con los prisioneros para prevenir un nuevo suicidio, informar al comandante de la prisión, el coronel B. C. Andrus, de su estado moral y, según sus propios términos, «lograr por todos los medios posibles que asistan al juicio con la disciplina apropiada».[31]

A la espera del juicio, la mayoría de los acusados fue internada en el palacio de Bad Mondorf, en Luxemburgo. Ahí fueron sometidos a interrogatorios.

Ahí, Göring, obeso y morfinómano, pasó por una cura de desintoxicación conducida por el médico alemán Ludwig Pflücker, a quien los estadounidenses habían encargado velar por la salud de los detenidos. Reapareció adelgazado, en plena posesión de sus medios intelectuales, que no eran mediocres, y listo para asumir su papel de último gran jefe nazi. Más tarde, esos acusados fueron transferidos a la prisión de Núremberg, donde se les unieron Raeder y Fritzsche.

La prisión de Núremberg era un edificio separado, unido al palacio de justicia por un paso subterráneo. Estaba conformada por varios centenares de celdas, repartidas en tres plantas. Los detenidos ocuparon celdas individuales con un mobiliario reducido al mínimo: una cama, una mesa, una silla, escusados. Estaban permanentemente vigilados por soldados estadounidenses, que mantenían la mirada fija en ellos a través de una suerte de mirilla.

El suicidio de Robert Ley, quien se colgó en la noche del 25 de octubre de 1945, causó un verdadero trauma, y el coronel Andrus, comandante de la prisión y responsable de la seguridad, vivía en la angustia perpetua de que otro detenido siguiera su ejemplo. Tan solo sentados en el escusado escapaban a la vigilancia: el guardia solo veía sus pies.

Los acusados podían enviar y recibir una carta a la semana. Tenían derecho a un paseo diario por el patio de la prisión, durante el cual no podían hablarse. El único momento en el que se encontraban era en el tribunal o durante la comida que les servían en mesas de cuatro.

Cada uno de los acusados tuvo la libertad de elegir a un abogado de una lista en la cual, en principio, no figuraba ningún nazi. Los derechos de la defensa fueron protegidos de manera ejemplar. Solo las organizaciones criminales tuvieron abogados de oficio.

El martes 20 de noviembre de 1945, a las diez de la mañana, el coronel Charles W. Mays anunció: «Señores, la Corte». Todos, abogados, procuradores, acusados, periodistas y espectadores, se pusieron de pie. Entró la Corte: los franceses en primer lugar, luego los ingleses y los estadounidenses, todos con toga, y detrás los soviéticos, con uniforme. Ese fue el verdadero inicio del proceso. Primero, una corta declaración del juez Geoffrey Lawrence hablando en nombre del tribunal: «El proceso que va a comenzar es único en los anales del derecho mundial y es de una importancia extrema para millones de personas en el mundo entero. Por estas razones, a todos quienes toman parte en él incumbe la gran responsabilidad de cumplir con su deber sin temor y sin parcialidad, según los principios sagrados del derecho y de la justicia.

»Al haber sido invocado este tipo de procedimiento por los cuatro signatarios, el deber de todos es actuar de tal suerte que el proceso no se aleje de ninguna manera de esos principios y tradiciones, los únicos capaces de brindar a la justicia su autoridad y el sitio que debe ocupar en los asuntos de todos los Estados civilizados.

»Este proceso es un proceso público en toda la acepción de la palabra. Debo por tanto recordar al público que el tribunal insiste en que el orden y la dignidad sean siempre mantenidos y que serán tomadas las medidas necesarias más severas con ese fin».

Siguió luego la lectura a cuatro voces del acta de acusación, una lectura que duró cinco horas. Sydney S. Alderman, procurador adjunto de Estados Unidos, presentó el cargo núm. 1: «Plan concertado o conspiración», remplazado por el británico sir David Maxwell Fyfe, quien expuso el cargo núm. 2: «Crímenes contra la paz». Los soviéticos y los franceses se repartieron los cargos núm. 3 y 4: «Crímenes de guerra» y «Crímenes contra la humanidad». Pierre Mounier y Charles Gerthoffer, ambos abogados generales de la República Francesa, fueron los primeros en hablar de los crímenes en el Oeste, seguidos por el teniente coronel J. A. Ozol y el capitán V. V. Kuchin, ambos procuradores adjuntos de la Unión de Repúblicas Socialistas Soviéticas.

El acta de acusación termina con la exposición de las responsabilidades individuales de cada uno de los inculpados y del carácter criminal de los grupos y organizaciones. G. M. Gilbert señaló que «en el banquillo de los prisioneros, la tensión bajó cuando se dieron cuenta de que en la audiencia que iniciaba solo se leería el acta de acusación, que ya conocían. Estaban sentados en silencio, poniendo cada vez menos atención; algunos seguían las distintas traducciones con los audífonos; otros observaban la sala del tribunal para evaluar a los jueces, los procuradores, los reporteros y los asistentes».[32]

A la hora de la comida, los acusados se encontraron y se hablaron por primera vez desde su cautiverio, algunos incluso, señaló G. M. Gilbert, por primera vez en sus vidas: «Comieron en la misma sala del tribunal en cuanto fue despejada, ocupándose, relajados, de toda suerte de cosas, desde la política del poder hasta la satisfacción de sus necesidades físicas. Se forman clanes. Ribbentrop intenta discutir con Hess, quien ya no recuerda los grandes sucesos mundiales. Streicher es mantenido a distancia por los demás».[33]

Esa sesión, pues, fue la primera de 402 audiencias públicas.

Al día siguiente, el miércoles 21 de noviembre, de acuerdo con el artículo 24 del Estatuto, el presidente del tribunal, el juez Lawrence, preguntó a cada uno de los acusados si pretendía declararse culpable o no culpable. El primero en responder fue Hermann Wilhelm Göring. Se había prometido —y les había prometido a los demás acusados, de los cuales se había erigido como una suerte de jefe— aprovechar la ocasión para hacer una declaración.

Dio un paso al frente: «Antes de responder a la pregunta del tribunal sobre si soy o no culpable...»

El presidente lo interrumpió: «Anuncié que los acusados no estaban autorizados a hacer una declaración. Se debe declarar culpable o no culpable».

Göring se inclinó y respondió: «En el sentido del acta de acusación, me declaro no culpable».

El presidente llamó entonces: «Rudolf Hess». Este respondió: «no».

El presidente: «Esa respuesta será considerada como una declaración de no culpabilidad». (Risas). «Les advierto a los alborotadores que, si insisten en perturbar la audiencia, serán expulsados».

Así, al hacer recular a Göring y no tolerar ninguna manifestación en la sala, el juez Lawrence marcó desde el inicio del juicio una autoridad que todos, inculpados, periodistas, procuradores y jueces le reconocerían. Sin duda alguna, era la gran figura moral del proceso.

Uno tras otro, los acusados se declararon no culpables, o no culpables en el sentido del acta de acusación. Hjalmar Schacht precisó: «No soy culpable en ningún caso», y Fritz Sauckel: «En el sentido del acta de acusación, ante Dios y ante el mundo y particularmente ante mi pueblo, me declaro no culpable». En cuanto a Alfred Jodl, se declaró no culpable: «Por lo que hice o debí hacer, tengo una conciencia pura ante Dios, ante la Historia y ante mi pueblo».

Llegó entonces el momento de Jackson, el verdadero maestro de obras del proceso, a quien le entregaron la pesada tarea del alegato de apertura. Lo pronunció de manera brillante.

«El privilegio de inaugurar en la historia el primer juicio por estos crímenes contra la paz del mundo impone serias responsabilidades. Los crímenes que intentamos condenar y castigar fueron tan premeditados, tan nefastos y tan devastadores que la civilización no puede tolerar que sean ignorados, pues no podría sobrevivir a su repetición. Que cuatro grandes naciones, exaltadas por su victoria, profundamente heridas, detengan las manos vengadoras y entreguen voluntariamente a sus enemigos cautivos al juicio de la ley es uno de los más grandes tributos que la fuerza le ha pagado a la razón.

»Este tribunal, aunque nuevo y experimental, no es el resultado de especulaciones abstractas. No fue creado para justificar absurdas teorías del derecho. Este proceso representa el esfuerzo de orden práctico de cuatro de las naciones más potentes con el apoyo de 17 otras, para recurrir al derecho internacional a fin de confrontar la mayor amenaza de nuestros tiempos, la guerra de agresión. El sentido común de la humanidad exige que la ley no se limite al simple castigo de crímenes ordinarios cometidos por la gente humilde. La ley debe alcanzar también a los hombres que poseen grandes poderes y hacen un uso deliberado y concertado de ellos para poner en marcha una serie de males que no perdonan ningún hogar en el mundo [...].

»En el banquillo de los acusados están sentados una veintena de hombres disminuidos. Acusados con amargura tanto por la humillación de aquellos a quienes dirigieron como por la miseria de aquellos a quienes atacaron, su poder personal para el mal está destruido para siempre. Hoy en día es difícil descubrir en esos cautivos el poder con el que, en tanto que jefes nazis, algún día dominaron gran parte del mundo y lo aterrorizaron casi por completo. En tanto que individuos, su destino es de poca importancia para el mundo.

»Lo que constituye la importancia de este proceso es que esos prisioneros representan influencias siniestras que se disimularán por todo el mundo mucho después de que ellos mismos se conviertan en polvo. Demostraremos que son los símbolos vivientes del odio racial, del terrorismo y de la violencia, de la arrogancia y de la crueldad del poder. Son símbolos de un nacionalismo y de un militarismo salvajes, de intrigas y de guerras que lanzaron a Europa a la confusión, generación tras generación, y aplastaron a sus hombres, destruyeron sus hogares y empobrecieron su vida [...]».

Después, el procurador estadounidense describió a detalle la toma del poder de Hitler, la supresión de las libertades, la persecución de las Iglesias, en particular de la católica, los crímenes contra los judíos, la exterminación de entre 5 y 7 millones de ellos. «Las pruebas de culpabilidad que les presentaré tendrán un carácter repugnante, y dirán que los privé del sueño. Sin embargo, esto fue lo que le provocó náuseas al mundo y levantó a todo ser civilizado contra la Alemania nazi». Luego pasó a los crímenes en la conducta de la guerra: ejecuciones de prisioneros, de rehenes, saqueo de obras artísticas, institución del trabajo forzado.

Así concluyó Jackson su alegato:

«La verdadera parte demandante ante este estrado es la civilización. En todos nuestros países, la civilización aún es imperfecta y debe luchar. No pretende que Estados Unidos u otro país no tenga parte de responsabilidad en las circunstancias que convirtieron al pueblo alemán en presa fácil de los halagos y amenazas de los conspiradores nazis.

»Pero subraya la espeluznante sucesión de agresiones y de crímenes que ya enumeré; muestra la fatiga de los cuerpos, el agotamiento de las energías, la destrucción de todo lo que era bello y útil en una parte tan grande del mundo, y las posibilidades aún mayores de destrucción a futuro. No es necesario, en medio de las ruinas de esta antigua y soberbia ciudad, con una cantidad desconocida de sus habitantes aún sepultados bajo los escombros, buscar razones especiales para proclamar que desencadenar o conducir una guerra de agresión es el peor crimen contra la moral. El único recurso de los acusados puede residir tan solo en su esperanza de que el derecho internacional esté tan retrasado respecto al sentido moral de la humanidad que una conducta que ese sentido moral califique de criminal no pueda ser considerada represible a ojos del derecho.

»La civilización pregunta si el derecho es lento al grado de ser completamente ineficaz al tratarse de crímenes de tal amplitud cometidos por criminales. No espera que ustedes vuelvan la guerra imposible, sino que espera que su decisión ponga la fuerza del derecho internacional, sus prescripciones, sus defensas y, sobre todo, sus sanciones al servicio de la paz, de suerte que los hombres y las mujeres de buena voluntad, en todos los países, tengan el permiso de vivir sin pedirle autorización a nadie, bajo la protección del Derecho».

Ese largo proceso se apoyó más en pruebas escritas que en testimonios, es decir, sobre todo en documentos alemanes. «Órdenes, reportes, informes oficiales, proyectos, notas personales ¡e incluso transcripciones dactilográficas de conversaciones telefónicas interceptadas por la Gestapo! Pareciera que todos los archivos oficiales públicos, privados o secretos del Tercer Reich fueron conservados por funcionarios concienzudos solo para ser utilizados más tarde contra los antiguos dueños de Alemania»,[34] comenta el atento testigo que fue Didier Lazard. En su mayor parte, las pruebas fueron descubiertas por los estadounidenses durante su avance. Sin embargo, otras siguieron vías distintas. Los 43 volúmenes del diario de Hans Frank, por ejemplo, fueron entregados a los estadounidenses por el acusado mismo tras su arresto.

Todos los documentos fueron examinados, ordenados, clasificados, traducidos, fotocopiados, multicopiados, etc. En principio fueron distribuidos a los abogados de los acusados. De hecho, ciertos retardos dieron lugar a diversos incidentes.

Los testigos, a fin de cuentas, fueron pocos. Tras diez meses de proceso, el tribunal había escuchado a 61 testigos de la defensa y 33 de la acusación. En esencia, estuvieron ahí para confirmar o comentar los documentos escritos. La parte fundamental de la investigación, conforme al derecho anglosajón, que en ese punto difiere del francés, sucedió en la audiencia, pero los testigos, los que comparecieron y otros, por lo general fueron interrogados extensamente antes de declarar en público. Fue, por tanto, el triunfo de lo escrito sobre lo oral: los procuradores y abogados leyeron los textos. Ese procedimiento presenta ventajas e inconvenientes: casi no permite improvisación ni fantasía, y priva al público de todo elemento espectacular. Habría que esperar al 13 de marzo para que el primer acusado tomara la palabra como testigo de su propio juicio. Se trataba de Göring. El proceso había iniciado hacía ya casi cuatro meses.

La sensación de monotonía aumentaba aún más debido a la necesidad de la traducción simultánea, una gran novedad que permitía a cada quien escuchar en su lengua —alemán, inglés, ruso, francés— lo que se decía. Sin embargo, eso obligaba a hablar despacio. Edgar Faure, quien tendía a hablar bastante rápido, calculó que le hacía falta duplicar el tiempo que le tomaría enunciar un texto determinado: «A los oradores no les era sencillo mantener semejante disciplina. Cuando se volvían difíciles de seguir, una lámpara amarilla se encendía ante ellos para incitarlos a disminuir la velocidad de su enunciación. Si no la tomaban en cuenta, la lámpara pasaba al rojo y entonces debían detenerse: la estampida de palabras exigía la interrupción del tránsito».[35]

La parte esencial del trabajo de la defensa consistía en hacer declarar a los acusados, quienes, siempre siguiendo el derecho anglosajón, eran testigos en su propio juicio y hablaban bajo juramento. El contrainterrogatorio, la famosa *cross examination*, fue llevado a cabo por el ministerio público.

El tribunal determinaba qué documentos podía presentar el abogado. Los abogados preparaban «libros de documentos» que el tribunal examinaba a puertas cerradas. Después, el presidente elegía cuáles admitía y cuáles no. Ahí residía cierta arbitrariedad. Para el tribunal, ciertos temas eran tabú. Así, la defensa tenía prohibido evocar el Tratado de Versalles o la entrada en la guerra de la URSS. También tenía prohibido invocar el *tu quoque*: los abogados alemanes no podían demostrar que los aliados habían cometido ciertos actos criminales como, por ejemplo, los bombardeos contra la población civil.

En suma, todos los observadores estuvieron de acuerdo en que se trató de un proceso tedioso y todos se aburrieron mucho, incluidos los acusados, que se jugaban la piel. Tras sus lentes oscuros, dormitaban con frecuencia. Uno de ellos comentó: «De entrada, la sala parece silenciosa y apacible. Se oye a alguien hablar en alguna parte y se tiene la impresión de asistir a una simple conversación. En apariencia, no sucede nada: es una obra sin acción representada por mudos. Es imposible adivinar que los vencedores están en proceso de evaluar la responsabilidad de aquellos que desataron una guerra durante la cual el mundo estuvo a punto de zozobrar. Tan solo los audífonos colocados frente a cada asiento permiten suponer que algo sucede en esa sala, pues traducen a cuatro lenguas lo que el orador enuncia en voz baja».[36]

3

Plan concertado o conspiración y crímenes contra la paz

En 1946, el periodista Raymond Cartier publicó en Librairie Arthème Fayard su obra *Secretos de la guerra revelados por Núremberg*. Recalcaba ahí que miles de documentos habían sido vertidos en el expediente del proceso y revelado secretos diplomáticos o militares que de otra manera habrían permanecido ocultos, y que el «juicio le dio a la Historia al menos diez años de ventaja».[37]

Hoy en día silenciados por la memoria colectiva, que solo retuvo de Núremberg los crímenes contra la humanidad, la «guerra de agresión» y la «conspiración», aún así conformaron un «gran pedazo» del juicio, como escribió Casamayor, el núcleo del proceso, el único cargo que les interesaba de verdad a los estadounidenses y, como ya vimos, aquel sobre el cual se articularon los demás, en particular el de crímenes contra la humanidad. Se trató de una novedad absoluta. Recurrir a la guerra ya no era una prerrogativa del Estado soberano; a los ojos del derecho internacional, podía ser considerado un crimen, y los responsables, acusados y condenados.

Los dos primeros cargos, el «plan concertado o conspiración» y los «crímenes contra la paz» trataban de los orígenes, el desencadenamiento del conflicto y su expansión. Englobaban, por definición, hechos anteriores a la guerra, abordados en distintas ocasiones durante el curso del juicio. En primer lugar, en el acta de acusación: se trata de la trama del alegato de apertura del procurador Jackson, retomada más tarde por las acusaciones estadounidense y británica. Esos dos cargos fueron detallados de nuevo durante el escrutinio de las responsabilidades individuales de cada inculpado, pues todos los ocupantes del banquillo de los acusados, sin excepción alguna, fueron acusados de «plan concertado o conspiración», acusación que se sumaba para 16 de los 22 a la de «crímenes contra la paz».

«Todos los acusados, junto con otras personas, durante cierta cantidad de años anteriores al 8 de mayo de 1945, participaron en calidad de jefes, organizadores, instigadores o cómplices en la concepción o la ejecución de un plan concertado o conspiración con el objeto de cometer crímenes contra la paz, crímenes de guerra y crímenes contra la humanidad, tal y como están definidos en el estatuto de este tribunal»,[38] precisa el acta de acusación que leyó, el 20 de noviembre de 1945, el primer procurador adjunto de los Estados Unidos, Sydney S. Alderman. No podría haber sido más claro. Los crímenes contra la paz, los crímenes de guerra y los crímenes contra la humanidad derivan todos de la conspiración, una conspiración que fue puesta en marcha con el nacimiento del partido nazi, se desarrolló durante la preparación de la toma del poder por parte de Hitler, se afinó y tomó cuerpo durante los años en los que los nazis gobernaron Alemania y desembocó en la Segunda Guerra Mundial.

Los estadounidenses y los británicos intentaron lanzarse a una genuina lección de historia, siguiendo paso a paso la cronología e ilustrando con documentos, y con las explicaciones de los testigos que llamaron al estrado, las etapas que, según ellos, llevaron a la guerra.

Primero la conspiración. El 22 de noviembre de 1945, uno de los procuradores adjuntos estadounidenses, el comandante Frank B. Wallis, entró en el meollo del asunto al presentar los expedientes y documentos relativos a la conspiración y esmerarse en analizar los «fines del partido nazi, sus métodos, su ascenso al poder y la consolidación de su control sobre Alemania entre 1933 y 1939, con el fin de preparar una guerra de agresión».[39] Según él, las pruebas presentadas ante el tribunal permitían apuntalar la acusación, ya que:

1. El partido nazi se fijó ciertos fines y objetivos, principalmente la adquisición del *Lebensraum* o espacio vital para todos los alemanes de raza (*Volksdeutsche*).
2. Propugnó cualquier método, legal o no, para alcanzar sus fines y, de hecho, utilizó métodos ilegales.
3. Definió o propagó diversos temas de propaganda y utilizó diversos métodos de propaganda para facilitar su ascenso al poder sin tener en cuenta ningún principio.
4. En definitiva, se apropió de todo el poder en Alemania.
5. El partido nazi utilizó ese poder para finalizar la conquista política del Estado, aplastar cualquier oposición y para preparar a la nación, psicológicamente y según otros puntos de vista, para la agresión contra el extranjero que había premeditado desde el inicio.[40]

El primer texto citado por Wallis fue un discurso de Hitler del 30 de enero de 1941, aniversario de su llegada al poder, que resumía la acusación estadounidense: «Yo fijé el programa siguiente: abolición del Tratado de Versalles. El resto del mundo comete un absurdo al pretender que no develé mi programa sino hasta 1933, 1935 o 1937. En vez de oír el estúpido parloteo de los emigrados, esos señores deberían tener la sensatez de leer lo que he escrito miles de veces. Ningún ser humano ha proclamado o escrito sus intenciones más veces que yo. Y sin cesar he escrito: "Abolición del Tratado de Versalles"».

El «meollo central del plan concertado o conspiración»[41] era el partido nazi mismo, cuya historia reconstituyó Wallis. En 1921, este quedó bajo la dirección de Hitler y «se convirtió en la vía de enlace entre los acusados y los conspiradores, al igual que un instrumento para la realización de los fines y designios de su conspiración. Cada uno de los acusados se convirtió en miembro del partido nazi y de la conspiración en pleno conocimiento de sus fines y designios, o bien, con el mismo conocimiento se convirtió en cómplice durante alguna de las fases de desarrollo de la conspiración».[42] Los jefes, miembros, partidarios y afiliados al partido se convirtieron así en el colectivo de «los conspiradores nazis», expresión que suena curiosa hoy en día a oídos de los historiadores, pero que en ese entonces fue usada constantemente por la acusación.

Esos «conspiradores» utilizaron todos los medios a su alcance para derogar y destruir el Tratado de Versalles y las restricciones que comprendía en cuanto al armamento y la actividad militar de Alemania, para reconquistar ciertos territorios perdidos durante la Gran Guerra, pero también para anexionarse nuevos territorios, poblados, según ellos, por «alemanes de raza». Al final, se lanzaron a la conquista del *Lebensraum*, el espacio vital, conquista que requería recurrir a la guerra: «Los conspiradores nazis desencadenaron sus guerras de agresión y sus guerras hechas en violación de los tratados, acuerdos y compromisos internacionales»[43] franqueando una cierta cantidad de etapas durante las cuales las «doctrinas», según el término de la acusación estadounidense, fueron utilizadas al servicio de la conspiración.

La primera de esas «doctrinas» era la de la «raza de los amos». «Solo un miembro de la raza puede ser ciudadano. Solo puede ser miembro de la raza quien es de sangre alemana, sin importar el credo. En consecuencia, ningún judío puede ser miembro de la raza», precisa el punto 4 del programa del NSDAP, el Partido Nacionalsocialista. La «segunda doctrina importante que impregna la conspiración» era el *Führerprinzip*, el principio del jefe, que implicó, según la acusación estadounidense, dos principios políticos importantes: en primer lugar, el principio de autoridad, la obediencia absoluta al jefe, y en segundo, el principio totalitario. Como se ve, para la acusación estadounidense, el nazismo era en primera instancia un hitlerismo que se identificaba con la persona del *Führer*, cuya presencia se cernió sobre todo el proceso.

Para Wallis, el 9 de noviembre de 1923 marcó el «fin de una época y el inicio de otra». Se trató del Putsch de Múnich, también llamado Putsch de la Cervecería. Durante la noche del 8 al 9 de noviembre de 1923, en efecto, Hitler y sus SA, las secciones de asalto que dirigía en ese entonces Göring, proclamaron la revolución nacional, la dictadura en Alemania, y Hitler se autodesignó canciller del Reich. El *putsch* fracasó, Hitler fue encarcelado y redactó *Mi lucha*, que aparecería en 1925.

La acusación estadounidense detalló entonces la marcha hacia el poder de los conspiradores nazis, llena de ruido y de violencia, la nominación de Hitler como canciller el 30 de enero de 1933, el sometimiento del país y la adquisición del control político total sobre la sociedad, que implicó sobre todo la destrucción de los sindicatos y el endurecimiento del control sobre las Iglesias.

En ese marco evocaron la creación de los campos de concentración. Wallis precisó que «fue en 1933 cuando aparecieron los primeros campos de concentración. Servían para eliminar a los adversarios políticos que encarcelaban ahí. Era «el internamiento de protección». Ese sistema de campos de concentración se desarrolló en el interior de Alemania». En cuanto a los asesinatos, fueron ilustrados principalmente por el relato de la famosa «Noche de los cuchillos largos», durante la cual Hitler mandó a asesinar a Röhm y a una parte de los jefes de las SA, la *Sturmabteilung*, la Sección de Asalto, una de las organizaciones inculpadas en el proceso.

Finalmente, se abordó, presentó y analizó la persecución de los judíos «como uno de los elementos del plan nazi con miras al sometimiento de Alemania». La «acción antijudía» que los «conspiradores» proyectaron y llevaron a cabo en el interior de Alemania durante el período de la preguerra tenía como fin «ejecutar su política de raza superior» y «reunir a los elementos disidentes bajo la bandera nazi». Así, «los conspiradores aprobaron y llevaron a cabo sin descanso un programa de persecución despiadada contra los judíos», programa incluido en los 25 puntos oficiales e inalterables del partido nazi, de los cuales seis estaban consagrados a la doctrina de la «raza de los amos». Se especificó que «los acusados Göring, Hess, Rosenberg, Frank, Frick, Streicher, Funk, Von Schirach, Bormann y otros tuvieron un papel importante en la publicidad hecha para ese programa».

La acusación estadounidense siguió su demostración analizando la «revisión de la educación y la formación de la juventud». Así se preparó psicológicamente a la nación para la guerra; las Juventudes Hitlerianas inculcaban a la juventud la «idea de que la guerra era una actividad noble».

Si seguimos la demostración estadounidense, la «conspiración» habría tenido como meta cometer todos esos crímenes; se extendió durante un período de 25 años, desde la formación del partido nazi (1920) hasta el final de la guerra (1945). El partido era el vínculo que dotaba de unidad las acciones de los conspiradores y las orientaba hacia fines comunes: la violación del Tratado de Versalles, la recuperación de los territorios perdidos por Alemania, etc. La «toma del poder» de los nazis, el uso del terror, la supresión de los sindicatos, los ataques contra la enseñanza cristiana y contra las Iglesias, la persecución de los judíos y la militarización de la juventud fueron medidas tomadas deliberadamente para ejecutar el plan concertado.

La conspiración primero y la guerra después. Según la acusación, el «plan concertado o conspiración» se efectuó para llevar a cabo el rearme secreto, la renuncia de Alemania a la Sociedad de Naciones (SDN), el restablecimiento del servicio militar obligatorio, el control sobre Renania: en suma, un conjunto de actos que violaban los compromisos del Tratado de Versalles. Göring, el responsable de la creación de la *Luftwaffe*, el Ejército del Aire, asumió con orgullo su papel en la preparación de la guerra. Sí, él era el comandante en jefe; sí, él era responsable del rearme; sí, él había empujado a Hitler a intervenir en España para poner a prueba al joven Ejército del Aire alemán.

¿Acaso los jueces aceptaron la tesis de la conspiración tal como la desarrolló y argumentó la acusación? En ese caso preciso, el tribunal no. Mejor aún, la desaprobó. En el fallo, que clarifica la tesis de la conspiración para refutarla, recordaron: «Según el acta de acusación, toda contribución efectiva a la actividad del partido y del Gobierno nazis implica la participación en una conspiración que es, en sí misma, un crimen». A ojos de los jueces, la definición de la «conspiración» resultaba insuficiente: «No resulta de las simples enunciaciones de un programa político, como los 25 puntos del programa (de 1921), ni de las afirmaciones expresadas algunos años más tarde en *Mein Kampf*».

Que un partido redacte un programa, que un hombre desee tomar el poder y use para ello todos los medios a su disposición; que, para mantenerse en el poder, ese hombre y sus acólitos cometan crímenes e infamias, compete a la vida interna de un país, no al derecho internacional. Por el contrario, si ese hombre hace la guerra, comete un crimen internacional, un crimen que precisamente cae bajo la jurisdicción del tribunal. Así, el alcance de la conspiración fue singularmente restringido por los jueces: según el veredicto, solo había conspiración «si hubo planes particulares de guerra». Convenía entonces investigar con precisión esos planes de guerra y discernir quién había participado en ellos.

El primer documento que demostraba una conspiración, según la definición ya no del acta de acusación sino del tribunal, era un documento que entró en la historia bajo el nombre de «Memorándum Hossbach».

El 5 de noviembre de 1937, Hitler reunió en la Cancillería del Reich a Hermann Göring, comandante en jefe de la *Luftwaffe*; Erich Raeder, comandante en jefe de la marina; Neurath, entonces ministro de Asuntos Exteriores; Von Blomberg, entonces ministro de Guerra, y Von Fritsch, entonces comandante en jefe del ejército terrestre. Tres de los participantes de esa reunión estaban sentados en el banquillo de los acusados. La conferencia era ultrasecreta; no dio lugar a ningún informe oficial. No obstante, algunos días más tarde, el teniente coronel Hossbach, oficial de ordenanza personal del *Führer*, hizo algunas notas sobre papel. En realidad, la conferencia parece más un monólogo de Hitler que una discusión. El «memorándum» fue registrado con la signatura 386 PS.[44] Fue uno de los documentos más importantes sacados a la luz durante el proceso, y ha sido constantemente recuperado y comentado desde entonces.

«El *Führer* comenzó por decir que el tema de la conferencia de hoy era de tal importancia que, en otros países, ciertamente habría sido tratado en consejo de gabinete, como indica el protocolo. No obstante, él, el *Führer*, había decidido no discutir esas cuestiones ante el gabinete del Reich a causa de su importancia. Continuó declarando que su discurso era el fruto de reflexiones profundas y de la experiencia que había adquirido durante cuatro años y medio en el Gobierno. Para la continuidad de la política exterior, pidió que las declaraciones que iba a hacer fueran consideradas, si llegara a morir, como su última voluntad y su testamento.

»Entonces, el *Führer* dijo: "El fin de la política alemana es la seguridad de la nación y su propagación. Se trata, en consecuencia, de un problema de espacio vital"».

Hitler analizó entonces la cuestión de la autarquía y la participación en el comercio mundial, cuestión que había opuesto a Schacht y a Göring. Para el *Führer*, no había autarquía posible: la política natalista portaba sus frutos, la población aumentaba y su nivel de vida mejoraba. Y «el suelo muestra ya indicios de deterioro debido al empleo de fertilizantes artificiales». Además, precisó Hitler, «la participación en la economía mundial tiene límites que no podemos superar sin riesgos para nuestra preocupación esencial. No copiaremos la política del capitalismo liberal, que está fundamentada en la explotación de las colonias. El espacio necesario solo puede ser obtenido en Europa. No se trata de volverse amo de poblaciones, sino de apropiarse de territorios utilizables para la agricultura».

Así, las intenciones de guerra quedaban expresadas con claridad. Se trataba de conquistar un espacio, uno que Hitler juzgaba vital para Alemania, y no de someter poblaciones. Así se lee en filigrana la política que sería puesta en acción en los territorios conquistados, sobre todo en el Este: germanización por medio de transferencias de población.

«Nuestra meta sería también buscar en Europa, en los países limítrofes de Alemania y no en ultramar, un territorio rico en materias primas».

«La historia de todos los tiempos —Imperio romano, Imperio británico— demuestra que toda expansión territorial solo puede ser ejecutada quebrantando una resistencia y asumiendo riesgos. Hoy, al igual que antaño, no existen territorios sin amos. Quien ataca choca siempre con un propietario.

»La cuestión que se plantea para Alemania es, pues, saber dónde puede conquistarse la mayor extensión posible al menor precio».

Así, desde noviembre de 1937, Hitler definió su objetivo: la conquista del espacio vital y el medio de lograrlo: la guerra. Y el hierro sería blandido ahí donde fuera más fácil blandirlo.

«La política alemana debe contar con dos enemigas implacables», comentó, no sin lucidez, «Inglaterra y Francia. Para ellas, un sólido coloso alemán en el centro de Europa resultaría intolerable. Por lo tanto, esos dos Estados se levantarán en contra de un fortalecimiento de Alemania, tanto en Europa como en ultramar». No obstante, precisa el protocolo, el *Führer* no creía que el Imperio británico fuera inquebrantable, ya que Inglaterra solo podía defender sus posesiones con la ayuda de otros Estados. El Imperio francés, por su parte, estaba debilitado por los disensos en el interior de Francia misma.

Tras ese vasto panorama general geopolítico, el *Führer* volvió a su idea fija: la guerra. «El problema alemán, pues, solo puede ser resuelto por la fuerza, y eso nunca carece de riesgos. Si decidimos hacer uso de la fuerza, con los riesgos que eso conlleva, nos quedan dos preguntas que responder: ¿cuándo? y ¿cómo?». Entonces examinó tres hipótesis.

La primera preveía el conflicto para el período de 1943 a 1945. Tras ese lapso, comentó Hitler, «las cosas solo pueden empeorar. El rearme y la formación del cuerpo de oficiales están prácticamente terminados. Tenemos equipamiento moderno. Si esperamos más, corremos el riesgo de que quede obsoleto. El secreto de nuestras "armas especiales" no puede ser guardado de forma indefinida [...]». La ausencia de reservas, por otro lado, volvía inevitable la crisis alimentaria, mientras que carecían de divisas para comprar lo indispensable. Se trataba de un punto débil del régimen. Además, comentó el *Führer*, «el mundo espera que actuemos, y cada año desarrollará sus medidas de defensa». Por último, «el envejecimiento del movimiento nacionalsocialista y de sus líderes no nos deja otra opción que la acción. Si el *Führer* sigue vivo, su decisión irrevocable será darle una solución al problema alemán a más tardar entre 1943 y 1945».

La segunda hipótesis planteaba que la amplitud de los conflictos sociales en Francia obligaría al ejército a intervenir. Para Alemania, ese sería un momento oportuno para actuar.

La tercera contemplaba una evolución de la guerra de España hacia un conflicto anglo-franco-italiano. En ese caso también, Alemania podría actuar desde 1938.

¿Cómo se imaginaba Hitler la marcha hacia la conquista de Europa? En primer lugar, explicó, había que tomar Austria y

Checoslovaquia, conquistas que les permitirían evitar «toda ame-naza proveniente de ese flanco si llegáramos a avanzar hacia el Oeste». Y añadió, mostrando una lucidez impresionante: «Según toda probabilidad, Inglaterra, y quizá también Francia, ya descar-taron en secreto a Checoslovaquia y se hicieron a la idea de que esa cuestión será, un día u otro, zanjada por Alemania. Las dificul-tades internas del Imperio británico y el miedo a ser arrastrada a una guerra europea de larga duración empujarán a Inglaterra a no intervenir. La actitud de los ingleses no carecerá de influencia en la de los franceses; un ataque de Francia sin la colaboración ingle-sa es poco probable...».

Así, salvo por el aspecto estratégico, la conquista de Che-coslovaquia y de Austria resolvería el problema de las reservas alimenticias que lo obsesionaban, con una condición, que preci-só: dos millones de checos y un millón de austriacos debían ser obligados a emigrar.

Ese texto sirvió de fundamento principal para la acusación de «conspiración».

El psicólogo Gilbert, como era su costumbre, charló con los detenidos mientras comían.

«Muchos de los acusados», escribió, «no escondieron su sor-presa ante ese documento que revelaba la concepción de Hitler de la política de la fuerza. Jodl dijo que no se había dado cuenta en ese entonces... Von Schirach estimaba que el documento cons-tituía "locura política concentrada"... Frank comentó: "Solo es-peren a que los alemanes lean eso y vean con qué diletantismo el *Führer* selló su destino". Ribbentrop, sumamente asombrado, sacudió con tristeza la cabeza cuando le pregunté si no conocía esa declaración sobre la política: "No, nunca me habló de eso. Se lo repito, *Herr Doktor*, si los aliados nos hubieran dejado tan solo la mitad de una posibilidad tras Versalles, usted nunca habría oído hablar de Hitler"». Fritzsche se vio obligado a admitir que el do-cumento le había esclarecido el proceso. «Ahora veo», le declaró a Gilbert, «por qué se habla de conspiración, y yo mismo me veré obligado a cambiar de posición respecto al acta de acusación». Tan solo Göring, quien no apreció mucho las reflexiones de los demás detenidos, no encontró nada de qué sorprenderse en el memorándum: «¡Ah, puros cuentos! ¿Acaso los estadounidenses no se apropiaron de California y de Texas? ¡Esa también fue una simple guerra agresiva con miras a la extensión territorial!».[45]

Esa reunión de 1937 también tuvo como consecuencia la dimisión de Neurath, quien sin embargo estaba en el banquillo de los acusados. Más tarde declararía: «El discurso de Hitler me conmocionó porque significaba el desplome de la política exterior que yo había, hasta entonces, seguido con perseverancia».[46]

El mismo día, el procurador adjunto estadounidense, Sydney Alderman, presentó otro documento, también fundamental, un expediente constituido por el ayudante de campo de Hitler, el coronel Schmundt, y encontrado por una unidad aerotransportada del 327° regimiento de infantería estadounidense en una bodega de Platterhof, en Obersalzberg, cerca de Berchtesgaden. En el expediente estaba el plan general del «Caso Verde», el nombre en código para designar las operaciones contra Checoslovaquia: figuraba en particular el resumen de la discusión que tuvo el *Führer* con Wilhelm Keitel el 21 de abril de 1938. Primero trataba los aspectos políticos vinculados a la cuestión de Checoslovaquia. El documento indica: «Un ataque estratégico, efectuado por sorpresa en un mundo pacífico, sin causa ni justificación posible, fue descartado. El resultado sería una opinión mundial hostil, lo que podría generar una situación riesgosa. Tal medida no está justificada más que para eliminar al último adversario en el continente». Quedaban, pues, dos posibilidades, que Hitler contempló con Keitel: «Acción tras un período de tensiones diplomáticas que conduzcan progresivamente a una crisis y terminen en la guerra» o «acción relámpago, tras un incidente (por ejemplo: el asesinato de un ministro alemán en correlación con una manifestación antialemana)». Hitler sacó de ahí, siempre con Keitel, conclusiones militares: la necesidad de una operación relámpago apoyada en propaganda.

Ese mismo 26 de noviembre de 1945 también examinaron los preparativos del ataque contra Polonia y los del ataque contra la Unión Soviética. Ahí también, los documentos presentados por la acusación estadounidense eran a la vez límpidos y contundentes, sobre todo el acta de la conferencia celebrada por el *Führer* en su oficina de la Cancillería el 23 de mayo de 1939, y a la cual asistieron, de entre los acusados, Göring, Keitel y Raeder. Según Alderman, «este documento es de importancia histórica, a la misma altura que el testamento político del *Führer*, reportado por el ayudante de campo de Hossbach».[47] La acusación estadounidense lo citó copiosamente. En él, el *Führer* seguía insistiendo en la necesidad de un «espacio vital proporcional a la grandeza de un país» que se encontraba «en la base de todo poderío». Así se planteó la cuestión de Polonia, un país que, precisó el *Führer*, «siempre se pondrá del bando de nuestros adversarios. A pesar de los tratados de amistad, Polonia siempre ha tenido la intención secreta de dañarnos. Danzig no es en absoluto la causa del conflicto. Se trata de extender nuestro espacio vital hacia el Este, garantizar nuestro aprovisionamiento y arreglar el problema del Báltico». Y después: «No hay manera, pues, de perdonar a Polonia, y llegamos a esta decisión: *atacar Polonia en cuanto se nos presente la ocasión* [subrayado en el texto alemán]. No podemos contar con la repetición del asunto checoslovaco. Habrá guerra».

Después tocó el turno a la Unión Soviética. Un documento, tomado de los archivos del OKW (Alto Mando de las Fuerzas Armadas Alemanas), da las razones del ataque y, según Alderman, «demuestra de igual forma que los conspiradores nazis estaban plenamente conscientes de los crímenes contra la humanidad que resultarían de ese ataque». Ese memorándum del 2 de mayo de 1941 explica que la guerra solo puede continuar «si todas las fuerzas armadas son alimentadas por Rusia durante el tercer año de la guerra» y que, si Alemania tomara en ese país «las cosas que nos son necesarias, causaría la hambruna y la muerte de millones de personas». Alderman terminó la jornada con el análisis de la complicidad de Alemania con Japón e Italia.

Hacia el final del día, Hans Frank, convertido a la fe católica durante su detención, le pasó a Gilbert un recado curioso, que describía la visión apocalíptica que lo había embargado durante la lectura del último documento. Su título: «Hitler, el 22 de agosto de 1939». La visión: «Estamos sentados frente a la Corte. Y, en silencio, el tren de los muertos continúa su desfile frente a nosotros. No hay interrupción. Pálido y lánguido, sin un ruido, bañado en el débil fulgor amarillo ocre de la eternidad, ese río de miseria fluye. Todos, todos pasan sin cesar, envueltos en una ligera neblina, lamidos por las flamas de la agonía de la humanidad; aquí, allá, allá, siguen pasando, sin un fin a la vista... Los seres humanos arrancados a la vida en esta guerra constituyen el botín más horripilante de esta muerte desatada entre el odio y la destrucción: los jóvenes y los viejos, los orgullosos y los humildes... Helos ahí: polacos, judíos, alemanes, rusos, estadounidenses, italianos, de todas las nacionalidades, todos ensangrentados y exhaustos. Y una voz grita: *¡Esta guerra debe venir, pues solamente mientras esté vivo puede suceder!*. ¡Ay, cuánto sufriste para morir, Dios todopoderoso!».[48]

La octava jornada del proceso, la del 29 de noviembre, fue también una de las más extrañas. El juicio no siguió un estricto orden cronológico; en ese entonces había vuelto a los sucesos que condujeron al *Anschluss*, la anexión de Austria por parte de Alemania, formalmente prohibida por el Tratado de Versalles, y al *Anschluss* mismo. La acusación estadounidense mostró el trabajo del partido nazi austriaco, pero sobre todo cómo Hitler convocó al canciller Schuschnigg y le impuso un ultimátum: debía liberar a los nazis austriacos que estaban en prisión y darles toda libertad de acción; su jefe, Seyss-Inquart, que figuraba en el banquillo de los acusados, debía ser nombrado ministro del Interior. Schuschnigg, quien comprendió que su país sería sometido por Alemania, decidió organizar un plebiscito que le mostrara al mundo que los austriacos no querían un *Anschluss* con la Alemania nazi. Hitler envió entonces a las tropas alemanas a apostarse en las fronteras, mientras los nazis austriacos y Göring hacían presión sobre las autoridades austriacas y obtuvieron a la vez la renuncia al referéndum y la dimisión de Schuschnigg. Seyss-Inquart fue entonces nombrado canciller y pidió la ayuda de las tropas alemanas, que cruzaron la frontera.

Durante los primeros días del proceso, señaló el periodista Cooper, «una visión familiar en el interior del palacio de justicia [...] era la silueta demacrada de Kurt von Schuschnigg, excanciller de Austria, recientemente liberado de Dachau». Y para su sorpresa: «El testimonio de uno de los principales personajes del drama europeo durante los primeros días de la agresión nazi, del hombre que sufrió el chantaje y las amenazas de Hitler en ese ahora histórico encuentro de Berchtesgaden, nunca fue escuchado».[49]

Entre los documentos había transcripciones de conversaciones telefónicas: el tono del último extracto mostraba a un Göring triunfal. Estaba al teléfono con Ribbentrop, quien, en Londres, tenía el encargo de dar la versión nazi de lo que sucedía en Austria. Ribbentrop le preguntó entonces: «Herr Göring, ¿me diría cuál es la situación en Viena? ¿Está todo resuelto por allá?

»Göring: Sí, ayer hice aterrizar cientos de aviones con algunas compañías para asegurar los aeródromos, y fueron recibidos con alegría. Hoy, la unidad avanzada de la 17° división avanza junto con las tropas austriacas que no se retiraron, sino que se unieron y fraternizaron de inmediato con las alemanas en todos lados».

Göring invitó a Ribbentrop a verlo.

«Göring: Hace un clima maravilloso aquí: cielo azul. Estoy sentado en mi balcón, envuelto en cobijas, en el aire fresco, bebiendo mi café. Más tarde, tendré que tomar el auto; tengo que dar un discurso y las aves gorjean. Puedo oír por el radio el entusiasmo maravilloso que hay allá».

Sin duda evoca Viena.

«Ribbentrop: Qué maravilla».

En ese momento, cuenta Joseph Kessel, «sucedió algo increíble. En su banquillo de acusado, Göring alzó la cara y se echó a reír: una carcajada plena, entera, desatada, imposible de contener». Una risa plasmada en película. Entonces volteó a ver a Ribbentrop por encima del hombro de Hess. Ribbentrop, «cuyos labios partidos y apretados estaban atados como por una agujeta, miró a Göring, relajó la boca y se echó reír, también, franca y largamente».

Prácticamente sin transición, probablemente para quebrar la alegría que había embargado a los acusados y devolverlos a sus crímenes, la acusación presentó un documental sobre los campos de concentración: «Ese tema llega en el momento perfecto», precisó el abogado general estadounidense Dodd, «en el relato de los sucesos que llevaron a la declaración de una guerra de agresión [...] proyectada y preparada por los conspiradores nazis. Les vamos a demostrar que los campos de concentración no eran un fin en sí mismos, sino que conformaban una parte integral del sistema nazi de gobierno [...]. Tenemos la intención de probar que cada uno de los acusados sabía de la existencia de los campos de concentración; que el miedo, el terror y los horrores sin nombre cometidos en ellos eran instrumentos con cuya ayuda los acusados permanecieron en el poder y eliminaron toda oposición a sus designios, incluidos, por supuesto, sus planes de una guerra de agresión».

La película proyectada era un montaje de documentos filmados por las autoridades estadounidenses e inglesas al momento de abrir los campos. El texto de los comentarios fue establecido a partir de los informes de los fotógrafos militares que los filmaron.

Gilbert observó con atención a los acusados durante la proyección y tomó notas a un intervalo regular de uno o dos minutos. Sus observaciones merecen ser citadas en su totalidad.

«Schacht no puede ver la película y protesta cuando le pido que la vea; se gira, se cruza de brazos y mira hacia el público... La proyección inicia. Frank alza la cabeza cuando se autentifica y presenta la película... Fritzsche, que no había visto ninguna parte de la cinta [les habían presentado extractos a los detenidos de Bad Mondorf], ya está pálido y estupefacto cuando llegan las escenas que muestran a los prisioneros quemados vivos en una granja... Keitel se enjuga la frente, se quita los audífonos... Hess observa fijamente la pantalla, parece un vampiro... Keitel se pone los audífonos y mira la pantalla de soslayo... Von Neurath inclina la cabeza, no mira... Funk se tapa los ojos con las manos, con cara de agonía, niega con la cabeza... Von Ribbentrop cierra los ojos, se gira. Sauckel se enjuga... Frank traga saliva, pestañea tratando de contener las lágrimas... Fritzsche observa con una atención extrema, con el ceño fruncido, aferrado a su asiento, evidentemente torturado... Göring se apoya en el barandal sin mirar la mayor parte del tiempo, desanimado... Funk murmura algo en voz baja... Streicher observa inmóvil, pero desvía la mirada de tanto en tanto... Funk ya está en lágrimas, se suena, se enjuga los ojos, baja la mirada... Frick niega con la cabeza al ver las "muertes violentas", Frank murmura: "¡Qué horror!"... Rosenberg se agita nervioso, mira la pantalla, baja la cabeza, intenta ver las reacciones de los demás... Seyss-Inquart se mantiene impasible... Speer parece muy triste, traga saliva... Los abogados de los acusados murmuran: "Por el amor de Dios, terrible". Raeder mira sin moverse... Von Papen está sentado con las manos en los ojos y la mirada gacha, aún no ha visto la pantalla... Hess aún parece perdido... Se ven pilas de muertos en un campo de trabajo forzado. Von Schirach mira con mucha atención, jadea, le habla en voz baja a Sauckel... Funk ahora llora... Göring parece triste, apoyado sobre un codo...

Dönitz mantiene la cabeza gacha, ya no mira... Sauckel se estremece a la vista del horno crematorio de Buchenwald... Cuando se muestra una pantalla para lámpara hecha de piel humana, Streicher dice: "No me lo creo"... Göring tose... Los abogados están en vilo... Ahora, Dachau. Schacht sigue sin ver... Frank sacude la cabeza y dice con amargura: "¡Qué horror!"... Rosenberg sigue agitado, se inclina hacia el frente, mira a su alrededor, se reclina, baja la cabeza... Fritzsche, pálido, mordiéndose los labios, parece estar en una verdadera agonía... Dönitz esconde la cabeza entre las manos... Keitel ahora baja la cabeza... Ribbentrop mira la pantalla cuando un oficial británico empieza a hablar y dice que ya ha enterrado 17 000 cadáveres... Frank se muerde las uñas... Frick sacude la cabeza, incrédulo, cuando una doctora describe el trato y los experimentos infligidos a los prisioneros de Belsen. Cuando aparece Kramer, Funk dice con voz ahogada: "¡El muy cerdo!"... Von Ribbentrop, sentado con los labios apretados y un temblor en los ojos, no mira la pantalla... Funk llora con amargura, se lleva una mano a la boca en el momento en el que tiran cadáveres desnudos de mujeres a una fosa... Keitel y Von Ribbentrop alzan la mirada cuando se anuncia que un tractor carga cadáveres, lo observan, luego agachan la cabeza... Streicher da indicios de agitación por vez primera... La película termina.

»Tras la presentación de la cinta, Hess declara: "No me lo creo". Göring, por su parte, murmura que mantengan la calma, mientras que él mismo ya perdió todo su aplomo. Streicher dice algo así como: "Quizá en los últimos años". Fritzsche replica con desprecio: "¿Millones? ¿Durante los últimos días? No". Aparte de eso, un silencio agrio reinó cuando los acusados salieron en fila de la sala del tribunal».[50]

Al día siguiente apareció el primer testigo de la acusación, el general Erwin Lahousen, adjunto de Canaris en la *Abwehr*, el servicio de inteligencia. Su testimonio fue abrumador, sobre todo para los militares. Contó en particular la «operación Himmler». La

Abwehr había recibido la misión de suministrar uniformes, equipo polaco y tarjetas de identidad. Sirvieron para equipar a los detenidos de campos de concentración encargados de atacar a la estación de radio de Gleiwitz, el 31 de agosto de 1939. Hitler usó ese ataque como pretexto para lanzar su ofensiva contra Polonia.

La jornada terminó con un minigolpe dramático, que suscitó una agitación considerable entre los periodistas. El abogado de Rudolf Hess hizo un requerimiento: su cliente era incapaz de defenderse, pues había perdido la memoria. Sucedió una larga discusión entre el abogado y la acusación. ¿Era capaz? ¿Era incapaz? Se le concedió entonces la palabra al acusado, quien la solicitaba desde hacía un momento: «De ahora en adelante dispongo de mi memoria en mis relaciones con el mundo exterior. Simulé una pérdida de memoria por razones tácticas. En realidad, solo mi capacidad de concentración está algo reducida. Toda mi capacidad para seguir el proceso, para defenderme y para plantearme preguntas no está afectada en absoluto».

Como ya constatamos, la «conspiración» no podía separarse de la guerra de agresión ni del crimen contra la paz. A lord Shawcross, procurador general de Gran Bretaña e Irlanda del Norte, le correspondió presentar el segundo cargo. Lo hizo con una gran perspectiva, y su alegato merece ser leído y meditado aún en nuestros días. Comenzó por una cita atribuida a Hitler: «Daré un pretexto para desatar la guerra, sea verdadero o falso. Cuando hayamos triunfado, nadie nos preguntará si decíamos o no la verdad. Cuando se desata una guerra, no es el derecho lo que cuenta, sino la victoria. El más fuerte es quien tiene el derecho de su lado».[51]

Toda la argumentación de Shawcross pretendía precisamente demostrar que esos tiempos en los que «el derecho está del lado de los grandes batallones» habían quedado en el pasado. El Imperio británico y sus aliados habían sido arrastrados dos veces en 25 años a guerras que les habían sido impuestas. Shawcross explicó: «Sin embargo, es precisamente porque nos damos cuenta de que no basta con vencer, de que la fuerza no necesariamente es el derecho, de que una paz duradera y el reinado del derecho internacional no deben ser garantizados únicamente por la fuerza que la nación británica participa en este proceso».[52] El procedimiento implementado en Núremberg y la acusación de altos personajes de un Estado eran cosas nuevas. No obstante, insistió, los principios en los cuales se basaban no eran nuevos. Las naciones «han intentado convertir la guerra de agresión en un crimen internacional y, si bien la tradición anterior buscaba castigar a los Estados más que a los individuos, es a la vez lógico y justo que, si el hecho de desatar una guerra es por sí mismo un crimen contra el derecho internacional, los individuos que tengan una responsabilidad personal en el desencadenamiento de tales guerras sean personalmente responsables de la vía que hayan hecho transitar a sus Estados».

Shawcross asumió una doble tarea: por un lado, demostrar la naturaleza y el fundamento del crimen contra la paz que representa el hecho de llevar a cabo guerras de agresión violando tratados y, por el otro, establecer de forma innegable que tales guerras fueron llevadas a cabo por los acusados. El procurador británico respondió así de manera implícita a la mayor crítica hecha a la jurisdicción de Núremberg: se trataba de un juicio de los vencedores ejecutado según una jurisdicción retroactiva. Para él, la jurisdicción creada por la Carta y el Estatuto había sido forjada en función de datos preexistentes del derecho internacional. Entonces examinó los distintos tratados que, desde la Convención de La Haya de 1899 para la resolución pacífica de los conflictos, una convención que «tuvo el mismo efecto que un sermón», habían intentado sustituir la guerra con el arbitraje. Shawcross se detuvo en el Tratado de Versalles, que estableció la Sociedad de Naciones. En esa «época, en los años que siguieron a la última guerra, la esperanza del mundo era muy grande». Millones de hombres, entre ellos alemanes, habían sacrificado la vida pensando que la Gran Guerra sería la definitiva. Así nació en realidad la idea de que las guerras de agresión eran un crimen internacional. Cierta cantidad de tratados, enumerados y detallados por el procurador británico, condenaban la agresión. En 1928, la 6º Conferencia Panamericana aprobó una resolución según la cual «la guerra de agresión constituye un crimen contra la especie humana... toda agresión es ilícita y como tal se declara prohibida». Ese mismo año fue firmado el Tratado General de Renuncia a la Guerra del 27 de agosto de 1928 —el Pacto de París o Pacto Briand-Kellogg—, «aquel gran mecanismo constitucional de una sociedad internacional que había cobrado consciencia de los peligros mortales de otra conflagración» y que, para 1939, vinculaba a más de sesenta naciones, Alemania incluida. Según Shawcross, quien leyó largos extractos y adjuntó el documento al expediente, «era y sigue siendo el instrumento internacional más universalmente reconocido y ratificado».

Después demostró cómo, desde su toma del poder, Hitler había violado todos los compromisos internacionales asumidos por Alemania, para finalmente desatar, el 1.º de septiembre de 1939, al crear el incidente ya evocado por el testigo Lahousen, el ataque contra Polonia, y con él, la Segunda Guerra Mundial.

No nos detendremos en las siguientes fases de la agresión: el período de la «guerra de broma», el ataque contra Noruega y luego contra Luxemburgo, Bélgica y Países Bajos, y la invasión de Francia. La acusación recordó la historia misma del conflicto.

Lo cierto es que la acusación de guerra de agresión planteaba dos problemas que en general fueron eludidos durante el juicio. El primero, subrayado por Casamayor en su obra *Nuremberg, 1945: la guerre en procès*, era el de la actitud conciliatoria de las democracias ante las violaciones de los tratados perpetradas por Hitler; el segundo era la agresión de Polonia por parte de la Unión Soviética.

Empezaremos por el primer problema, el de la actitud ante Hitler de las democracias, sobre todo Francia, Reino Unido y Estados Unidos, los mismos que acusaban en el proceso. Casamayor muestra muy bien cómo la defensa había planteado la cuestión durante el juicio.

El Dr. Rudolf Dix, abogado de Schacht, afirmó: «La Historia nos enseña que, la mayor parte del tiempo, los pactos basados en el derecho de las personas no pierden vigor por una denuncia formal, sino por la evolución de los hechos». Y continuó: «La remilitarización de Renania, la introducción del servicio militar obligatorio, el rearme, la anexión de Austria a Alemania, todo eso contradice, en espíritu y en la letra, los pactos firmados, y en particular el Tratado de Versalles. Sin embargo, ya que esas violaciones solo despertaron protestas de pura forma y que, tras el hecho, se mantuvieron relaciones externamente amistosas, y que incluso hubo gestos honoríficos hacia el Estado culpable de tales violaciones, mientras que por otro lado se formalizaban pactos que cambiaban las disposiciones fundamentales de tal tratado, como, por ejemplo, el pacto marítimo con Gran Bretaña, se puede bien pensar que el tratado había quedado en desuso».

El abogado de Schacht insistió: «John Simon, ministro inglés de Asuntos Exteriores, solo formuló generalidades. Acompañado por Anthony Eden, hizo una visita a Berlín con gran pompa ocho días después de la violación de una de las cláusulas del Tratado de Versalles, la que correspondía al restablecimiento del servicio militar». También citó la obra de Churchill, *Grandes Contemporáneos*, publicada en la época en la que Hitler violaba con total impunidad cada una de las cláusulas del Tratado de Versalles: «No es posible pronunciar un juicio exacto sobre una personalidad de la vida pública que ha alcanzado la proporción de Adolf Hitler antes de tener ante los ojos la obra entera de su vida [...]. No podemos decir si Hitler será el hombre que desencadene una nueva guerra mundial en la cual la civilización zozobre sin remedio o si pasará a la historia como el hombre que restableció el honor y el sentido de la paz en la gran nación alemana y que la ayudó con serenidad, con fuerza, a retomar su sitio en la primera fila de la familia de los pueblos europeos». Un año más tarde, en 1936, señaló además Rudolf Dix, las delegaciones extranjeras saludaron a Hitler con un entusiasmo sorprendente durante los Juegos Olímpicos celebrados en Berlín.

El abogado de Neurath, el Dr. Otto Freiherr von Lüdinghausen, fue más lejos: Francia había desarrollado una política de asedio contra Alemania. Paradójicamente, al querer demostrar esa voluntad, develó hechos que probaban lo contrario: el deseo de la opinión y de parte de la clase política francesas de no ofender al Tercer Reich. Dejemos hablar al abogado: «El 16 de enero [de 1936], el ministro de Asuntos Exteriores, Pierre Laval, anunció que a su regreso de Ginebra presentaría para su ratificación en la Cámara el proyecto de asistencia con Rusia [...]. Los antiguos combatientes franceses estuvieron a la vanguardia del movimiento contra ese pacto. La Unión Nacional de Combatientes declaró, en una resolución del 8 de febrero de 1936, que ese pacto contenía más certidumbres de guerra que posibilidades de paz. El discurso del diputado Montigny en la Cámara fue una protesta enardecida. Afirmó "que ese pacto aumentaba la brecha entre Francia y Alemania [...]" y retomaba la desafortunada política de Delcassé y de la antigua alianza franco-rusa [...]; había un mayor riesgo de guerra si Francia daba la impresión de ya no ser más que un protectorado de Moscú».

En resumen, los abogados de la defensa achacaban la culpa a la vez a las complicidades que Alemania encontró en las democracias, y que estaban lejos de ser nimias, y a la diplomacia del apaciguamiento que practicaron sobre todo Francia y Gran Bretaña.

Para Casamayor, la emoción experimentada al recordar la preguerra tal como fue evocada en el juicio «no fue una emoción retrospectiva, la que podría sentirse al recordar un peligro evitado, sino, por el contrario, el abatimiento de una paz evitada». También recordó el «bello arrebato» de Albert Sarraut: «¡No permitiré que Estrasburgo caiga bajo el fuego de los cañones alemanes!», un Sarraut que «permitió todo y no hizo nada», y el desmembramiento de Checoslovaquia. «Los ministros ingleses y franceses, los primeros por iniciativa propia, los segundos por espíritu ovino, cedieron en toda la línea, al igual que Sarraut tres años atrás. Y fue el juicio de Núremberg lo que mostró el reverso de las cartas».[53]

Un reverso de las cartas en el que se tenía mucho cuidado de no insistir, y que, según Casamayor, explicaba el interés limitado mostrado por la opinión pública francesa por el juicio.

De la misma forma, el proceso reveló hasta qué punto la inacción de franceses e ingleses durante la campaña de Polonia pesó en la conclusión de aquella primera batalla. Keitel testificó: «Nosotros, los soldados, esperamos siempre un ataque de las potencias occidentales, es decir de Francia, durante la campaña de Polonia. Nos sorprendió mucho que en el Oeste, aparte de algunas escaramuzas entre la Línea Maginot y el Muro del Oeste, no sucediera nada, aunque en ese entonces tuviéramos, eso lo sé perfectamente, en el frente occidental, desde la frontera con Países Bajos hasta Basilea, en total cinco divisiones, sin contar los magros efectivos que ocupaban las obras fortificadas del Muro del Oeste. Así, desde el punto de vista de las operaciones militares, un ataque francés durante la campaña de Polonia habría encontrado una frágil pantalla de tropas alemanas, no una verdadera defensa».[54]

Pero lo más grave era la presencia de la Unión Soviética entre los acusadores. Si la guerra de agresión era un crimen, ¿cómo calificar el ataque contra Polonia del 17 de septiembre de 1939? ¿Cómo calificar la guerra contra Finlandia? Si se mantiene la acusación de «conspiración», ¿acaso no hay complicidad en el «plan concertado» entre la Alemania nazi y la Unión Soviética durante el período en el cual los dos países estuvieron unidos por el pacto que firmaron, es decir, entre agosto de 1939 y junio de 1941? ¡Peor aún!, el pacto germano-soviético firmado y hecho público por Stalin y Ribbentrop tenía adjunto un protocolo secreto que en ese entonces se ignoraba, al menos hasta febrero de 1946.

El 8 de febrero de 1946, durante la comida, Gilbert conversaba como de costumbre con Göring, su interlocutor preferido. Le preguntó por qué, desde que el procurador soviético Rudenko había tomado la palabra para presentar la acusación soviética respecto a los crímenes de guerra y los crímenes contra la humanidad en el Este, se había quitado los audífonos para manifestar en público su deseo de no escuchar. Göring le respondió «que ya sabía lo que iban a decir los rusos, pero que le había asombrado oírlos hablar de Polonia». Había detectado la palabra cuando el general Rudenko habló de agresión contra distintos países. «No creí que fueran tan cínicos como para hablar de Polonia», dijo Göring.

«¿Por qué lo considera cínico?», preguntó Gilbert.

«Porque atacaron al mismo tiempo que nosotros. Era un asunto acordado de antemano».[55]

Un asunto acordado de antemano. Gilbert, psicólogo, mas no historiador, no identificó en sus memorias lo extraño de la formulación. Las entrevistas que tenía con los detenidos no estaban destinadas a ser comunicadas a los jueces ni a los procuradores. Aquel 8 de febrero de 1946, pues, Gilbert era el único en saber un secreto cuya importancia no parecía medir.

El 25 de marzo de 1946, Rudolf Hess debía presentarse en el estrado para ser escuchado, después de Göring, como testigo en su propio juicio, tal como lo exigía el procedimiento anglosajón. Decidió no presentarse, probablemente bajo presión del mismo Göring y de su abogado, el Dr. Alfred Seidl, quien, desde el 5 de febrero de 1946, remplazaba al Dr. Günther von Rohrscheidt y también defendía a Hans Frank. Según Gilbert, la memoria de Hess fallaba de verdad y no recordaba ni el ascenso al poder del partido nazi ni su vuelo a Inglaterra ni el largo testimonio de Göring.

Entonces, Seidl pasó al ataque. Su cliente era acusado de «conspiración» y de «crimen contra la paz». Explicó las circunstancias en las cuales había sucedido el ataque contra Polonia. El 23 de agosto había sido firmado el pacto de no agresión germano-soviético. El texto del pacto figuraba entre los documentos del proceso. También se había concertado un acuerdo secreto, anunció el abogado ante la sorpresa de todos: «Ese acuerdo secreto contenía en esencia la determinación de las zonas de influencia de los dos Estados en el territorio europeo que se encontraba entre Alemania y Rusia».

El presidente lo interrumpió: «Doctor Seidl, ¿no olvida, verdad, las prescripciones del tribunal? No es el momento oportuno para dar un discurso; usted solo tiene la posibilidad de presentar documentos y requerimientos para citar a sus testigos. Podrá dar su discurso más tarde.

»Seidl: Sí. No quiero dar un discurso, sino hacer algunos comentarios introductorios respecto a un documento que deseo presentar ante el tribunal. En esos documentos secretos, Alemania declaró su intención de desinteresarse de Letonia, Lituania, Estonia y Finlandia.

»El presidente: Pero, doctor Seidl, aún no hemos visto el documento. Si quiere presentar ese documento, preséntelo».

Eso fue lo que hizo Seidl, precisando que se trataba de un afidávit del Dr. Friedrich Gaus, jefe de servicios jurídicos del Ministerio de Asuntos Exteriores en 1939, y que participó en las negociaciones como adjunto del antiguo plenipotenciario alemán en Moscú. Fue él, precisó el abogado de Hess, quien redactó el pacto y el acuerdo secreto. Seidl deseaba presentar el documento. El presidente Lawrence le hizo notar que el tribunal no comprendía bien de cuál se trataba. No figuraba en el libro de documentos que correspondían al acusado Hess. Seidl se explicó: ese libro databa del 15 de marzo de 1945. En ese momento, él no conocía el texto en cuestión. Sin embargo, los pasajes que deseaba leer eran breves. Podrían ser traducidos en la sala misma por los intérpretes.

Lawrence se dirigió entonces al ministerio público: «¿Alguno de los procuradores tiene una objeción a que se lean pasajes de ese documento?».

La objeción fue inmediata. Provino del procurador general soviético. Rudenko se atuvo al procedimiento habitual. No conocía el documento y deseaba conocerlo antes de que se leyera. «No sé a qué secretos ni a qué acuerdos secretos se refiera el abogado ni en qué hechos base su declaración. Querría cuando menos declararlos carentes de todo fundamento. Por eso solicito al tribunal no autorizar la lectura del documento».

El Dr. Seidl contratacó. ¿El representante del ministerio público no tenía conocimiento de un documento secreto? Vale. El abogado entonces se veía obligado a reclamar como testigo al comisario de Asuntos Exteriores de la URSS, Mólotov, «a fin de establecer en primer lugar que se había celebrado un acuerdo secreto; en segundo, cuál era su contenido, y en tercero...».

Entonces lo interrumpió el presidente. El asunto quedó zanjado de momento.

Se retomó el 28 de marzo por la mañana, cuando llegó el momento de interrogar a Von Ribbentrop y de convocar al estrado a los testigos que debían contribuir a su defensa. Fräulein Blank, su secretaria, testificó a favor de él. El abogado de Von Ribbentrop, el Dr. Martin Horn, quien remplazó al Dr. Sauter el 5 de enero de 1946, la interrogó: «¿Sabía usted que se celebró en Moscú otra cosa aparte de un pacto de no agresión y un acuerdo comercial?

»Blank: Sí, también hubo un pacto secreto».

Rudenko la interrumpió de inmediato. Según él, la testigo solo podía testificar «sobre la personalidad del acusado, su estilo de vida, su carácter, etc. Pero esta testigo es totalmente incompetente en materia de política exterior, acuerdos, etc. Por eso considero que esta pregunta es completamente inadmisible y solicito que sea retirada».

El presidente señaló entonces que la misma cuestión se había planteado en el caso del afidávit del Dr. Gaus, que el procurador soviético se había opuesto en ese entonces a que se hablara de tal acuerdo. Se dirigió entonces al abogado de Hess, el Dr. Seidl, para preguntarle si poseía una copia del acuerdo. No, el Dr. Seidl no poseía una copia del acuerdo. Según él, solo existían dos copias. Una se había quedado en Moscú; la otra, llevada a Berlín por Ribbentrop, formaba parte de los archivos de Asuntos Exteriores confiscados por las tropas de la Unión Soviética. En resumen, las dos copias debían estar en Moscú. Seidl no podía presentar más que el afidávit de Gaus, que revelaba el contenido del tratado.

La sesión se suspendió: el tribunal debía pronunciarse sobre la admisibilidad de cuestiones relativas al protocolo secreto. Todo el mundo hablaba de la cláusula secreta, anotó Gilbert. «En general, se consideraba seguro que la cláusula secreta era la repartición anticipada de Polonia antes del ataque alemán». Speer, quien siempre lo había sospechado, dijo: «La Historia es la Historia, de nada sirve ocultar la verdad». La mayoría de los que lo rodeaban estuvieron de acuerdo.

Jodl se reía con sorna. «Ahora quieren ocultar que existía un tratado secreto. Eso me parece difícil. Yo contaba de antemano con la línea de demarcación indicada en mis planos, y preparé mi campaña en consecuencia [...]». Frank y Rosenberg se alegraban por adelantado del aprieto en el que estarían los rusos. Frank se soltó a reír. «¡Ja! Ahí tienen la verdadera conspiración. Si hubo una conspiración, fue entre Hitler y los rusos. Los rusos deberían estar sentados aquí con nosotros en el banquillo de los acusados».[56]

La audiencia continuó. El tribunal había decidido que Margarete Blank podía ser interrogada sobre el acuerdo secreto. Era un primer éxito para la defensa. La secretaria de Ribbentrop explicó que, por estar enferma, no había acompañado al ministro a Moscú, y que se había enterado del acuerdo secreto «por un sobre especialmente sellado que, siguiendo las instrucciones, estaba clasificado por separado y que portaba la mención: «Acuerdo germano-ruso suplementario o secreto»».

La pelota estaba entonces en la cancha de Ribbentrop. Era un hombre deprimido, que se había quejado con Gilbert del debilitamiento de su voluntad y de su torpeza. Estúpido, lamentable «andrajo sucio» (Schacht), bueno para nada, trapo idiota... sus coacusados no tenían palabras suficientemente duras para él. Von Ribbentrop se lanzó a una relación que todos juzgaron fastidiosa, mortalmente aburrida, soporífera y que no reveló nada nuevo.

El Dr. Horn, su abogado, interrogó entonces a su cliente sobre las negociaciones que había tenido con los soviéticos. El antiguo ministro de Asuntos Exteriores tuvo una acogida amistosa en Moscú de parte de Stalin y Mólotov. Una primera conversación de dos horas desembocó en la decisión de poner las relaciones germano-soviéticas sobre una nueva base: «Debían quedar expresadas en un pacto de no agresión. En segundo lugar, las esferas de interés de ambos países debían quedar definidas en un protocolo secreto anexado al acuerdo [...]. Se trataba, tanto para Stalin como para Hitler, de territorios perdidos durante una guerra desafortunada [...]. Entonces discutimos qué haríamos del lado ruso y del lado alemán en caso de guerra. Fijamos una línea de demarcación con el fin de que en caso de provocaciones intolerables por parte de los polacos o en caso de guerra, existiera una frontera común con vistas a evitar conflictos de interés entre Rusia y Alemania. La famosa línea de demarcación fue la línea de los ríos Vístula, San y Bug en territorio polaco, y se convino que, en caso de conflicto, el territorio situado al oeste de esos ríos formaría parte de la esfera de intereses alemanes y la parte al este, de la esfera de intereses rusos. Se sabe que más tarde, cuando estalló la guerra, esas dos zonas fueron ocupadas, de un lado por los alemanes y, del otro, por los rusos. Repito que me dio la impresión de que tanto Hitler como Stalin consideraban esos territorios —territorios polacos y otros— incluidos en las esferas de intereses como países que habían perdido a consecuencia de una guerra desafortunada [...]. Se determinaron además otras esferas de intereses en Finlandia, en los países del Báltico y en Besarabia».

No podría haber sido más claro, a pesar de un lenguaje carente de concisión y fuerza y la repetida referencia a la «guerra desafortunada» para Alemania y la URSS, la de 1914-1918. Sin embargo, en el torrente de palabras salidas de la boca de Ribbentrop, no se percibe esa confesión.

El 1.º de abril, el abogado de Hess, el Dr. Seidl, volvió a la carga al interrogar a Ribbentrop. Se preparó para leer un extracto del documento de Gaus. El general Rudenko protestó, preguntando, no sin razón, por cierto, qué relación existía entre ese documento y la defensa de los clientes de Seidl, Frank y Hess. Breve deliberación del tribunal. El Dr. Seidl recibió autorización de leer los extractos del afidávit de Gaus y de interrogar a Ribbentrop. Retomó lo que este ya había declarado: el protocolo adicional secreto preveía esferas de influencia; se aprobó un acuerdo sobre la línea de demarcación que debía dividir Polonia entre la Unión Soviética y Alemania. Ribbentrop confirmó las explicaciones del abogado y concluyó: «Si estamos hablando de agresión, entonces los dos países son culpables».[57]

Seidl intentó volver a la carga una última vez cuando enunció el alegato para su cliente, Rudolf Hess. En su obra *Das Gericht der Sieger: der Prozess gegen Göring, Hess, Ribbentrop, Keitel, Kaltenbrunner u. a.* [El tribunal de los vencedores: el proceso contra Göring, Hess, Ribbentrop, Keitel, Kaltenbrunner y otros], Gerhard E. Gründler y Arnim von Manikowsky relatan aquella jornada del 25 de julio. La sala estaba a reventar. Todos los periodistas estaban ahí, a la espera: la sesión se había retrasado; los jueces estaban examinando el texto del alegato de Seidl. Dos horas después, estos hicieron su entrada. El presidente, el juez Lawrence, anunció que el alegato había sido censurado. No obstante, Seidl evocó el acuerdo secreto y acusó claramente a la Unión Soviética: «Voy a omitir las constataciones decisivas que siguen porque tratan las consecuencias del pacto germano-soviético del 23 de agosto de 1939 sobre la competencia del tribunal: ¿acaso una de las potencias reunidas en el tribunal puede ser juez del crimen contra la paz del que fue cómplice? Al tribunal le corresponde examinar de oficio en qué medida se puede considerar competente respecto a ese pacto secreto. Continúo en la página 63».[58]

En efecto, las páginas 59-62 del alegato fueron censuradas, pero en Núremberg lucharon por obtener un ejemplar completo. El fallo evoca el pacto en unas pocas líneas, sin decir una palabra sobre su protocolo secreto, «cadáver en el armario del proceso», según la expresión de Léon Poliakov, pero la prensa se lo reveló al mundo.

Al finalizar el proceso, ocho acusados fueron declarados culpables de los dos primeros cargos: Göring, Hess, Ribbentrop, Keitel, Rosenberg, Raeder, Jodl y Neurath; cuatro escaparon al cargo número 1 pero fueron declarados culpables del número 2: Frick, Funk, Seyss-Inquart, Dönitz. Rudolf Hess fue el único en ser condenado a cadena perpetua por los cargos 1 y 2. Telford Taylor culpa sobre todo a su abogado, Seidl, más preocupado por mostrar las bajezas de Stalin que por defender a su cliente.

4

Los crímenes de guerra

«Todos los acusados cometieron crímenes de guerra entre el 1.º de septiembre de 1939 y el 8 de mayo de 1945 en Alemania y en todos los países y territorios ocupados por las fuerzas armadas alemanas a partir del 1.º de septiembre de 1939, al igual que en Austria, Checoslovaquia, Italia y altamar»,[59] indica el acta de acusación. En realidad, no *todos* los acusados estaban inculpados de crímenes de guerra, sino solo 18 de ellos. Schacht, Von Papen, Von Schirach y Streicher escaparon a ese cargo.

La lista de crímenes enumerados por la acusación francesa para los territorios del Oeste y por la acusación soviética para los del Este era larga y variada. Abarcaba desde el saqueo y expolio económicos en los territorios ocupados hasta las deportaciones, pasando por la toma de rehenes, los fusilamientos y la destrucción de aldeas. En la lista había un capítulo aparte, el del martirio de varios millones de prisioneros de guerra soviéticos.

Todos esos crímenes de guerra estaban previstos y codificados en las diversas convenciones de Ginebra y de La Haya. Mas el tribunal había incluido un crimen inédito, que ninguna convención internacional había evocado jamás, el «juramento de lealtad y la germanización de los territorios ocupados».

Las acusaciones francesa y soviética estaban a cargo de los crímenes de guerra y los crímenes contra la humanidad, dos cargos que durante el proceso se traslaparon, pues no estaban claramente delimitados, pero que aquí trataremos de forma separada en pos de la claridad. Sin duda, gran parte de lo que sacaron a la luz los procuradores franceses y los soviéticos era inédito, pero mucho también había sido expuesto ya por las acusaciones estadounidense y británica —en particular lo relativo a los campos de concentración—, por lo que a veces fue redundante.

El 17 de enero de 1946, casi dos meses después de la inauguración del juicio, la acusación francesa tomó la palabra, representada por François de Menthon. Los procuradores estadounidense y británico hablaban en nombre de países arrastrados a una guerra cuyos efectos no habían sufrido en su propio suelo o los habían sufrido muy poco. François de Menthon hablaba en nombre de la «consciencia de los pueblos, ayer sometidos y torturados en su alma y en su carne».[60] Invadida dos veces en treinta años en «guerras desatadas por el imperialismo», Francia, señaló Menthon, soportó «casi sola, en mayo y junio de 1940, todo el peso de los armamentos acumulados durante años por la voluntad de agresión alemana». Sin embargo, el país nunca renunció al combate, añadió el procurador general francés al mencionar las acciones de Charles de Gaulle. «Francia, que fue sistemáticamente saqueada y arruinada; Francia, cuyos hijos fueron torturados y asesinados en las cárceles de la Gestapo o en sus campos de deportación; la Francia que sufrió el esfuerzo más horrible de desmoralización y de vuelta a la barbarie, ejecutado diabólicamente por la Alemania nazi; les pide, en nombre especialmente de los mártires heroicos de la Resistencia, que forman parte de los héroes más puros de nuestra epopeya nacional, que se haga justicia».

Después de Jackson, que había evocado las etapas de la conspiración, y de Hartley Shawcross, que había enumerado las violaciones de los tratados, Menthon se propuso «demostrar que toda esa criminalidad organizada y masiva deriva de lo que me permitiré llamar un crimen contra el espíritu, es decir, de una doctrina que, negando todos los valores espirituales, racionales o morales sobre los cuales los pueblos desde hace milenios han intentado hacer progresar la condición humana, pretende devolver a la humanidad a la barbarie, ya no a la barbarie natural y espontánea de los pueblos primitivos, sino a una barbarie demoniaca por ser consciente de sí misma y por utilizar para sus fines todos los medios materiales puestos a disposición del hombre por la ciencia contemporánea. Esa falta contra el espíritu es el pecado original del nacionalsocialismo, de la cual se derivan todos sus crímenes. «Esa doctrina monstruosa es la del rácismo».[61]

Para el nacionalsocialismo, señaló Menthon, el individuo no tenía valor en sí mismo. No tenía importancia más que como elemento de la raza. El procurador francés detectaba el origen de esa mística comunitaria y racial en la crisis espiritual y moral atravesada por Alemania en el siglo XIX, una crisis profunda debida a una industrialización rápida en un país que no había encontrado su equilibrio político ni su unidad cultural, a diferencia de otras naciones de Europa. Fue en ese terreno que se impuso un «darwinismo social vulgar». Desde entonces, los alemanes «ya no ven en los colectivos y las razas humanas más que núcleos cerrados sobre sí mismos, en lucha perpetua los unos contra los otros».

Tras ese largo contexto, François de Menthon expuso a grandes rasgos lo que sus adjuntos detallarían después. Primero, el Servicio del Trabajo Obligatorio: «Con esa institución, Alemania se proponía aprovechar al máximo el potencial laboral de las poblaciones subyugadas, a fin de mantener su producción bélica al nivel necesario. Luego, no cabe duda de que esa institución estaba vinculada con el plan general de "exterminio por el trabajo" de las poblaciones vecinas que creía peligrosas o inferiores».[62] Así, 715 000 franceses fueron «deportados» a Alemania para hacer trabajos forzados. El saqueo económico y el dominio sobre la economía fueron lo que constituyó, para Francia y los demás países del Oeste de los cuales Menthon era portavoz, una «pérdida sustanciosa» que tardaría en repararse.

También estaban los «crímenes contra las personas físicas», crímenes que «se relacionan con una política de terrorismo. Esta debe permitir la subyugación de los países ocupados en un gran despliegue de tropas y su sumisión a todo lo que se les exigirá. Muchos de esos crímenes se relacionan además con una política de exterminio». Hablaba de la ejecución de rehenes —las de Châteaubriant y del Mont Valérien—, la tortura y los asesinatos.

Pero «no cabe duda de que el crimen más tristemente memorable cometido por los alemanes en contra de la población de los países ocupados fue el de la deportación e internamiento en los campos de concentración de Alemania.

»Esas deportaciones tenían un doble fin: asegurarse un trabajo suplementario en beneficio de la maquinaria bélica alemana, y eliminar de los países ocupados los elementos más opuestos al germanismo y exterminarlos de forma progresiva. También sirvieron para vaciar las prisiones sobrepobladas de patriotas y alejaros definitivamente.

»Para el mundo civilizado, las deportaciones y los métodos empleados en los campos de concentración fueron una revelación impactante. No son más que una consecuencia natural de la doctrina nacionalsocialista según la cual el hombre no tiene ningún valor en sí mismo si no está al servicio de la raza alemana».[63] Dio cifras: al menos 250 000 deportados desde Francia, de los cuales solo 35 000 volvieron a suelo francés. Hoy en día sabemos que esas cifras estaban sobreestimadas, ya que alrededor de 140 000 personas, entre ellas 75 000 judíos, fueron deportadas desde Francia y que, entre los 40 000 supervivientes, no quedaron más que unos 4 000 judíos.

Menthon pintó un lienzo de los sufrimientos de los deportados, mientras se disculpaba: «Lamento seguir insistiendo luego de que el ministerio público estadounidense ha presentado tantos hechos ante su gran tribunal durante los últimos días, pero el representante de Francia, que tantos hijos perdió en los campos tras horribles sufrimientos, no podría dejar en silencio esa trágica ilustración de inhumanidad total. Esta habría sido inconcebible en el siglo xx si una doctrina de vuelta a la barbarie no se hubiera instalado en el centro de Europa».

A esos crímenes se añadían los cometidos contra los prisioneros de guerra y los resistentes y, al final, durante los últimos meses de la Ocupación, la acentuación de la política terrorista que multiplicó los crímenes contra la población civil, como los cometidos en las aldeas mártires de Maillé, en l'Indre-et-Loire, y Oradour-sur-Glane.

«La necesidad de justicia de los pueblos mártires quedará satisfecha y sus sufrimientos no habrán sido en vano para el progreso de la condición humana», concluyó François de Menthon.

En el banquillo de los acusados, señaló Gilbert, Frank recibió encantado el discurso de Menthon. ¿Sería porque era sensible a su fuerte tono cristiano, él que había encontrado la fe en prisión? ««Eso sí que se acerca a la mentalidad europea», exclamó. «¡Sería un placer discutir con ese hombre! Pero usted sabe, es irónico: fue un francés, Gobineau, quien fue el promotor de la ideología racista».

El placer le fue negado. François de Menthon partió definitivamente de Núremberg tras su exposición de una «alta inspiración filosófica»,[64] y Edgar Faure se presentó en el estrado para anunciar a los primeros oradores, los señores Charles Gerthoffer y Henry Delpech, especialistas en saqueo económico. Los saqueos y expolios estaban prohibidos por la Convención de La Haya. La acusación francesa formuló una lista interminable y demostró el papel particular que tuvo Göring en ese saqueo.

«El tribunal escuchó con estoicismo sus informes infinitos mas acompañados de una documentación sin fallas: "Son de una paciencia...", me dijo refiriéndose a los jueces el abogado Champetier de Ribes, quien asumió sus funciones durante la larga semana que tardaron en alzar el telón».[65]

El 24 de enero de 1946 fue el turno de Charles Dubost. «Aún nos falta exponerles las atrocidades de las que fueron víctimas los hombres, las mujeres y los niños de los países ocupados del Oeste. Nos proponemos aquí aportar la prueba de que los acusados, como jefes de la Alemania hitleriana, practicaron sistemáticamente una política de exterminio cuya crueldad aumentó un día tras otro hasta la derrota alemana; que los acusados premeditaron esas atrocidades, las concibieron, las desearon y las formularon como parte de un sistema que les permitiría cumplir un designio político [...]. Los crímenes contra las personas y los bienes que han presentado hasta ahora mis colegas del ministerio público francés estaban estrechamente ligados a la guerra. Conservaban, pues, un carácter nítido de crímenes de guerra. Los que les voy a exponer los superan por su alcance y por su sentido. Entran en los planes de una política de dominación, de expansión, que se extiende más allá de la guerra misma». Citó entonces un discurso de Hitler pronunciado en Múnich, el 16 de mayo de 1927: «"Alemania solo cuenta con una posibilidad para escapar a su cerco", decía Hitler, "y es la destrucción del Estado que, por la naturaleza misma de las cosas, será siempre su enemigo mortal: es Francia. Cuando un pueblo ve que su existencia entera está amenazada por un enemigo, solo debe tener una meta, a saber: la aniquilación de ese enemigo"».[66]

Dubost presentó entonces una multitud de testimonios recogidos en Francia por el Servicio de Crímenes de Guerra dependiente del Ministerio de Justicia. Sobre todo eran testimonios de ejecuciones de rehenes, de las cuales hubo 29 666 en Francia. Para la deportación, prefirió recurrir a testigos.

El primer testigo francés fue Maurice Lampe. Resistente arrestado en noviembre de 1941 e internado dos años en Francia, más tarde deportado a Mauthausen. Describió su viaje infernal en vagones para bestias, su llegada al campo el 25 de marzo de 1944 en un convoy de 1200 franceses, el trabajo en la cantera y el calvario de los 186 peldaños que conducían a ella.

El lunes 28 de enero apareció en el estrado Marie-Claude Vaillant-Couturier, presentada por Dubost. Su testimonio causó sensación. Era la primera mujer en aparecer en un proceso en el que solo figuraban hombres: ministerio público, jueces, acusados. Fue una heroína incontestable de la Resistencia. Diputada comunista en la Constituyente, acababa de ser promovida a caballero de la Legión de Honor. Y también dio el primer testimonio sobre el campo de Auschwitz.

Marie-Claude Vaillant-Couturier contó su historia, su arresto el 9 de febrero de 1942 por «la policía francesa de Pétain», que la entregó tras seis semanas a las autoridades alemanas; su estancia de cinco meses en la prisión de la Santé, después en el fuerte de Romainville y, por último, el 24 de enero de 1943, su partida hacia un destino incierto en un convoy de 230 mujeres, entre las que se encontraban Maï Politzer y Danielle Casanova. Charles Dubost la interrogó sobre el origen social de esas mujeres: «Intelectuales, institutrices, un poco de todas las condiciones sociales: Maï Politzer era médica; era esposa del filósofo Georges Politzer. Hélène Solomon es esposa del físico Solomon e hija del profesor Langevin. Danielle Casanova era cirujana dentista y tenía una gran actividad entre las mujeres; ella fue quien organizó un movimiento de resistencia entre las mujeres de los prisioneros».

Vaillant-Couturier narró entonces su llegada a Auschwitz. Descargaron los vagones y dirigieron a las mujeres al campo de Birkenau, «una dependencia del campo de Auschwitz, en una inmensa planicie que, en el mes de enero, estaba congelada». Después llegó la desinfección, el rapado del cráneo y el tatuaje del número de identificación en el antebrazo izquierdo (el complejo de Auschwitz fue el único lugar donde tatuaban a los prisioneros). Describió las incalificables condiciones de vida, el recuento diario de prisioneros, las muertes, el trabajo, los pseudoexperimentos científicos, sobre todo las esterilizaciones. Charles Dubost la interrogó sobre la suerte de los judíos y ella describió la «selección» de la que había sido testigo directa cuando trabajaba en el «bloque de costura» frente a la rampa en la que se detenían los trenes: «Cuando llegaba un convoy de judíos, seleccionaban primero a los viejos, las ancianas, las madres y los niños, a los que hacían subir a camiones, junto con los enfermos y los que parecían de constitución frágil. Solo tomaban a las mujeres y a los hombres jóvenes, a quienes enviaban al campo de los hombres».

La testigo explicó: «Llegaban, en general, en un transporte, entre 1000 y 1500, y rara vez entraban más de 250 —y se trata de un máximo absoluto— al campo. El resto era enviado directamente al gas».

Después de que Marie-Claude Vaillant-Couturier evocara la llegada masiva de húngaros —700 000 según ella— y su muerte en Auschwitz, y luego su propia transferencia al campo de mujeres de Ravensbrück, el presidente, que quizá sintiera que ya había escuchado todo, preguntó: «Las condiciones del campo de Ravensbrück parecen ser las mismas que las de Auschwitz; ¿sería posible, después de haber escuchado esos detalles, que se ocupara de la cuestión de manera más general, a menos de que haya una diferencia sustancial entre Ravensbrück y Auschwitz?

Dubost: «Creo que hay una diferencia expuesta por la testigo y que es la siguiente: en Auschwitz las internas eran exterminadas pura y llanamente, se trataba de un campo solo de exterminio, mientras que en Ravensbrück eran internadas para trabajar, estaban extenuadas debido al trabajo hasta que morían».

Así, el rol particular de Auschwitz en la destrucción de los judíos de Europa y de Francia no fue percibido en ese momento. Es además significativo que entre los testigos de la acusación francesa no figurara ningún judío sobreviviente a la deportación y que, para ilustrar el caso de Auschwitz, eligieran a una resistente.

Así concluyó Marie-Claude Vaillant-Couturier su testimonio: «Es difícil dar una idea justa de los campos de concentración cuando uno mismo no estuvo ahí, pues solo se pueden citar ejemplos del horror, pero no se puede dar la impresión de esa lenta monotonía, y cuando nos preguntan: ¿qué era lo peor? es imposible responder, porque todo era atroz; es atroz morir de hambre, de sed, de enfermedad, ver morir a su alrededor a todas sus compañeras sin poder hacer nada, pensar en sus hijos, en su país que no volverá a ver y, por momentos, nos preguntábamos si esa vida que nos parecía tan irreal en su horror no sería una pesadilla.

«Durante meses y años solo tuvimos un deseo, era sacar a algunas vivas para poder decirle al mundo lo que eran los presidios nazis: tanto en Auschwitz como en Ravensbrück —y mis compañeras que estuvieron en otros campos reportan lo mismo— tenían esa ansia implacable de utilizar a los hombres como esclavos y, cuando ya no pueden trabajar, matarlos».

Hans Marx, el remplazo de Babel, el abogado de las ss, interrogó con perversión a la testigo: «¿Cómo puede explicar que usted misma haya pasado por todo eso y que haya vuelto en buen estado de salud?

Marie-Claude Vaillant-Couturier: «En primer lugar, fui liberada hace un año; en un año se tiene el tiempo de reponerse, además estuve diez meses, como ya lo indiqué, en cuarentena, y tuve la suerte de no morir de un tifus exantemático, aunque lo contraje y estuve enferma durante tres meses y medio.

»Por otro lado, en Ravensbrück, en el último tiempo, como sé alemán, trabajé para hacer el recuento del *Revier* y por lo tanto no debí sufrir a la intemperie». La testigo le recordó además que, de las 230 mujeres deportadas a Auschwitz en su transporte, tras cuatro meses solo quedaban 52, y al final habían vuelto 49. «Yo tuve la suerte de volver».

El abogado puso entonces en duda la cifra de 700 000 judíos deportados de Hungría hacia Auschwitz: «Se afirma que tan solo había 350 000 judíos provenientes de Hungría, según las indicaciones del jefe de servicio de la Gestapo, Eichmann».

La repuesta fue mordaz. «No quiero discutir con la Gestapo. Tengo buenas razones para saber que lo que declara no siempre es verdad».

En ese caso preciso, no obstante, la Gestapo tenía razón.

Göring intentó minimizar el testimonio de la francesa, reportó Gilbert, preguntando cuántas veces lo había repetido desde su liberación del campo. Rosenberg hizo el mismo comentario. Fritzsche, por el contrario, parecía alegrarse: «¡Hubieran visto el espectáculo de un abogado de la defensa ayudando a la acusación! ¡Qué pregunta tan estúpida! ¡Discutir para saber si habían sido 700 000 o 350 000 los franceses asesinados! [En realidad, fueron húngaros]. Naturalmente, ella le contestó en su cara: "¡No discutiré con la Gestapo!". Era la respuesta correcta y una respuesta hábil».[67]

Otros testigos hablaron también de los campos de concentración. Primero Jean-Frédéric Veith, deportado a Mauthausen, y después Victor Dupont, quien evocó Buchenwald, donde pasó veinte meses. Luego François Boix, refugiado español y fotorreportero, que había conseguido tomar algunas imágenes en Mauthausen que presentó al tribunal. Llegó también la evocación, por parte de Paul Roser, del campo de Rawa Ruska, un campo de represalias para prisioneros de guerra que habían intentado fugarse, con frecuencia equiparado a los campos de concentración, pero vigilado por la *Wehrmacht*. Por último, llegó el turno del Dr. Alfred Balachowsky, jefe de laboratorio del Instituto Pasteur, deportado a Dora y luego llevado a Buchenwald. Comenzó por describir el campo de Dora. El presidente, el juez Lawrence, se impacientó: «Señor Dubost, usted nos dijo que citaría a este testigo para interrogarlo sobre los experimentos. En este momento nos está dando todos los detalles de la vida de los campos que ya escuchamos varias veces.

»Dubost: Nadie nos ha hablado del campo de Dora, señor presidente.

»Lawrence: Sí, todos los campos de los que hemos oído hablar han sido descritos con más o menos las mismas brutalidades según los testigos que han sido llamados; tenía entendido que usted había llamado a este testigo porque iba a hablar de los experimentos.

»Dubost: Si el tribunal está persuadido de que todos los campos tenían el mismo régimen, mi demostración está terminada y el testigo pasará a exponer los experimentos del campo de Buchenwald. Mas yo esperaba demostrar que todos los campos alemanes eran iguales. Creo que esa prueba está hecha.

»Lawrence: Si creyéramos que eso debía probarse, habría que llamar a testigos de todos los campos, hay cientos de ellos.

»Dubost: Esa cuestión es necesario probarla, porque es la unidad de los procedimientos lo que establece la culpabilidad de los acusados aquí presentes. En cada campo hay un responsable personal, que es el jefe de campo, pero no estamos juzgando al jefe de campo, sino a los acusados aquí presentes, y los juzgamos por haber concebido...».

En ese momento, el presidente Lawrence le cortó la palabra. Nunca sabremos lo que, según el señor Dubost, habían concebido los acusados.

Edgar Faure juzgó con severidad a su colega Dubost. Según él, se expuso a una serie de incidentes con el presidente, como el que acabamos de relatar, no por incompetencia, sino por un conocimiento insuficiente del procedimiento y por incomprensión de lo que Faure llama la «mecánica intelectual de los juristas anglosajones».

Entre los demás aspectos abordados por la acusación francesa estaba la germanización, definida así por Edgar Faure: «El concepto de germanización consiste principalmente en la imposición, a los habitantes de los territorios ocupados, de normas de la vida social y política tal como los nazis las definieron según su doctrina y para su beneficio. El conjunto de las estratagemas que constituyen la germanización o que tienden a ella son estratagemas ilícitas». Faure recordó que esas estratagemas ilícitas habían sido calificadas de empresas criminales contra la «condición del hombre», expresión que prefería a la de «contra la humanidad».

«La anexión no era el procedimiento único y obligatorio de la germanización», prosiguió el procurador adjunto francés. «Los nazis descubrieron que podían usar diversos medios para conseguir su meta de dominio universal.

«Esa elección, según las circunstancias, de diversos medios para conseguir y camuflar un mismo resultado es una característica de lo que se puede llamar el maquiavelismo nazi. Su concepción era mucho más sutil, más hábil y más peligrosa que la concepción clásica de la conquista territorial. En ese sentido, el conquistador más brutal tiene sobre ellos la ventaja de la franqueza».[68]

Edgar Faure presentó y citó dos documentos relativos al plan general de germanización dentro de los territorios ocupados del Oeste. El primero databa de antes del armisticio. Preveía la anexión al Reich de Luxemburgo y la incorporación de Alsacia y Mosela. Noruega, por su parte, estaba destinada a volverse alemana, mientras que debía crearse un Estado autónomo bretón.

Faure describió a detalle los procedimientos de germanización, sobre todo en Alsacia-Lorena, que consistían en la eliminación del «complejo francés»: desaparición de todas las banderas, prohibición de la boina, proscripción total de la lengua francesa, germanización de los nombres y apellidos, incluidos los inscritos en las lápidas de tumbas.

A Emil Reuter, presidente de la Cámara de Diputados de Luxemburgo, le correspondió la tarea de describir la germanización de su país, mientras que Van der Essen, profesor de la Universidad de Lovaina, se lanzó a una desgarradora descripción de la vida cotidiana en Bélgica y describió las masacres ocurridas durante la contraofensiva alemana de las Ardenas, en diciembre de 1944.

Edgar Faure evocó además la propaganda nazi, una propaganda que juzgaba burda, mentirosa y pobre en los planos intelectual y artístico y cuyos resultados habían sido muy magros, pero señaló que influyó en ciertas personas, en particular en quienes, en los distintos países de Europa, se enrolaron en las Waffen-ss. Señaló además que había tenido efectos imposibles de medir: «Aún hay hombres en el mundo que, a causa de la propaganda que sufrieron, creen quizá de forma obscura que tienen derecho a despreciar o a eliminar a otro hombre porque es judío o porque es comunista».

Para Léon Poliakov, las palabras de Faure eran muy perspicaces. Aun así, comentó el historiador que también estuvo presente en el juicio de Núremberg, «la propaganda en los países ocupados solo entraba de manera muy imperfecta en el marco de los crímenes de guerra; es significativo que uno de sus tres grandes especialistas, el comentador radiofónico Hans Fritzsche, fuera uno de los tres absueltos por el tribunal: "No se le puede acusar de haber participado en los crímenes en cuestión", precisaba el veredicto».[69]

Constant Quatre, sustituto del procurador, terminó la exposición del ministerio público francés, adjudicando la culpa sobre todo a los acusados Keitel y Jodl.

Según él, Keitel había violado las estipulaciones de los artículos 46 y 50 de la Convención de La Haya, que prohibían las represalias colectivas de parte del ejército ocupante y que imponían el respeto a los individuos. Las violaciones no habían sido de carácter aislado, pues se habían desarrollado de forma idéntica en todos los países ocupados.

La institución del régimen del terror alcanzó su plenitud en el mandato de aplicación del decreto *Nacht und Nebel*, «Noche y Niebla», dictado por Keitel el 7 de diciembre de 1941. El decreto en realidad estaba compuesto por tres textos. El primero, del 7 de diciembre, presentaba los principios generales de la acción a emprender a finales de 1941, divididos en cinco directivas. En efecto, la entrada de la *Wehrmacht* en la Unión Soviética había tenido dos consecuencias. Había vuelto indispensable reducir los efectivos de las tropas de ocupación en los países de Europa Occidental. También lanzó a los partidos comunistas en masa a una resistencia que luego cobró forma de atentados individuales contra las tropas (esto último no se explicó en Núremberg). Las disposiciones del decreto no fueron leídas por el tribunal, pero sí se presentaron. «Es la voluntad largamente reflexionada del *Führer* que, en caso de que en los países ocupados haya ataques contra el Reich o la potencia ocupante, se proceda contra los culpables con medios distintos a los actuales. El *Führer* es de la opinión de que las penas de privación de la libertad e incluso las de reclusión de por vida para tales actos son consideradas signos de debilidad. Un efecto de pavor eficaz y duradero solo puede ser alcanzado por la pena de muerte o por medidas aptas para mantener a los familiares y al resto de la población en la incertidumbre sobre la suerte de los culpables. El transporte hacia Alemania permite lograr ese fin».[70] Se trataba de la deportación particular de aquellos marcados con el signo «Noche y Niebla».

A la hora de la comida del 29 de enero de 1946, Keitel maldijo el sistema «Noche y Niebla». «Todo eso fue culpa de Himmler y, ahora, me lo imputarán a mí». Y Gilbert, no sin ironía, calificó la expresión inscrita en su rostro de «patética inocencia»: «Al parecer, esa es la línea de conducta que Keitel se ha fijado para salvar su reputación, junto con su argumento favorito de que él no era más que el "recadero en jefe" y que no tenía ninguna función de mando».[71]

De esos crímenes de guerra también era responsable Jodl. La acusación describió los sucesos de los últimos meses de la guerra en territorio francés, con las devastaciones de pueblos y ciudades. También mencionaron a Oradour-sur-Glane, Maillé, Saint-Dié y Vassieux-en-Vercors. «Jodl carga con el peso de esas operaciones de limpieza», que comenzaron con arrestos de lo más arbitrarios para llegar a las torturas, las masacres generalizadas de los habitantes, los saqueos y el incendio de las localidades. No se discriminó entre los civiles: todos, hasta los niños más pequeños, eran considerados verdaderos cómplices.

«Nunca las necesidades de la guerra han justificado semejantes medidas que constituyen tantas violaciones de los artículos 46 y 50 de la Convención de la Haya».[72]

El 8 de febrero de 1946, la sala estaba de nuevo repleta para escuchar al procurador soviético, el general Rudenko. De entrada, condenó a los «invasores fascistas», su «mentalidad de caníbales» y el nuevo orden que intentaron imponerle a Europa. Puso el acento en el sufrimiento padecido por los distintos pueblos eslavos: los rusos, los bielorrusos, los ucranianos, los polacos, los checos, los serbios y los eslovenos, víctimas de «exterminios en masa».

Al igual que Menthon había hablado en nombre de los mártires y los héroes franceses, Rudenko deseaba que se hiciera justicia en nombre de los millones de víctimas inocentes del terror fascista.

Durante varios días, expuso los crímenes de los que fueron víctimas las poblaciones de la Unión Soviética durante esa guerra que Hitler quiso llevar a cabo de manera distinta a las otras, una guerra total, conducida sin ningún respeto por las normas y leyes de la guerra. Así, los prisioneros rusos, cuyo país, por cierto, no era signatario de las convenciones de Ginebra, fueron particularmente maltratados. Durante su cautiverio, casi tres de los cinco millones de prisioneros de guerra murieron de hambre y de frío, por malos tratos, por fusilamientos... Las atrocidades cometidas contra los prisioneros de guerra en Rusia se duplicaron con la actividad de verdaderos mataderos para prisioneros de guerra, como el de Sachsenhausen, por ejemplo. «Aún hay una gran distancia entre esos asesinatos individuales y las fábricas de la muerte de Treblinka, Dachau y Auschwitz, pero el fin y el método son los mismos».[73]

El primer testigo de la acusación, Lahousen, cuyo testimonio ya mencionamos, había evocado el exterminio selectivo de los prisioneros de guerra soviéticos decidido desde inicios de julio de

1941, durante una conferencia presidida por uno de los jefes de la Oficina Central de Seguridad del Reich, el *Obergruppenführer* Müller, con el general Reinecke, jefe del servicio administrativo de la *Wehrmacht*. Durante esa reunión, Lahousen representaba a Canaris. Según él, en ese momento se decidieron dos grupos de medidas. El primero se refería a la ejecución de todos los comisarios políticos rusos; el segundo, a la ejecución de todos los elementos de entre los prisioneros de guerra que, según el programa especial de selección de la Oficina de Seguridad, pudieran ser reconocidos como completamente bolchevizados o como representantes efectivos de la ideología bolchevique. El testigo explicó que, ya que la guerra contra la Unión Soviética era una guerra ideológica, el soldado del Ejército Rojo era un enemigo ideológico, un enemigo mortal del nacionalsocialismo, que por lo tanto había que eliminar físicamente. Lahousen explicó también la manera en la que se perpetraron las masacres; los destacamentos especiales de las ss, los *Einsatzkommandos*, estaban encargados de la selección de los prisioneros en los campos de tránsito.

El 11 de febrero, la acusación soviética presentó un testigo sorpresa, Von Paulus. Esa aparición repentina, señalaron Gründler y Von Manikowsky, «será el único golpe teatral organizado por los rusos durante el proceso».[74] El general, convertido en mariscal durante la batalla de Stalingrado, había aceptado el ultimátum soviético el 31 de enero de 1943 y capitulado. Prisionero de los rusos (permanecería en esa situación hasta 1954), en agosto de 1944 había lanzado un llamado al pueblo alemán a no apoyar a Hitler. Su presencia como testigo de la acusación provocó, incluso antes de su comparecencia, el furor de los acusados militares. «¡Y bueno, debería haberse decidido antes de caer prisionero! No debió haber aceptado su Cruz de Hierro, sus ascensos de coronel general y de *Feldmarschall*, su espada y demás distinciones, y seguir enviándole mensajes al *Führer*: ese es mi punto de vista. Yo siempre lo defendí ante el *Führer*. Es una vergüenza que testifique en contra nuestra», le declaró Keitel a Gilbert. Incluso el taciturno Dönitz intervino: «Nos costó la vida de miles de mujeres y de niños alemanes al causar defecciones en nuestras filas».[75] Keitel tenía razón. Von Paulus testificó en su contra, implicándolo, junto con Jodl y Göring, en los proyectos de guerra de agresión.

Los militares estaban exaltados durante la suspensión de la audiencia de la tarde del 11 de febrero. Göring le aulló a su abogado: «¡Pregúntele a ese sucio cerdo si se da cuenta de que es un traidor! ¡Pregúntele si ha aceptado papeles de ciudadanía rusa!».

A pesar de la sorpresa causada por la aparición de Von Paulus, la acusación soviética, por ser la última, parecía interminable. El 13 de febrero, Norman Birkett, el juez suplente estadounidense, anotó en su diario: «El coronel Pokrovski... violación del derecho de la guerra en lo que concierne a los prisioneros. No podría perderse más tiempo. Los soviéticos tienen una idea de lo más particular de lo que es un tribunal».[76] El otro juez estadounidense, Biddle, intentó que el presidente del tribunal ordenara a los testigos de la acusación soviética abreviar su declaración. Su colega soviético se opuso: el procurador Rudenko podría ver en tal petición una manifestación de antisovietismo. El presidente Lawrence, a quien vimos zarandear a los testigos de la acusación francesa, a Balachowsky en particular, fue extraordinariamente discreto con los testigos soviéticos.

Quedaba la cuestión de Katyń, quizá la más vergonzosa de la guerra y también del juicio. Recordemos brevemente los hechos.[77] El 13 de abril de 1943, los servicios de Goebbels anunciaron en Radio-Berlin el descubrimiento de grandes fosas en el bosque de Katyń, cerca de Smolensk, donde habían enterrado a soldados polacos. Goebbels acusó a los soviéticos de ser los responsables de la masacre en la primavera de 1940, bajo órdenes de Stalin. Moscú replicó por la radio. Se trataba «de una mentira de los canallas hitlerianos, en su intento por enmascarar los crímenes cometidos, como es evidente, por ellos mismos». El Gobierno del Reich pidió entonces al CICR, el Comité Internacional de la Cruz Roja, enviar a Katyń una comisión investigadora. El CICR se negó. Por lo tanto, los alemanes decidieron constituir una comisión internacional compuesta por médicos forenses de varios países: entre ellos un suizo, el profesor Naville, y un búlgaro, el profesor Markov. A finales de abril, la comisión presentó su informe, que precisaba: «La muerte de todas las víctimas fue provocada por un tiro de revólver disparado desde muy cerca en la concavidad de lo alto de la nuca. Los testimonios recogidos, al igual que las cartas, agendas, periódicos, etc. encontrados en los cuerpos, indicaban que las ejecuciones debían haberse producido en los meses de marzo a mayo de 1940. Esas indicaciones concuerdan con las constataciones que hicimos en las fosas durante el examen exterior y la autopsia de los cadáveres». A finales de 1943, el Ejército Rojo reconquistó la región de Smolensk y constituyó a su vez una comisión investigadora exclusivamente soviética. Esta concluyó que los asesinatos databan del otoño de 1941, cuando la región estaba ocupada por los alemanes. Ellos eran los culpables.

Los soviéticos habían logrado incluir a Katyń en el acta de acusación, a pesar de la oposición de los aliados. No obstante, estaba claro desde el principio que los cuerpos de más de 4 000 oficiales polacos encontrados en aquellas fosas habían sido asesinados por una bala en la nuca disparada por el NKVD. Los informes mostrados al público en Londres en junio de 1995 aclararon de forma definitiva lo que había sido la postura oficial en Reino Unido, lo que los historiadores sospechaban mas no habían podido probar. Había que pretender que todo el asunto era una conspiración. «Claramente, es la mejor actitud que conviene adoptar [...]. Cualquier otra habría resultado detestable para la opinión pública, pues habría implicado que estábamos aliados con una potencia culpable del mismo tipo de atrocidades que Alemania».[78] No obstante, dos líneas del acta de acusación señalaban que «en septiembre de 1941, 11 000 oficiales polacos prisioneros de guerra fueron asesinados en el bosque de Katyń, cerca de Smolensk».[79] La cifra indicada es extraña, muy superior a la cantidad de cuerpos encontrados en las fosas. ¿Era esta una exageración propagandística para enfatizar más la atrocidad? ¿O era una suerte de lapsus? La cifra corresponde al número de oficiales polacos desaparecidos en la URSS y asesinados fuera de Katyń durante la ocupación soviética de Polonia oriental.

El 14 de febrero de 1946, el coronel Pokrovski dio lectura a las conclusiones de la comisión investigadora extraordinaria soviética. Ese texto merece una cita larga, pues muestra la absoluta falta de vergüenza de la acusación soviética.

«La cifra total de cadáveres, según los expertos forenses, se eleva a más de 11 000. Los expertos procedieron a un examen detallado de los cadáveres exhumados y estudiaron los documentos y las pruebas encontrados en los cadáveres. Al mismo tiempo que se abrían las tumbas y se examinaban los cadáveres, la comisión procedió al interrogatorio de numerosos testigos entre la población local. Sus declaraciones permitieron establecer con exactitud la fecha y las circunstancias de los crímenes cometidos por los ocupantes alemanes.

»Conclusiones generales: Tras un examen de todas las pruebas que la comisión especial tuvo entre sus manos, a saber: las declaraciones de más de cien testigos, los informes de los médicos forenses, los documentos, las pruebas y los objetos extraídos de las tumbas del bosque de Katyń, podemos llegar a las conclusiones definitivas siguientes:

»1. Los prisioneros de guerra polacos, encontrándose en los tres campos situados al oeste de Smolensk y habiendo trabajado en la construcción de vías ferroviarias antes de la guerra, se quedaron en ellos tras la ocupación de Smolensk por parte de los alemanes, hasta septiembre de 1941 incluido.

»2. Durante el otoño de 1941, en el bosque de Katyń, las auto ridades de ocupación alemanas procedieron a ejecuciones masivas de prisioneros de guerra polacos detenidos en los campos antes mencionados.

»3. Las ejecuciones masivas de prisioneros de guerra polacos en el bosque de Katyń fueron efectuadas por organismos militares alemanes, camuflados bajo el nombre «Estado Mayor 537, Batallón del Genio», comandados por el *Oberleutnant* Arnes y sus colaboradores, el *Oberleutnant* Rekst [Rex] y el teniente Hott [Hodt].

»4. Como la organización militar y política de Alemania comenzaba a debilitarse a inicios de 1943, las autoridades alemanas de ocupación, con la meta de provocar incidentes, tomaron una serie de medidas para imputar sus propios crímenes a las autoridades soviéticas, con la esperanza de enemistar a los rusos con los polacos.

»5. A ese efecto:

»(*a*) los invasores germanofascistas, por vía de la persuasión, usando tentativas de corrupción, amenazas y torturas salvajes, intentaron sobornar testigos entre los ciudadanos soviéticos, y los obligaron a declarar que los prisioneros de guerra polacos habían sido muertos durante la primavera de 1940 por organismos dependientes de la autoridad soviética.

»(*b*) Durante la primavera de 1943, las autoridades alemanas de ocupación llevaron los cadáveres de los prisioneros de guerra polacos fusilados por ellos mismos al bosque de Katyń y los apilaron en las tumbas, con la esperanza de hacer desaparecer las huellas de sus propias atrocidades aumentando la cantidad de "víctimas de la crueldad bolchevique" en el bosque de Katyń.

»(*c*) mientras preparaban sus medidas de provocación, las autoridades alemanas de ocupación utilizaron hasta 500 prisioneros de guerra rusos para cavar las tumbas del bosque de Katyń, con el fin de probar que habían sido los rusos quienes cometieron esas crueldades. Tras terminar ese trabajo, los prisioneros de guerra fueron fusilados por los alemanes.

»6. Los informes de la comisión de expertos forenses determinan de forma indiscutible:

»(*a*) que la ejecución se produjo en otoño de 1941;

»(*b*) que los verdugos alemanes utilizaron la bala en la nuca, como lo habían hecho para las masacres masivas de ciudadanos soviéticos, en particular en Orel, Voronej, Krasnodar y Smolensk.

»7. Las conclusiones obtenidas de las declaraciones de los expertos forenses, referentes a la ejecución por parte de los alemanes de prisioneros de guerra polacos en octubre de 1941, confirman plenamente las pruebas y los documentos descubiertos en las tumbas de Katyń.

»8. Al fusilar prisioneros de guerra polacos en los bosques de Katyń, los invasores germanofascistas dieron un ejemplo tangible de su política de aniquilación de los pueblos eslavos.

»Siguen las firmas de quienes componen esta comisión:

»El Presidente de la Comisión Especial, el Académico Burdenko; Los miembros: Alexis Tolstói; el metropolitano Nicolás; el teniente general Gundorov, presidente del Comité Paneslavo; el presidente del Comité Ejecutivo de la Cruz Roja y de la Media Luna Roja, Kolésnikov; el comisario del pueblo en la Instrucción Pública Soviética, Potemkin; el jefe del servicio médico del Ejército Rojo, el general Smirnov, y el presidente del Comité ejecutivo de Smolensk, Melkínov.

»Smolensk, 24 de enero de 1944».

La prensa se apodera de la noticia. El abogado de Göring, el Dr. Stahmer, quiso refutar la acusación. El 8 de marzo inició la defensa de Göring. Propuso hacer testificar a algunos soldados alemanes pertenecientes al batallón acusado de la masacre por los soviéticos y, en el caso de algunos, específicamente imputados por la comisión investigadora soviética: el general Oberhäuser y el subteniente Hott [Hodt]. Protestas enérgicas del coronel Pokrovski. Stahmer propuso entonces llevar al estrado al profesor Naville, profesor de medicina forense en la Universidad de Ginebra, miembro de la comisión internacional encargada de examinar los cadáveres en Smolensk, y que había establecido que la masacre databa de 1940.

Las discusiones en el tribunal fueron duras. Se temió incluso una ruptura, como en el momento de la discusión del acta de acusación.

Por fin, luego de un regateo acompañado de un verdadero chantaje, (el procurador Pokrovski):

«Si el tribunal juzga indispensable admitir nuevos testigos para el asunto de las ejecuciones del bosque de Katyń, el ministerio público soviético considerará indispensable citar alrededor de diez nuevos testigos, expertos y especialistas, además de presentar en el tribunal la nueva evidencia a nuestra disposición, a saber, nuevos documentos que acabamos de conseguir, y leer para su inscripción en el acta el informe completo de la comisión, del cual algunos extractos han sido leídos ya ante el tribunal. Temo que eso retrase demasiado los debates y nos haga no solo perder horas, sino jornadas enteras».

El 1.º de julio de 1946 declaró el primer testigo de la defensa en el asunto de Katyń. Se trataba del coronel Friedrich Ahrens. Su declaración fue límpida. Él no recibió la orden de fusilar a los prisioneros polacos; él llegó en noviembre de 1941 al bosque de Katyń. «Poco tiempo después de mi llegada —el país estaba cubierto de nieve—, mis soldados atrajeron mi atención hacia el hecho de que en una zona, sobre una suerte de montículo, había una cruz de abedul. Vi esa cruz.

»Durante 1942, escuché en varias ocasiones a mis soldados afirmar que habían tenido lugar ejecuciones sumarias en nuestro bosque, pero de inicio no lo consideré digno de fe. No obstante, en 1942, una orden del grupo de ejércitos del general Von Harsdorff hizo referencia a esas conversaciones. Me dijo que también había oído hablar al respecto.

»Stahmer: ¿Resultaron ser ciertos los rumores?

»Ahrens: Lo descubrí por el mayor de los azares, y pude constatar que en efecto había ahí una sepultura. Fue durante el invierno de 1943, en enero o febrero. Yo estaba en el bosque y vi por azar un lobo. Al principio, no creí que se tratara de un lobo, pero tras seguir su rastro con un especialista vimos que había escarbado en ese montículo coronado con una cruz. Mandé a constatar de qué huesos se trataba. Los médicos me dijeron que eran osamentas humanas. Entonces hice un informe para el oficial encargado de las sepulturas, pues creía que se trataba de una sepultura de combatientes, ya que había varias en el entorno inmediato».

El abogado de Göring pidió entonces los detalles sobre la manera en la que procedieron con la inspección, y su resultado. Ahí también, el testigo fue preciso. Las pruebas encontradas por el profesor Butz mostraban que las ejecuciones habían sucedido durante la primavera de 1940. El contrainterrogatorio, conducido para la acusación soviética por el general Smirnov, no puso a Ahrens en contradicción consigo mismo. Sus dichos fueron confirmados por los otros dos testigos de la defensa.

Tres testigos para la defensa, tres para la acusación. El primero de ellos era uno de los expertos forenses de la comisión soviética, el profesor Prosorovski, quien confirmó las conclusiones de su comisión. El segundo, el profesor de física Bazilevski, había sido alcalde de Smolensk bajo la ocupación alemana. El último, Markov, era búlgaro. Se trata de un testigo curioso, porque primero había sido miembro de la comisión internacional formada por los alemanes. Arrestado en Bulgaria por el Gobierno prosoviético de Sofía, pasó varios meses en prisión como «enemigo del pueblo».

En apariencia, la justa terminó en empate. La culpabilidad de los soviéticos no quedó establecida; la de los alemanes, tampoco. Katyń simplemente desapareció del juicio, lo que constituye de cierta forma el reconocimiento tácito de la culpabilidad soviética.

Convertido para los polacos en un formidable desafío de memoria, el asunto tuvo su desenlace el 14 de diciembre de 1992. Aquel día, Borís Yeltsin le entregó a Lech Walesa el duplicado del documento donde se ordenaba la masacre de los oficiales polacos. La orden estaba firmada por Stalin.

Los almirantes constituyen un caso aparte. Los crímenes de guerra podrían haberse cometido en el mar, como lo precisaba el acta de acusación. Para responder estaban Raeder y Dönitz, sentados juntos en el banquillo de los acusados. «Son militares, pero con algo más», señaló Casamayor,[80] quien recordó además que el racismo, los campos de concentración, los saqueos y los trabajos forzados no entraban en sus atribuciones. Tampoco estaban acusados de crímenes contra la humanidad, pero sí de otros tres cargos. Además, se beneficiaban de la simpatía y una suerte de solidaridad que les profesaban los militares aliados. Didier Lazard comentó que eran más taciturnos que la mayoría de los demás acusados y «que la resignación y la tristeza están pintadas en su rostro».[81] También contaban con un abogado excepcional, el juez marítimo Otto Kranzbühler, gran especialista de la ley marítima que, desde su aparición «había provocado la admiración general por su habilidad de esgrimista al interrogar a los testigos».[82]

Dönitz, gran almirante de la marina alemana y sucesor de Hitler tras su suicidio, reaccionó a la lectura del acta de acusación como si no le incumbiera. «Ninguno de los cargos me concierne en absoluto. Típico humor estadounidense», escribió a petición de Gilbert en el margen del acta de acusación. Karl Dönitz había combatido en los submarinos durante la Primera Guerra Mundial, y se había quedado en la pequeña marina alemana prevista por el Tratado de Versalles. En 1935, después del tratado con Gran Bretaña que toleraba, bajo ciertas condiciones, la existencia de una flota de guerra limitada, Dönitz se había quedado a cargo de reconstituir la flota de submarinos, lo que lo opuso al almirante Raeder, comandante de la *Kriegsmarine*, la marina de guerra, quien dudaba de la eficacia del submarino en un posible conflicto con Gran Bretaña. El año 1942 vio cómo triunfaron los sumergibles en la guerra marítima. Convertido en gran almirante, tras la dimisión de Raeder fue ascendido a comandante en jefe de la *Kriegsmarine*. A pesar de los reveses, mantuvo su confianza en el resultado de la guerra. Dönitz nunca fue nazi, pero su admiración y su fidelidad a Hitler fueron totales. Fue él a quien el *Führer* designó como su sucesor antes de su suicidio.

A todo lo largo del proceso fue un hombre reservado que, según Didier Lazard «no ofrece al observador más que un signo bien fugaz de sus pensamientos: sus finos dedos tamborilean lentamente durante horas el borde del banquillo».[83]

La carrera de Erich Raeder fue ejemplar. Brillante oficial de la marina, fue nombrado contralmirante en 1922 cuando tan solo contaba con 46 años y fue oficial del yate de Guillermo II, el *Hohenzollern*. Sirvió bien al emperador Guillermo II, y les demostró la misma fidelidad a la República de Weimar y luego al régimen nazi. Hitler parecía tenerlo en alta estima, y Raeder, a pesar de sus reticencias, ayudó al rearme de Alemania violando el Tratado de Versalles. Ya vimos que estuvo presente en la famosa reunión de noviembre de 1937, de la cual daba cuenta el Memorándum Hossbach que analizamos a detalle y que marcó el inicio de la marcha hacia la guerra. En 1938, se convirtió en comandante en jefe de la *Kriegsmarine*, y al año siguiente, en gran almirante. Le inquietaba la política de Hitler, ya que implicaba el riesgo de lanzar al país en una guerra prematura contra Inglaterra. Pero abogó por la ocupación de Noruega y preparó el ataque naval contra ese país. Al pasar de los meses, sus desacuerdos con Hitler aumentaron y, en 1943, dimitió con la anuencia del *Führer*. Schacht resumió, no sin finura y pertinencia, sus impresiones tras haber escuchado a Raeder: «Desaprobaba la guerra agresiva y fue engañado por

Hitler, pero no por eso dejó de preparar e iniciar la guerra agresiva. He ahí una mentalidad de militar».[84]

En efecto, Raeder pensaba como militar y era consciente de las tradiciones de la marina alemana, que contribuyó a mantener durante el período nazi.

Fue detenido en una dacha en los alrededores de Moscú antes de ser conducido a Núremberg. Joseph Kessel lo observaba el 29 de noviembre de 1945: «El almirante Raeder, en uniforme azul marino, pero sin insignias ni galones, usa lentes oscuros. Tiene una figura huesuda, angosta, vigilante. Es la figura de un hombre que durante toda su vida se tomó en serio su oficio y, como el destino quiso darle como último oficio el de acusado, pretende cumplirlo con la misma seriedad.

»Es sobrio de gestos y de expresión. De vez en cuando, frunce el ceño. De vez en cuando, alza imperceptiblemente la cabeza. A veces, una media sonrisa anima su boca. Oye la lectura de los informes que él redactó, los textos que él dictó y firmó para modernizar en secreto su marina. Pero la sonrisa es incierta».[85]

La acusación contra Dönitz fue asumida por completo por los ingleses. Era una manera de demostrarle al proceso, aunque fuera solo de manera simbólica, que seguía siendo el Imperio británico el que mantenía el dominio de los mares.

Los crímenes de guerra de los que se inculpaba a Dönitz eran múltiples. La acusación le reprochaba haber ordenado al inicio de la guerra que fueran hundidos, sin advertencia, los navíos mercantes aliados o neutrales, y haber dado la orden a los comandantes de los submarinos de abstenerse de salvar a la tripulación de los navíos aliados y neutrales hundidos, e incluso destruirlos. No obstante, el examen de las bitácoras de los submarinos daba una visión más matizada. En numerosos casos, como el del *Laconia*, submarino enemigo, la tripulación fue auxiliada.

Uno de los objetivos del abogado Kranzbühler era demostrar que el ataque a navíos mercantes fue la cosa más común durante la guerra. Para lograrlo, pidió el testimonio del almirante Nimitz, jefe de la flota estadounidense en el Pacífico. El procurador británico se opuso de inicio. A todas luces, ese asunto de crímenes cometidos en el mar lo conmovía.

Según el recuento del periodista británico Cooper, la voz de sir David Maxwell Fyfe tenía un inhabitual timbre cortante. «Precisó que él representaba en el Parlamento una circunscripción marítima que había sufrido, más que muchas otras, los estragos de la guerra submarina alemana, y no estaba de humor para dejarse llevar a un debate académico sobre la ley internacional».[86] Maxwell Fyfe interpretó la petición del abogado de Dönitz como un *tu quoque*, el uso de un principio de reciprocidad que el tribunal siempre se negó a admitir.

Kranzbühler replicó: «No pretendo demostrar, ni siquiera sugerir, que la flota estadounidense haya violado las convenciones de la guerra submarina en el Pacífico. Estimo, por el contrario, que respetó, en la medida de lo posible, el derecho internacional, pero es una cuestión de interpretación, tanto en el conflicto que opuso a Estados Unidos y Japón como en el que opuso a Alemania y Gran Bretaña».

Como se ve, se situó en un terreno puramente jurídico. Quería demostrar que las convenciones habían sido aplicadas siguiendo una interpretación común para todos los beligerantes.

Kranzbühler continuó: «En mi opinión, dado que se había autorizado a los navíos mercantes a responder con las armas a cualquier ataque, la Convención de Londres ya no era aplicable, no más, por lo demás, que en las zonas de operaciones, consideradas peligrosas por definición, y que por lo tanto volvían inútiles las advertencias individuales». Así, al reclamar el testimonio de Nimitz, simplemente quería resaltar «que la marina estadounidense, al igual que la alemana, interpretó a su manera la Convención de Londres y que, en consecuencia, la actitud del Alto Mando marítimo alemán era perfectamente legítima».[87]

El juez estadounidense Biddle aceptó la petición del abogado, cuyo argumento estimaba sin fallas. Sus compatriotas habían sido puestos en duda. Había entonces que esclarecer un asunto que podría explotar la prensa. El 2 de julio de 1946, el capitán de corbeta enviado por Kranzbühler interrogó ante el tribunal a Chester W. Nimitz. Este, gran almirante de la flota de los Estados Unidos de América, jefe de operaciones de la flota estadounidense y comandante en jefe de la flota en el Pacífico, le dio la razón a Kranzbühler en todos los puntos.

«Pregunta: ¿Los Estados Unidos, durante la guerra contra Japón en el Pacífico, declararon que había zonas de operaciones, zonas de bloqueo, zonas peligrosas, zonas restringidas u otras?

»Respuesta: Sí. En el interés de las operaciones contra Japón, ciertas zonas del océano Pacífico fueron declaradas teatro de operaciones.

»Pregunta: En caso afirmativo, ¿era normal para los submarinos de tales zonas atacar los navíos mercantes sin advertencia, a excepción de los navíos pertenecientes a los Estados Unidos y sus aliados?

»Respuesta: Sí, a excepción de los navíos hospitales y otros navíos de escolta que circulaban con fines humanitarios.

»Pregunta: ¿Contaba usted con las órdenes adecuadas?

»Respuesta: El jefe de operaciones navales ordenó, el 7 de diciembre de 1941, conducir una guerra submarina sin restricciones contra Japón.

»Pregunta: ¿Fue por orden o según un principio general que los submarinos estadounidenses tenían prohibido practicar medidas de auxilio con los pasajeros y tripulación de los navíos hundidos sin advertencia en caso de que, al actuar así, la seguridad de su propia nave quedara comprometida?

»Respuesta: Por principio general, los submarinos estadounidenses no salvaban a los sobrevivientes enemigos si la operación representaba un peligro suplementario con el cual no se contaba o, si el submarino al hacerlo quedaba incapacitado para cumplir con sus misiones futuras».

El Documento Nimitz, escribieron Gründler y Von Manikowsky, tuvo «el efecto de una bomba. ¿Podían los jueces seguir reprochando a los almirantes alemanes la manera en la que habían conducido la guerra submarina?».[88]

Al terminar el proceso, solo dos de los 18 hombres acusados de crímenes de guerra quedaron exculpados de esa acusación: Rudolf Hess y Hans Fritzsche. La habilidad de Otto Kranzbühler no bastó para exculpar de los crímenes de guerra cometidos a su cliente, el almirante Dönitz y, de rebote, al almirante Raeder, si bien todos los delitos imputados en el acta de acusación finalmente se desestimaron durante el juicio.

5

El genocidio

La cuestión de la persecución de los judíos recorrió como un hilo rojo todo el proceso y, como ya vimos, dio pie a la definición de un nuevo crimen que tenía prometida una larga posteridad, el «crimen contra la humanidad».

Desde la audiencia del 21 de noviembre de 1945, el procurador Jackson afirmó: «Los crímenes más numerosos y más salvajes concebidos y cometidos por los nazis fueron perpetrados contra los judíos [...]. Que no haya malentendidos sobre la acusación de persecución de los judíos. Lo que reprochamos a los acusados no es la arrogancia ni las pretensiones que con tanta frecuencia acompañan la mezcla de razas y las diferencias entre los pueblos, y que tienen tendencia, a pesar de los leales esfuerzos de los Gobiernos, a producir crímenes y problemas lamentables. Mi intención es exponerles el plan y el proyecto al que los nazis estaban apegados fanáticamente con la finalidad de eliminar a todo el pueblo judío. Esos crímenes fueron organizados y dirigidos por la dirección del Partido, ejecutados y garantizados por personalidades nazis, como probaremos por medio de órdenes escritas que emanaban de los servicios de la policía secreta misma del Estado. La persecución de los judíos fue una política continua y deliberada».[89]

Como comentó Roger Errera, la acusación de genocidio fue tratada de forma dispersa durante el proceso, aunque en principio los encargados de hacerlo fueran los franceses para el oeste de Europa, y los soviéticos para el este. El «crimen contra la humanidad» apareció por primera vez durante la presentación de la acusación por parte del ministerio público; luego, en el examen de las actividades de las organizaciones y agrupaciones criminales y durante las sesiones consagradas a los acusados: 18 de ellos fueron inculpados por crímenes contra la humanidad. Tan solo Schacht y Von Papen, Dönitz y Raeder escaparon a tal acusación en los distintos alegatos y en el fallo final.[90]

No obstante, la verdadera entrada del genocidio en el proceso ocurrió el 3 de enero de 1946. Aquel día, la acusación estadounidense hizo comparecer en el estrado a dos testigos cruciales, Otto Ohlendorf y Dieter Wisliceny.

El primero, miembro del partido nazi desde 1925, que contaba con 38 años al momento del juicio, fue interrogado por el coronel John Haran Amen, adjunto del procurador general. El interrogatorio pareció en un principio un tanto técnico, pues a ese primer actor del genocidio en testificar le correspondió explicar al tribunal el sentido de los términos *Einsatzgruppe* y *Einsatzkommando*, las unidades que perpetraron las primeras masacres masivas de judíos.

«La expresión *Einsatzgruppe* [grupo de operaciones especiales] fue empleada por acuerdo entre los jefes del RSHA,* del OKW** y del OKH***para designar el empleo de destacamentos de la SiPo**** en las zonas de operación. Ese término fue utilizado por primera vez durante la campaña de Polonia. No obstante, el acuerdo entre el OKH y el OKW solo tuvo lugar al inicio de la campaña de Rusia. Ese acuerdo estipulaba que un representante del jefe de la SiPo y

---

* *Reichssicherheitshauptamt*: Oficina Central para la Seguridad del Reich.
** *Oberkommando der Wehrmacht*: Alto Mando de las Fuerzas Armadas.
*** *Oberkommando des Heeres*: Mando Supremo del Ejército Terrestre.
**** *Sicherheitspolizei*: Policía de la Seguridad, reagrupada con el sd [*Sicherheitsdienst*: el Servicio de Inteligencia] en el RSHA.

del SD sería asignado a los grupos de ejércitos o a los ejércitos, y que ese funcionario tendría a su disposición unidades móviles de la SiPo y del SD en forma de *Einsatzgruppe*, subdividido en *Einsatzkommandos* [comandos operacionales]. Estos últimos debían ser asignados a unidades de cada ejército de acuerdo a sus necesidades, siguiendo las instrucciones dadas por el grupo de ejércitos o por el ejército».

Según Ohlendorf, presente en varias ocasiones en las negociaciones, había habido un acuerdo escrito entre el OKW, el OKH y el RSHA, mismo que había tenido en sus manos cuando asumió el mando de los *Einsatzgruppen*. Desde junio de 1941 hasta la muerte de Heydrich, en junio de 1942, Ohlendorf dirigió el *Einsatzgruppe D*, uno de cuatro, conformado por unos 500 hombres, sin contar con los auxiliares asignados del país en vías de ser conquistado y que operaban en Ucrania del Sur. Ohlendorf era entonces el representante del jefe de la SiPo y del SD en el XI Ejército.

«En cuanto a la cuestión de los judíos y los comunistas», precisó Ohlendorf, «los *Einsatzgruppen* y los jefes de los *Einsatzkommandos* recibían instrucciones verbales antes de su misión [...]. Los judíos y los comisarios políticos soviéticos debían ser liquidados.

»Coronel Amen: ¿Cuando dice liquidados, quiere decir ejecutados?

»Ohlendorf: Sí, quiero decir asesinados».

También afirmó haber asistido, antes del inicio de la campaña de Rusia, a una conferencia en Pretz con los jefes de los *Einsatzgruppen* y los comandantes de los *Einsatzkommandos*. En esa conferencia, Streckenbach, del RSHA, les transmitió las órdenes de Heydrich y de Himmler. Ohlendorf conversó también con Himmler, quien le dijo «que antes del inicio de la campaña de Rusia, Hitler había hablado de esa misión durante una conferencia con los jefes de los grupos de ejércitos y los jefes de ejércitos —no, no los jefes de ejércitos, sino los generales comandantes en jefe— y les había dado la orden de proporcionar la ayuda necesaria».

«Amen: En consecuencia, ¿puede testificar que los comandantes en jefe de los grupos de ejércitos y de los ejércitos también habían sido informados de esas órdenes de liquidación de los judíos y de los funcionarios soviéticos?

»Ohlendorf: No creo que sea preciso expresarlo de esa manera. No habían recibido la orden de liquidación, pues era Himmler quien estaba a cargo de ejecutar esa orden. Pero durante el curso de esa liquidación en la zona de operaciones de los grupos de ejércitos y de los ejércitos, estos habían recibido la orden de echarles una mano. Además, sin esas instrucciones al ejército, las actividades de los *Einsatzgruppen* no habrían sido posibles.

Amen: ¿Tuvo usted más conversaciones con Himmler al respecto de esa orden?

»Ohlendorf: Sí. A finales del verano de 1941, Himmler se encontraba en Nicolaiev. Reunió a los jefes y a los hombres de los *Einsatzkommandos* y les confirmó la orden de liquidación, subrayando que los jefes y los hombres que tomaran parte en ella no incurrían en ninguna responsabilidad personal por efecto de la ejecución de esas órdenes. La responsabilidad le incumbía solo a él, igual que al *Führer*».

Explicó entonces que el comandante del xı° Ejército era el caballero Von Schober, después Von Manstein, y que ambos habían dado órdenes de liquidación. «En Nicolaiev, el xı ejército envió la orden de no ejecutar esa liquidación más que en un rango de 200 km alrededor del cuartel general del comandante en jefe [...]. En Simferopol, el comandante del ejército les pidió a los *Einsatzkommandos* correspondientes que apresuraran la liquidación, pues la hambruna era inminente y se resentía el peso de la falta de alojamiento.

»Amen: ¿Sabe usted cuántas personas fueron liquidadas por el *Einsatzgruppe D* bajo su dirección?

»Ohlendorf: En el año que abarca desde junio de 1941 hasta junio de 1942, los *Einsatzkommandos* rindieron cuenta de la liquidación de alrededor de 90 000 personas.

»Amen: ¿Esa cifra incluye hombres, mujeres y niños?

»Ohlendorf: Sí.

»Amen: ¿En qué basa esas cifras?

»Ohlendorf: En los informes enviados por los *Einsatzkommandos* a los *Einsatzgruppen*.

»Amen: ¿Le entregaron a usted esos informes?

»Ohlendorf: Sí.

»Amen: ¿Y usted los vio y leyó?

»Ohlendorf: Le pido perdón...

»Amen: ¿Usted leyó y vio personalmente esos informes?

»Ohlendorf: Sí».

Precisó que las cifras correspondientes a los demás *Einsatzgruppen* habían sido «considerablemente más elevadas» que las del grupo D. Él mismo había asistido a dos ejecuciones colectivas y, a petición del coronel Amen, relató: «Un *Einsatzkommando* local intentaba lograr un censo completo de los judíos de cierta zona por medio del sistema de inscripción. La inscripción de los judíos la hacían ellos mismos [...]. Fueron reunidos bajo pretexto de una evacuación.

»Amen: Continúe, por favor.

»Ohlendorf: Después de la inscripción, los judíos estaban reunidos en cierto lugar; después fueron llevados al lugar de ejecución, que en general era una fosa de defensa antitanques o una excavación natural. Las ejecuciones eran realizadas a la manera militar, por pelotones con un mando apropiado.

»Amen: ¿De qué forma los transportaban al lugar de ejecución?

»Ohlendorf: Los transportaban al lugar de ejecución en camiones, en cantidades que pudieran ejecutarse de inmediato. Así se intentaba reducir lo más posible el tiempo transcurrido entre el momento en el que las víctimas se enteraban de lo que les iba a suceder y el instante mismo de su ejecución.

»Amen: ¿Esa era su intención?

»Ohlendorf: Sí.

»Amen: Y una vez fusilados, ¿qué se hacía con los cuerpos?

»Ohlendorf: Eran enterrados en la fosa antitanques o dentro de la excavación.

»Amen: ¿Cómo se determinaba, en caso dado, que esas personas estuvieran realmente muertas?

»Ohlendorf: Los jefes de unidad o los comandantes de pelotón habían recibido la orden de estar pendientes de ese punto y de dar ellos mismos el golpe de gracia, dado el caso.

»Amen: ¿Y quién debía hacerlo?

»Ohlendorf: Ya sea el propio jefe de unidad o un hombre designado por él para ese propósito..

»Amen: ¿En qué posición se fusilaba a las víctimas?

»Ohlendorf: De pie o de rodillas.

»Amen: ¿Qué se hacía con los objetos personales o la ropa de las personas ejecutadas?

»Ohlendorf: Cualquier cosa de valor era confiscada en el momento de la inscripción o en el de la reunión y transferido ya fuera de forma directa o por medio del RSHA al Ministerio de Finanzas. Al principio, la ropa fue distribuida entre la población, pero durante el invierno de 1941-1942, los efectos personales fueron embargados por la NSV [*Nationalsozialistische Volkswohlfahrt*: la asistencia social del partido nacionalsocialista].

»Amen: ¿Todos los efectos personales se registraban en ese momento?

»Ohlendorf: No, solo se registraban los objetos de valor.

»Amen: ¿Qué sucedía con la ropa que portaban las víctimas de camino al lugar de ejecución?

»Ohlendorf: Eran obligadas a quitarse la ropa exterior inmediatamente antes de la ejecución.

»Amen: ¿Toda la ropa?

»Ohlendorf: La ropa exterior, sí.

»Amen: ¿Qué sucedía con el resto de la ropa que vestían?

»Ohlendorf: El resto de la ropa se quedaba sobre los cuerpos».

En otros grupos, explicó el testigo, las cosas a veces sucedían de otra manera. Algunos jefes de unidades no usaban lo que Ohlendorf llamaba la «manera militar», sino que mataban a las víctimas una por una, disparándoles una bala en la nuca, lo que él desaprobaba «porque tanto para las víctimas como para quienes participaban en la ejecución, era extremadamente penoso de soportar». Amen volvió a la cuestión en otro momento del interrogatorio y Ohlendorf se explicó: «Los jefes y los hombres debían proceder en las ejecuciones de una manera militar, obedeciendo las órdenes precisas y evitando tomar decisiones personales. Por otro lado, no ignoraba que, en las ejecuciones personales, no era posible evitar la brutalidad por exceso de emoción, pues las víctimas descubrían demasiado pronto que serían ejecutadas y, por lo tanto, no podían soportar una tensión nerviosa prolongada. Del mismo modo, me parecía insoportable que los jefes y los hombres fueron obligados de esta manera a matar a un gran número de personas por decisión propia».

Amen regresó a la cuestión del destino de los objetos confiscados y Ohlendorf lo explicó de nuevo. Los objetos de valor eran enviados a Berlín al RSHA o al Ministerio de Finanzas, «las cosas que pudieran servir de inmediato en la zona de operaciones se utilizaban de inmediato». Los relojes, a petición del ejército, eran «puestos a disposición de las tropas que estaban en el frente».

«Amen: ¿Todas las víctimas, hombres, mujeres y niños, eran ejecutadas de la misma forma?

»Ohlendorf: Hasta la primavera de 1942, sí. Después, nos llegó una orden de Himmler de que en el futuro las mujeres y niños solo debían ser asesinados en camiones de gas.»

El coronel Amen insistió, Ohlendorf repitió: «las mujeres y niños eran fusilados». Repitió también que las fosas quedaban llenas, pero dio una nueva precisión: eran «niveladas después por contratistas tomados de entre la población».

Amen le pidió entonces que hablara de los camiones de gas, que los describiera: «A partir de su exterior no se podía reconocer la verdadera naturaleza de esos camiones. Parecían vehículos cerrados y estaban construidos de tal suerte que, cuando se ponía en marcha el motor, el gas se dirigía al interior, para provocar la muerte de los ocupantes en diez o 15 minutos [...]. Las víctimas designadas para la ejecución eran cargadas en los camiones, que se llevaban al lugar de inhumación que era, en general, el mismo para las ejecuciones colectivas. El tiempo que duraba el trayecto bastaba para garantizar la muerte de los ocupantes».

»Amen: ¿Cómo se conseguía que las víctimas subieran a esos camiones?

»Ohlendorf: Se les decía que debían ser transportadas a otro lugar».

Otto Ohlendorf precisó además que entre 15 y 25 personas podían matarse a la vez en esos camiones proveídos por el RSHA, y que los miembros de los *Einsatzgruppen* detestaban utilizar esos vehículos porque «la inhumación de las víctimas era una tarea pesada» para ellos.

El general Nikítchenko, a su vez, hizo algunas preguntas: «En su declaración, usted dijo que el *Einsatzgruppe* tenía por objetivo el exterminio de los judíos y de los comisarios soviéticos. ¿Es cierto?

»Ohlendorf: Sí.

»Nikítchenko: ¿Y en qué categoría incluían a los niños? ¿Por qué razón eran masacrados?

»Ohlendorf: La orden prescribía que la población judía debía ser totalmente exterminada.

»Nikítchenko: ¿Incluidos los niños?

»Ohlendorf: Sí.

»Nikítchenko: ¿Se masacró a todos los niños judíos?

»Ohlendorf: Sí.

»Nikítchenko: ¿Y a los hijos de quienes consideraban que pertenecían a la categoría de los comisarios también los mataron?

»Ohlendorf: No tengo conocimiento de que se haya perseguido a la familia de un comisario soviético».

Así, por la respuesta dada al procurador soviético, Ohlendorf definió lo que constituía la especificidad del genocidio: la masacre sistemática de los niños judíos. Léon Poliakov señaló que la impresión fue tal que Ohlendorf fue interrogado por tres de los cuatro jueces, un hecho único en todo el proceso. Era la primera vez que se escuchaba en el tribunal a un hombre directamente responsable de la masacre de decenas de miles de personas inocentes.

Sobre esas primeras masacres en masa ejercidas por los *Einsatzgruppen*, que el historiador estadounidense Raul Hilberg, apegándose más a la definición dada por Ohlendorf, llamó «grupos móviles de matanza», se presentaron diversos documentos en el juicio, en particular los informes de actividades, a veces acompañados de un mapa y de declaraciones escritas por testigos. En su alegato de clausura, Jackson resumió la acción global de esos grupos móviles de matanza, acreditándoles la muerte de 2 millones de judíos, cifra que los cálculos de los historiadores han reducido a más de 1.3 millones.

El siguiente testigo solicitado por la acusación estadounidense fue Dieter Wisliceny. Tenía 34 años, había nacido en Regulowken, Prusia oriental, y se había afiliado al partido nazi en 1931. Convertido en miembro de las ss [*Schutzstaffel*: escuadrón de protección], entró en 1934 al sd, el servicio de inteligencia. En 1940, era ss-*Hauptsturmführer* [jefe de las tropas de asalto de las ss].

Fue el teniente coronel Smith W. Brookhart, sustituto general del procurador estadounidense, quien interrogó al testigo.

«Brookhart: ¿Conoce usted a Adolf Eichmann?

»Wisliceny: Sí, conozco a Eichmann desde 1934.

»Brookhart: ¿Cuándo y cómo lo conoció?

»Wisliceny: Nos conocemos perfectamente bien. Nos tuteamos, y conozco también muy bien a su familia.

»Brookhart: ¿Cuál era su puesto?

»Wisliceny: Eichmann estaba en el RSHA, jefe de oficina de la Sección IV de la Gestapo.

»Brookhart: ¿Se refiere a la Sección IV o a una subsección? En ese caso, ¿a qué subsección?

»Wisliceny.: Dirigía la Sección IV-A-4.[91] Esa oficina comprendía dos subdivisiones: asuntos de las Iglesias y cuestiones judías [...]».

El testigo explicó que la Sección IV-B-4b se ocupaba de la cuestión judía en nombre del RSHA, la oficina principal encargada de la seguridad del Reich. Eichmann había recibido poderes especiales del *Gruppenführer* Müller, jefe de la Sección IV, y del jefe de la SiPo, la Policía de la Seguridad; era responsable de «la solución al problema judío en Alemania» y en todos los países que ocupaba.

Wisliceny detalló entonces los períodos y las diferentes formas de actividad contra los judíos. Al inicio, la emigración organizada de Alemania y los países que anexionó; después, la concentración en guetos de judíos de Polonia y en los demás países ocupados del Este. «Eso duró aproximadamente hasta inicios de 1942. El tercer período fue lo que se llamó "la solución definitiva del problema judío", es decir, el exterminio y la supresión organizada de la raza judía; ese período duró hasta octubre de 1944, cuando Himmler dio la orden de detenerlo».

El teniente coronel Brookhart volvió a los vínculos de Wisliceny con Adolf Eichmann. En 1940, este le propuso al testigo ir a Bratislava como consejero del Gobierno checo para las cuestiones judías. Se quedó ahí hasta la primavera de 1943, y después fue a Grecia un año. De marzo a diciembre de 1944 estuvo en Hungría con Eichmann. Dejó el servicio en enero de 1945.

«Brookhart: En sus relaciones oficiales con la Sección IV-A-4, ¿tuvo conocimiento de una orden que prescribiera el exterminio de todos los judíos?

»Wisliceny: Sí, fue por Eichmann que me enteré por primera vez de la existencia de tal orden, durante el verano de 1942.

»Brookhart: ¿Querría decirle al tribunal en qué condiciones e indicarle la esencia de tal orden?

»Wisliceny: En la primavera de 1942, alrededor de 17 000 judíos fueron deportados de Eslovaquia a Polonia como trabajadores. Se trataba de un acuerdo con el Gobierno eslovaco. Ese Gobierno preguntaba además si las familias de esos trabajadores no podían también ser deportadas a Polonia. Al principio, Eichmann se negó. En abril o a inicios de mayo de 1942, me comunicó que, a partir de ese momento, también podían deportarse a Polonia familias enteras. Eichmann mismo había ido a Bratislava en mayo de 1942 y había discutido la cuestión con los miembros correspondientes del Gobierno eslovaco [...]. En esa época, le aseguró al Gobierno eslovaco que sus judíos serían tratados de manera humana y conveniente en los guetos de Polonia. Ese era el deseo formal del Gobierno eslovaco. A raíz de esa garantía, alrededor de 35 000 judíos fueron deportados de Eslovaquia a Polonia. El Gobierno eslovaco intervino para que sus judíos de verdad fueran tratados de forma humana. En particular, trató de ayudar a los judíos que se habían convertido al cristianismo. El presidente Tuka me mandó llamar en varias ocasiones y me compartió su deseo de que una delegación eslovaca recibiera la autorización de ir a los territorios donde se decía que habían sido enviados los judíos eslovacos. Le transmití ese deseo a Eichmann y el Gobierno eslovaco incluso le envió una nota sobre el tema. Eichmann contestó de forma evasiva. Después, a finales de julio o principios de agosto, fui a verlo a Berlín y le imploré de nuevo que accediera a la petición del Gobierno eslovaco. Le hice notar que en el extranjero había rumores que difundían la información de que todos los judíos estaban siendo exterminados en Polonia. Le señalé que el papa había intervenido a su favor ante el Gobierno eslovaco. Le dije que tal manera de actuar, si era real, conllevaría un gran daño a nuestro prestigio, es decir, al de Alemania en el extranjero. Por todas esas razones, le rogué que autorizara la inspección solicitada. Tras una prolongada discusión, Eichmann me dijo que no era posible, bajo ninguna circunstancia, acceder a esa petición de visitar los guetos polacos. Cuando le pregunté por qué, me dijo que la mayoría de esos judíos ya no estaban vivos. Le pregunté que quién había dado semejante orden, declaró que era una orden de Himmler. Le rogué entonces que me mostrara esa orden, porque no podía creer que existiera por escrito. Me...

»Brookhart: ¿Dónde estaba usted al momento de su encuentro con Eichmann?

»Wisliceny: Esa entrevista con Eichmann sucedió en Berlín, en el 116 de la Kurfürstenstrasse, en las oficinas de Eichmann.

»Brookhart: Continúe su respuesta a la pregunta precedente; continúe la discusión de la orden y de sus circunstancias.

»Wisliceny: Eichmann me dijo que podía mostrarme la orden por escrito si eso tranquilizaría mi conciencia. Sacó de su cofre un pequeño expediente que hojeó para mostrarme una carta de Himmler dirigida al jefe de la SiPo y el SD. Lo esencial de esa carta era más o menos lo siguiente: el *Führer* ordenó la solución definitiva del problema judío. La ejecución de esa solución llamada definitiva se había encomendado al jefe de la SiPo y del SD y al inspector de los campos de concentración. Todos los judíos en condiciones de trabajar, de sexo femenino o masculino, debían ser utilizados provisionalmente para trabajar en los campos de concentración. Esa carta estaba firmada por Himmler en persona. No había ningún error posible, pues conocía a la perfección la firma de Himmler. Yo...

»Brookhart: ¿A quién estaba dirigida esa orden?

»Wisliceny: Al jefe de la SiPo y del SD, es decir, a sus oficinas.

»Brookhart: ¿Había otros destinatarios indicados en esa orden?

»Wisliceny: Sí, el inspector de los campos de concentración. Esa orden estaba dirigida a ambas oficinas.

»Brookhart: ¿La orden portaba alguna indicación con miras a conservar el secreto?

»Wisliceny: Portaba la indicación "muy secreto".

»Brookhart: ¿Cuál era la fecha aproximada de esa orden?

»Wisliceny: Esa orden databa de abril 1942.

»Brookhart: ¿Por quién estaba firmada?

«Wisliceny: Por Himmler en persona».

El diálogo entre los dos hombres continuó. Nos enteramos que Eichmann le explicó a Wisliceny el significado de «solución definitiva», que escondía «la exterminación biológica y total de los judíos en los territorios del Este» y que Eichmann fue encomendado personalmente con la ejecución de esa orden, que se mantuvo activa hasta octubre de 1944: «En esa fecha, Himmler dio una contraorden que prohibía el exterminio de los judíos». Wisliceny dijo haber podido examinar en varias ocasiones los expedientes en la oficina de Eichmann: «En todos los respectos, era un burócrata consumado. Cada vez que tenía una entrevista con un superior tomaba inmediatamente notas que insertaba en sus expedientes. Siempre me comentó que lo más importante para él era estar cubierto por sus superiores. Evitaba toda responsabilidad personal y se esforzaba por refugiarse detrás de sus superiores —en este caso, Müller y Kaltenbrunner— cuando se trataba de asumir responsabilidad por todos sus actos».

Por último, llegó el debate sobre las cifras:

«Brookhart: Entre esos judíos de cuya suerte está informado, ¿cuántos fueron sometidos a la solución definitiva, es decir, asesinados?

»Wisliceny: La cifra exacta me es muy difícil de determinar. No tengo a mi disposición más que una base para hacer estimaciones, se trata de la entrevista de Eichmann con Höss en Viena, donde este último declaró que, entre los judíos enviados de Grecia a Auschwitz, había muy pocos que eran capaces de trabajar. Entre los judíos provenientes de Eslovaquia y de Hungría, alrededor de 25 a 30% habían estado en condiciones de trabajar. Por lo tanto, me es muy difícil dar una cifra total con certeza [...]. Eichmann siempre hablaba de cuatro e incluso de cinco millones de judíos; según mi evaluación personal, al menos cuatro millones debieron haber padecido la solución definitiva. De hecho, no estoy en condiciones de decir cuántos salvaron sus vidas.

»Brookhart: ¿Cuándo vio a Eichmann por última vez?

»Wisliceny: A finales de febrero de 1945 vi a Eichmann por última vez en Berlín. En ese momento decía que, si se perdía la guerra, se suicidaría.

»Brookhart: ¿Dijo en ese momento algo sobre el número de judíos que habían sido exterminados?

»Wisliceny: Sí, habló sobre eso de una manera particularmente cínica. Dijo que brincaría de risa en su tumba, porque tener cinco millones de personas en la conciencia le sería fuente de una extraordinaria satisfacción».

Cuando Wisliceny testificó en Núremberg, el nombre de Eichmann era prácticamente desconocido y se ignoraba su papel clave en el genocidio. El tipo era inencontrable. En general, se le creía muerto, pues había evocado la posibilidad de un suicidio. De hecho, estaba detenido bajo una falsa identidad por los estadounidenses.

Tras la declaración de Wisliceny en el proceso, de la que se enteró por la prensa, Eichmann se fugó. Su huida duró 14 años, hasta aquel día de 1960 en el que los servicios secretos israelitas lo secuestraron para juzgarlo en Jerusalén, ese «Núremberg del pueblo judío», según la expresión del primer ministro israelí de ese entonces, Ben-Gurión.

Durante el fin de semana del 5 y 6 de enero de 1946, Gilbert visitó a los acusados en sus celdas. Schacht comentó el testimonio de Ohlendorf: «¿Alguna vez había visto a un hombre de aspecto más recto, de carácter más honesto? Era ante todo un hombre de negocios; ¡y de pronto se encuentra encargado de un grupo de acción con la orden de asesinar a 90 000 personas! Pero ¿cómo un ser decente puede llegar a hacer semejantes cosas?». Luego comentó lo que él habría hecho en tales circunstancias: «Yo habría dicho que eso era algo que realmente no podía hacer, y que tendrían que fusilarme, arrestarme, mandarme al frente o hacer lo que quisieran, pero no eso».

A Göring le pareció frágil el cargo contra el Estado Mayor. «Toda la idea misma de conspiración está coja», le dijo a Gilbert. Y siguió su reflexión, no sin pertinencia. «Teníamos un *Führerstaat*. Como análisis final, recibíamos órdenes desde la cabeza misma del Estado que debíamos obedecer. No éramos una banda de criminales que se encontraba en el bosque a altas horas de la noche para tramar asesinatos en masa como en una mala novela... A fin de cuentas, faltan los cuatro verdaderos conspiradores: el *Führer*, Himmler, Bormann y Goebbels... y Heydrich también; con él son cinco. Ese Wisliceny no es más que un puerco que le debe toda su importancia a la ausencia de Eichmann». Después de algunos instantes de reflexión, Göring continuó: «¡Ese Himmler! Me gustaría tenerlo durante una hora y hacerle algunas preguntas cara a cara. No se lo digo más que a mis confidentes más cercanos: si yo hubiera tomado el poder, me habría deshecho de Bormann y de Himmler; de Bormann en cinco minutos, pero habría requerido un poco más de tiempo para Himmler, algunas semanas quizá». Y cuando Gilbert le preguntó qué opinaba del testimonio que probaba que Hitler mismo había ordenado los asesinatos en masa, respondió: «¡Ah, esos asesinatos en masa! Es una pena terrible, esa. Preferiría no hablar de eso, ni siquiera pensar en ello. Pero ese cargo de conspiración: ¡Ah! ¡Espere un poco a que empiece con eso! ¡Verá un buen despliegue de fuegos artificiales!».

Ribbentrop, por su parte, midió el alcance de los testimonios: «Nuestra culpabilidad como alemanes en las atrocidades y las persecuciones de los judíos es tan enorme que nos quedamos mudos; no existe ninguna forma de defensa, ninguna explicación».[92]

La persecución de los judíos regresó al primer plano con la acusación francesa, y más precisamente con Edgar Faure, encargado de presentar, en nombre de Francia, los crímenes contra la humanidad cometidos en la Europa occidental ocupada. Se benefició de una suerte inusitada, cortesía de una organización creada en la clandestinidad en abril de 1943 en Grenoble por Isaac Schneersohn: el Centro de Documentación Judía Contemporánea, cuya tarea era recopilar todo documento relativo a la persecución de los judíos de Francia. Había historiadores trabajando ahí, como Léon Poliakov y Joseph Billig. La suerte de la que se benefició el procurador adjunto francés fue que los responsables del CDJC le habían enviado de último minuto, «a título de confianza totalmente personal», un «altero de documentos inéditos. Examiné esos archivos en microfilm durante tardes enteras. Se trataba de la mecánica de la criminalidad de Estado fotografiada sobre un cierto número de piezas decisivas que permitían aprehender la complicidad a todos los niveles y en todos los ramales de esa arborescencia».[93]

Edgar Faure desempeñó su labor con una gran consciencia y una gran maestría, y la reflexión que dio en su momento casi no ha envejecido, a pesar de la multitud de estudios sobre el genocidio. En una obra publicada en 1947, resumió el análisis que guio su trabajo en Núremberg:[94] «Así como el antisemitismo no constituye toda la doctrina racista, sino que es su manifestación primaria y publicitaria por "excelencia", la persecución de los judíos no agota la criminalidad nazi —lejos de ello—, sino que constituyó, en los diferentes países y períodos de la guerra, su aspecto más permanente y, sin duda, el más significativo».

Lo que mostró Edgar Faure, y muchos historiadores mostrarían después de él, es que todos los organismos del Estado habían participado en los crímenes contra los judíos: «La función monstruosa no se yuxtapone a las funciones regulares, sino que las articula y las ordena». Y para afirmar dijo: «Es en ese mecanismo del "servicio público criminal", él mismo proveniente de una doctrina inhumana, donde residen la gran originalidad y la profunda maldad de las empresas que el tribunal debía juzgar.

»Debido al hecho de que la persecución de los judíos fue la más general, y si puedo expresarme así, la más "inicial", es en ella que el aspecto metódico de la criminalidad nazi aparece de la forma más impactante y que sus métodos se prestan mejor al análisis».[95]

Mientras que, como ya vimos, el procurador general francés había hablado en términos vagos de «raza» y de «racismo» en su exposición introductoria y no había evocado en absoluto el antisemitismo, Edgar Faure, por su parte, fue completamente explícito. Lo que quiso mostrar al tribunal era que, si el nazismo tenía una filosofía del acto criminal, también disponía de una «burocracia criminal». Cada crimen, explicó, suponía una cadena de transmisión; poco importaba para un dirigente que su firma apareciera en un documento. La responsabilidad de ese dirigente quedaba establecida por «el hecho de que una acción criminal se había realizado de forma administrativa por un servicio cuya jerarquía desembocaba en ese dirigente». Y explicó: «Existe, en todo servicio estatal jerarquizado, un circuito continuo de autoridad, que es, al mismo tiempo, un circuito continuo de la responsabilidad».

Para él, «todos los franceses sintieron una profunda aflicción al ver que se perseguía a otros franceses como ellos, muchos de los cuales habían ameritado el reconocimiento de la Patria. No hay nadie en París que no haya sentido una gran vergüenza al enterarse de que Bergson, agonizante, tuvo que pedir que lo cargaran a la comisaría de la policía para satisfacer el censo». La misma tristeza, según él, se sintió por los judíos extranjeros y apátridas: «El crimen contra la condición y contra la dignidad del hombre, tal como lo definió el Sr. de Menthon, se caracteriza precisamente en que no solo afecta a sus víctimas directas, sino también a todos los miembros de la gran comunidad humana».

Su exposición posterior se fundamentó únicamente en documentos alemanes. Para esa parte de la acusación, los franceses no llamaron al estrado a ninguna víctima, si bien, como ya vimos, habían sido muchas las que rindieron testimonio sobre la deportación de la Resistencia. En primer lugar, Edgar Faure presentó a la Corte el conjunto de los textos que reglamentaban la suerte de los judíos en dos formatos, el primero cronológico y el segundo temático.

«Quiero ahora hacer esta observación», comentó, «el conjunto de esos textos creaba para los judíos una condición muy disminuida. No obstante, no existe un texto legal alemán que ordene la deportación generalizada ni el asesinato de los judíos.

»Por otra parte, hay que señalar que el desarrollo de esa legislación tuvo un progreso constante hasta 1942 y que, en ese momento, marca una pausa. En esa misma pausa veremos cómo, con medidas propiamente administrativas, se procedió a la deportación de los judíos, lo que, en consecuencia, debía conducir a su exterminio».

Así, mostró Edgar Faure, se desarrollaron dos acciones diferentes. Una acción legislativa, imputable al poder militar, y una acción ejecutiva, imputable a la policía. Los primeros medios, legislativos, preparatorios, eran necesarios para los otros, directamente criminales. Para los nazis era indispensable determinar la población judía y operar cierta separación con la población general. No era menos indispensable preparar a la opinión pública, habituándola a considerar que los judíos no eran ciudadanos como los demás y habituándola a ya no verlos nunca, pues tenían prácticamente prohibido salir.

Faure presentó varios documentos. Una primera serie de ellos hablaba de la prohibición de emigrar para los judíos de Alemania y para los que vivían en todos los países ocupados. Comentó: «Los nazis se opusieron a la emigración de los judíos aunque los consideraban indeseables; la decisión se tomó en el nivel superior y, de forma general, en todos los servicios: policía, ejército y asuntos extranjeros intervinieron para garantizar el cumplimiento de esas consignas». Luego presentó otro documento, un gran texto de setenta páginas que Theodor Dannecker encontró en los archivos alemanes, con gráficas, dibujos y modelos de fichas de censo. Su título: «La cuestión judía en Francia y su tratamiento. París, 1.º de julio de 1941». Al fin llegó al tema de la deportación, insistiendo en particular en la de los niños. Entre los documentos leídos en la audiencia, había un simple telegrama:

Lyon, a 6 de abril de 1944, 22.10 h
Asunto: casa de niños judíos en Izieu (Ain).
Esta mañana, casa de niños judíos, "colonia de niños" en Izieu (Ain) fue removida. 41 niños en total de entre 3 y 13 años fueron capturados. Además, tuvo lugar el arresto de la totalidad del personal judío, es decir diez individuos, entre ellos cinco mujeres. No se pudo asegurar ni el dinero en efectivo ni valores diversos. El transporte a Drancy tendrá lugar el 7 de abril de 1944.

«Ese documento», añadió Edgar Faure, «contiene una nota manuscrita: "Asunto discutido en presencia del Dr. V. B. y del *Hauptsturmführer* Brunner. El Dr. V. B. declaró que para los casos de ese tipo había medidas especiales previstas concernientes al alojamiento de los niños, dispuestas por el *ss-Obersturmführer* Röthke. El *ss-Hauptsturmführer* Brunner declara que no tiene conocimiento de tales instrucciones ni de tales planes y en principio no aprueba semejantes medidas. En este caso procederá de igual según el modo habitual de la deportación. Hasta ahora, no he tomado una decisión de principio sobre el tema"».

»Yo creo que se puede decir que hay una cosa aún más impactante y horrible que el hecho concreto del rapto de esos niños: es ese carácter administrativo, el informe que se hace según la vía jerárquica, la conferencia donde distintos funcionarios hablan al respecto tranquilamente como si fuera uno de los procedimientos normales de sus funciones; lo que sucede es que todos los engranajes de un Estado, hablo del Estado nazi, se ponen en movimiento en tal ocasión y para tal fin. Verdaderamente es una ilustración de esa frase que leímos en el Informe Dannecker: "La manera fría"».

Ese telegrama, presentado bajo la signatura RF 1235, se volvió famoso. Cuando Edgar Faure lo leyó en Núremberg, no precisó el nombre del signatario, que no es importante para su demostración y que en ese entonces era un personaje relativamente oscuro. Se trataba de Klaus Barbie. Sería juzgado en ausencia en Francia en 1952 y en 1954. Durante ninguno de esos dos procesos se mencionó el asunto de la deportación de los niños de Izieu. Pero en el nuevo proceso abierto en Lyon en 1987, el telegrama fue la pieza estelar. Sin embargo, el original, indispensable para la acusación, había desaparecido, y Serge Klarsfeld se lanzó en su búsqueda. Encontró en el Centro de Documentación Judía Contemporánea, en París, un registro fechado a inicios de 1946 que mencionaba el retiro, por parte de la acusación francesa en Núremberg, de unos treinta documentos originales —precisamente los que Edgar Faure utilizó—, entre ellos, el telegrama de Izieu. Pero el telegrama en sí ya no estaba en los archivos de Núremberg.

«Mi búsqueda», señaló Serge Klarsfeld, «me permitió comprender cómo se había procedido desde el punto de vista documental durante la preparación del juicio de Núremberg. Las potencias responsables sometían los documentos originales que habían seleccionado a equipos de documentalistas encargados de reunir las pruebas documentales. Los equipos fotocopiaban varias veces el documento original y autentificaban las fotocopias, de las cuales un ejemplar, el núm. 1, se convertía en el "original" que era susceptible de presentarse en el juicio. En cuanto al "verdadero" original, era restituido a la potencia que lo había entregado. En ese caso preciso, el "verdadero" original» del telegrama de Izieu se había extraviado en el expediente preparado para el proceso de Otto Abetz.[96] Fue encontrado y presentado en el proceso de Klaus Barbie, un juicio que hizo entrar a los niños de Izieu en la memoria colectiva francesa. Edgar Faure no solo evocó el papel del Estado nazi. Insistió también —lo cual no era común en aquellos años de la posguerra— en la complicidad de Vichy, al inventariar las leyes antijudías propiamente francesas. Todo un expediente corresponde a la colaboración de los servicios de Vichy en la persecución, con documentos relativos sobre todo a la creación del Comisariado para Cuestiones Judías. Presentó la nota de Dannecker dirigida al RSHA, con fecha del 6 de julio de 1942. Trataba de la cuestión de los niños judíos:

> Las negociaciones con el Gobierno francés han llegado hasta ahora al resultado siguiente:
>
> El presidente Laval propuso, durante la deportación de las familias judías de la zona ocupada, incluir asimismo a los niños menores de 16 años. La cuestión de que los niños judíos permanezcan en zona ocupada no le interesa.
>
> Le pido tomar una decisión urgente, por telegrama, para saber si, a partir del 15° convoy de judíos, los niños menores de 16 años también podrán ser deportados.

La responsabilidad de Pierre Laval en la deportación de los niños judíos quedó entonces claramente enunciada.

Los judíos de Francia, y entre ellos los niños de Izieu, fueron deportados a un destino desconocido. Para la inmensa mayoría ese destino fue Auschwitz, donde fueron gaseados a su llegada. Ese campo había sido extensamente evocado en el estrado por Marie-Claude Vaillant-Couturier, pero no se había evidenciado su especificidad de ser el mayor centro de ejecución destinado a los judíos de toda Europa. El testimonio de Rudolf Höss, igual de aterrador, aunque diferente que los de Wisliceny y de Ohlendorf, lo demostró.

El 15 de abril de 1946, Höss testificó en el estrado. Dos declaraciones del comandante de Auschwitz figuraban también entre los documentos del tribunal. La primera databa del 14 de marzo; la segunda, del 5 de abril de 1946. Si bien llegó al estrado, no fue como testigo de la acusación, sino de la defensa, llamado por el abogado Kauffmann, defensor de Kaltenbrunner, quien pensaba demostrar así que su cliente era ajeno a la solución final.

«Höss: [...] Durante el curso del verano de 1941, fui convocado personalmente por el *Reichsführer* ss Himmler, quien me dijo que fuera a Berlín. No puedo repetir exactamente las palabras que utilizó, pero este fue su sentido:

»"El *Führer* ha decidido la solución final al problema judío. A nosotros, las ss, corresponde la realización de sus órdenes. Si no lo hacemos ahora, será el pueblo judío quien, más tarde, aniquilará al pueblo alemán". Auschwitz fue elegido para ese fin porque era el entorno más propicio para la construcción de un campo de concentración».

El término utilizado aquí por Höss resulta curioso. De hecho, ya existía un campo de concentración en Auschwitz desde 1940 en unas barracas viejas. Höss no lo ignoraba, pues fue su primer comandante y estuvo a cargo de acondicionarlo. Así, su vocabulario era demasiado pobre como para distinguir entre los campos de concentración abiertos en Alemania desde 1933 y en cuya administración había hecho toda su carrera, y aquel campo de concentración de otro tipo que Himmler le encargó acondicionar.

«Kauffmann: ¿Himmler le dijo que todo eso debía ser considerado "asunto de Estado"?

»Höss: Sí, insistió sobre todo en ese punto y me recomendó por lo tanto no mencionárselo a mi superior directo, el *Gruppenführer* Glücks, pues nuestra conversación debía permanecer en secreto. Debía mantener un silencio total frente a todo el mundo».

Así, el nuevo campo de Auschwitz estaba fuera de la jurisdicción de los servicios de inspección de los campos de concentración, de los cuales Glücks estaba a cargo.

«Kauffmann: ¿Le comunicó esa información a terceros? ¿Violó esos compromisos?

»Höss: Hasta finales de 1942, jamás.

»Kauffmann: ¿Por qué esa fecha? ¿En esa época habló con terceros y divulgó algo?

»Höss: Mi esposa se enteró a finales de 1942 por el *Gauleiter* de Alta Silesia de ciertas cosas que sucedían en mi campo, y me preguntó si lo que le habían dicho era verdad. Le contesté afirmativamente. Esa fue la única infracción que cometí. Por lo demás, no dije una palabra a nadie.

»Kauffmann: ¿Himmler había visitado el campo y visto en persona cómo se ejecutaba a las personas?

»Höss: Sí. En 1942, Himmler fue a visitar el campo y asistió a un exterminio, desde el inicio hasta el fin.

»Kauffmann: ¿Sucedió lo mismo con Eichmann?

»Höss: Eichmann fue varias veces a Auschwitz y sabía muy bien lo que pasaba ahí.

»Kauffmann: ¿El acusado Kaltenbrunner visitó ese campo?

»Höss: No.

»Kauffmann: ¿Habló con Kaltenbrunner de las órdenes que usted había recibido?

»Höss: No, jamás. Solo vi una sola vez al *Obergruppenführer* Kaltenbrunner.

»Kauffmann: Se ha pretendido aquí, y esta es mi última pregunta, que el acusado Kaltenbrunner dio la orden de matar a los internos de Dachau y de otros dos campos con bombas o veneno. ¿Está usted al corriente de semejante cosa? De lo contrario, ¿cree usted que sea verosímil?

»Höss: Nunca oí decir algo parecido, no sé nada de una orden de evacuación para la región de Dachau y considero imposible que se pueda aniquilar un campo de esa manera».

En su declaración hecha en Minden el 14 de marzo de 1946, Höss había aportado otras precisiones sobre la construcción del campo de Birkenau, situado a tres kilómetros del de Auschwitz. Si se había elegido ese lugar, explicó, fue porque «era un ramal ferroviario de cuatro líneas y, como la región no estaba muy poblada, el campo podría ser aislado con facilidad. Esa fue la razón por la cual él (Himmler) decidió organizar en Auschwitz el exterminio masivo, y yo debí comenzar con los preparativos de inmediato».

Rudolf Höss explicó entonces los métodos utilizados para gasear a las víctimas, al principio en dos granjas situadas en un lugar apartado de Birkenau, cerca de la carretera. Quienes estaban destinados a ser gaseados caminaban hasta los edificios situados a un kilómetro de distancia o eran conducidos en camión. Se desvestían delante de los edificios, detrás de los muros divisorios. Una placa en la puerta indicaba «Cámara de desinfección». Höss explicó: «Cuando entraban en las cámaras en grupos de 200 o 300, según las dimensiones, se cerraban las puertas y uno o dos globos de ciclón B [Zyklon B] se proyectaban hacia la cámara por los hoyos hechos en los muros [...]. Según el clima, se requerían entre tres y diez minutos. Media hora después, se abrían las puertas y un *Kommando* de prisioneros que trabajaba ahí regularmente sacaba los cuerpos y los quemaban en los hornos. Antes les quitaban los dientes de oro y los anillos». Después tuvo lugar la construcción de los inmensos crematorios adosados a las cámaras de gas. Höss describió la manera en la que se procedía entonces: «Los trenes de transporte recorrían un andén construido especialmente, con tres líneas, y situado entre el horno crematorio, el campo y las bodegas de Birkenau. La salida de los prisioneros y la descarga se hacía en el andén. Los prisioneros aptos para trabajar eran dirigidos hacia alguno de los diversos campos y los que había que exterminar eran enviados a alguno de los hornos crematorios. Ahí, descendían a una de las grandes salas subterráneas para desnudarse. Esa sala estaba provista de bancas y de ganchos para colgar la ropa. Los intérpretes les decían a los prisioneros que los habían llevado ahí para tomar un baño y ser despiojados, y les pedían que recordaran dónde ponían sus cosas. Los detenidos eran conducidos entonces a la otra cámara, que estaba equipada con tuberías y regaderas para dar la impresión de una sala de duchas. Dos *Unterführer* se quedaban en la cámara hasta el último momento para evitar toda agitación».

Höss pensaba entonces que unas 2 500 000 personas habían sido asesinadas en las cámaras de gas de Auschwitz. En este caso también, los historiadores redujeron la estimación a la no menos aterradora cifra de 1.1 millones de muertos, de los cuales alrededor del 95% eran judíos.

Durante la comida que siguió a este interrogatorio, reinó un pesado silencio entre los acusados. Solo habló Göring, después de Dönitz, apuntó Gilbert. «Sus comentarios fueron prácticamente idénticos y parecían haberse puesto de acuerdo en el banquillo: Höss no era prusiano, sino evidentemente un alemán del sur; un prusiano nunca se habría dejado ordenar hacer semejantes cosas.

»Frank me dijo con cierta emoción: "Ese fue el momento vergonzoso de todo el proceso, que un hombre diga, con su propia boca, que había exterminado a 2 500 000 personas a sangre fría. Eso es algo de lo que se hablará en mil años [...]".

»Rosenberg, que debía presentarse esa tarde en el estrado, declaró nervioso que le hacían una mala jugada al hacer pasar a Höss justo antes de él, pues eso, naturalmente, lo ponía en una posición muy difícil para defender su filosofía».[97]

El personaje de Rudolf Höss siempre ha intrigado, hasta el punto de convertirse a menudo en héroe de novela: el de *La muerte es mi oficio* de Robert Merle o el de *La decisión de Sophie* de William Styron. A Gilbert, quien lo entrevistó en su celda de la prisión de Núremberg, a donde fue transferido para testificar en el tribunal, le declaró que era una persona normal. Sin duda era un solitario, un hombre que se bastaba a sí mismo, sin amigos de verdad. Juzgaba las relaciones sexuales con su mujer «normales», pero, añadió: «cuando mi mujer descubrió lo que yo hacía, raramente tuvimos deseos carnales. Las cosas eran normales en apariencia, pero ahora pienso que hubo un distanciamiento entre nosotros».

Gilbert le preguntó si nunca se había planteado la cuestión de si los judíos que había asesinado eran culpables o se merecían semejante suerte. Después recordaría: «De nuevo intentó explicarme con paciencia que había algo ajeno a la realidad en esa pregunta porque había vivido en un mundo completamente distinto. «¿No lo entiende? Nosotros, las ss, no debíamos pensar en esas cosas; eso ni siquiera se nos ocurría. Y, además, dábamos por sentado que los judíos eran responsables de todo". Insistí que me explicara un poco por qué lo daban por sentado. "Nunca oíamos otra cosa. No solo eran los periódicos como *Der Stürmer,* sino todo lo que se decía en la vida cotidiana. Incluso nuestra educación militar e ideológica daba por sentado que teníamos que proteger a Alemania de los judíos... No fue sino hasta después del colapso que empezó a ocurrírseme que quizá no era del todo justo, cuando recordé lo que decía todo el mundo. Pero nunca nadie había dicho esas cosas antes; en todo caso, nunca las habíamos oído mencionar. Me pregunto si Himmler mismo creía todo eso o si solo me daba una excusa para justificar lo que quería que yo hiciera. Pero, de hecho, eso en realidad no importaba. Todos estábamos tan entrenados para obedecer las órdenes sin siquiera reflexionar, que la idea de desobedecer una orden nunca se le habría ocurrido a nadie, y que otro la habría ejecutado si no hubiéramos sido nosotros... Himmler era tan estricto con los detalles, ejecutaba a miembros de las ss por faltas tan menores que naturalmente dábamos por hecho que actuaba siguiendo el estricto código del honor...". Y añadió esta frase, completamente impactante: "Puede estar seguro de que no siempre era un placer ver esas montañas de cadáveres y percibir ese perpetuo olor a quemado. Pero Himmler lo había ordenado e incluso me había explicado por qué era necesario, y en realidad no me pregunté en suma si estaba mal. Aquello simplemente me parecía necesario"».

EL GENOCIDIO | 143

«Durante todas esas discusiones, Höss era totalmente apático», comentó Gilbert. «Parecía darse cuenta, tardíamente, de la enormidad de su crimen, pero daba la impresión de que eso nunca se le habría ocurrido si nadie lo hubiera interrogado al respecto. Tenía demasiada apatía en su interior como para sentir el menor remordimiento, e incluso la perspectiva de ser colgado no le afectaba demasiado. Daba la impresión general de ser un hombre intelectualmente normal, pero con una apatía de esquizofrénico, una insensibilidad y una falta de energía que uno difícilmente podría encontrar más desarrollado en un auténtico psicópata».[98]

El último aspecto de la muerte de los judíos que el proceso de Núremberg sacó a la luz fue el de los guetos del Este. Se presentaron toda una serie de documentos, en particular las directivas que ordenaban agrupar a las poblaciones en «barrios» judíos, precisando su organización, su «evacuación» y su «reinstalación» —en otras palabras, su asesinato—, principalmente en los centros de Chelmno, Belzec, Sobibór, Majdanek y Treblinka.

De esos guetos, el más importante por la población que reunía era el de Varsovia. Después de la *Aktion* de julio de 1942, cuando se deportaron alrededor de 300 000 judíos a Treblinka para ser gaseados, aún quedaban en el «barrio judío» —pues el término «gueto» no se usa en los documentos alemanes— unos 60 000 habitantes, en su mayor parte empleados en las fábricas alemanas.

El gueto, de hecho, se había convertido en un campo de trabajo. En abril de 1943, Himmler ordenó liquidarlo. La operación se confió al general ss Stroop, quien consignó su desarrollo en un informe muy preciso intitulado «Ya no hay barrio judío en Varsovia», ilustrado con una serie de fotos, y que constituyó en Núremberg el documento PS 1061. Se trataba de un informe minucioso que presentaba la «batalla del gueto» como un episodio glorioso para Stroop. «Cercamos el gueto a partir de las tres horas. A las seis horas, las Waffen-ss en número de 16/850 [16 oficiales, 850 soldados] efectuaron una limpieza de lo que restaba del gueto. Los judíos y los bandidos abrieron un fuego nutrido y metódico contra nuestras unidades. Rociaron con cocteles Molotov nuestro tanque y los dos vehículos blindados. El tanque se incendió en dos ocasiones. Bajo la presión del fuego enemigo, efectuamos el repliegue de nuestras unidades comprometidas. Nuestras bajas en ese primer ataque ascendieron a 12 hombres». Lo que Stroop no dijo era que el «enemigo» se conformaba de unos cuantos cientos de jóvenes agrupados en dos pequeñas organizaciones de resistencia, la Organización Judía de Combate y la Asociación Militar Judía. Los combatientes del gueto estaban mal armados, malnutridos y simplemente decididos a vender cara una vida que sabían perdida de cualquier manera. Aun así, los combates duraron unos 15 días. Los alemanes incendiaron sistemáticamente las casas. Sufrieron 16 bajas.

El documento más extraordinario sobre la situación de los judíos en Polonia es el diario de Frank, entregado voluntariamente por el acusado y archivado en Núremberg. Para el exgobernador general, era aplastante. El 18 de abril de 1946, Hans Frank confesó en el estrado: «Luchamos contra los judíos, luchamos durante años, y nos permitimos hacer declaraciones —mi propio diario me agobia en ese sentido— terribles... Pasarán mil años y esa falta de Alemania seguirá sin borrarse».[99]

Citemos, sin comentario, algunos extractos de textos contenidos en los papeles de Frank:

«En un año, no he podido eliminar aún todos los piojos ni todos los judíos... pero lo lograremos. Hay que dejarles obra a las generaciones siguientes». Discurso de Frank para cerrar la sesión del Gabinete del 16 de diciembre de 1941 en Cracovia, reunión celebrada antes de la conferencia de Wannsee del 20 de enero de 1942, donde se fijaron las modalidades de la «solución definitiva a la cuestión judía» en Europa:

«En lo que concierne a los judíos, se lo diré con toda franqueza, deben ser liquidados de una u otra forma. El *Führer* había dicho un día: "Si la judería consiguiera desatar una nueva guerra mundial, no solo sería derramada la sangre de todos los que habría arrastrado a la guerra... sino que el judío dejaría de existir en Europa". [...] Declaro que esa guerra solo tendrá un éxito parcial si la judería la sobrevive, mientras que nosotros habremos derramado nuestra mejor sangre por la salvación de Europa. Mi actitud hacia los judíos estará por lo tanto basada únicamente en la esperanza de su desaparición. Hay que terminar con los judíos. He entrado en conversaciones respecto a su deportación hacia el Este [...]. Una gran migración judía va a comenzar.

»Pero ¿qué hacer con los judíos? ¿Creen ustedes que los enviaremos a ciudades en el *Ostland*? Esto fue lo que nos dijeron en Berlín: "¿Por qué tantas complicaciones? No necesitamos a los judíos, ya sea en el *Ostland* o en el *Reichskommissariat...*". Así que liquídenlos ustedes mismos.

»Debo pedirles que se deshagan de todo sentimiento de piedad. Debemos exterminar a los judíos, dondequiera que los encontremos, y dondequiera que se presente la posibilidad, y será para poder mantener la estructura del Reich en su conjunto [...].

»Los judíos representan para nosotros, asimismo, bocas inútiles muy glotonas. Tenemos [está hablando del Gobierno General, la parte de Polonia no anexionada al Reich] actualmente a 3 500 000 [...]. No podemos fusilar o envenenar a esos 3 500 000 judíos, pero de cualquier manera podemos tomar medidas que, de una forma u otra, desemboquen en su exterminio».

Por último, durante la recepción en el hotel Royal de Cracovia, el 2 de agosto de 1943:

«En lo que a nosotros concierne, la situación es muy clara. A quienes nos preguntan qué será del NSDAP [partido nazi], podemos responder: el NSDAP sin duda sobrevivirá a los judíos. Comenzamos aquí con 3500000 judíos. Tan solo quedan algunas cuadrillas de trabajo; en cuanto a los demás, digamos que... emigraron».

La persecución de los judíos fue el objeto de un capítulo de siete páginas en el fallo. Recordaba el parágrafo 4 del programa del partido nazi, que resumía la política antijudía: «Solo puede ser ciudadano un miembro de la raza. Solo es miembro de la raza quien es de sangre alemana, sin consideración de credo. En consecuencia, ningún judío puede ser miembro de la raza». El fallo insistía en la propaganda, en particular en la difundida por *Der Stürmer*, que incitaba al odio y al homicidio.

El fallo enumeró entonces la letanía de medidas antijudías tomadas tras el ascenso de Hitler al poder. No obstante, insistía, la «persecución de los judíos en la Alemania nazi de la preguerra, por más brutal que haya sido, no se puede comparar con la política seguida durante el curso de la guerra en los países ocupados. Al principio, esa política fue análoga a la ya aprobada en Alemania, pero durante el verano de 1941 se establecieron los planes para la «solución final» de la cuestión judía en Europa. Esa «solución final» implicaba el exterminio de los judíos que Hitler había predicho, a principios de 1939, sería una de las consecuencias de la guerra; para ello fue creada una sección especial de la Gestapo, bajo las órdenes de Adolf Eichmann, jefe de la Sección IV-B de esa policía».

También resumió las etapas y las modalidades de esa solución final.

¿Es la persecución de los judíos en su totalidad un crimen contra la humanidad? Para constituir crímenes contra la humanidad, precisa el tribunal, «hace falta que los actos de esa naturaleza, perpetrados antes de la guerra, sean la ejecución de una conspiración o un plan concertado, con miras a desatar y conducir una guerra de agresión. Hace falta, cuando menos, que estén relacionados con ella. Sin embargo, el tribunal estima que la prueba de esa relación no se ha hecho, por muy indignantes y atroces que fueran a veces los actos de los que hablamos. Por lo tanto, no puede declarar de manera general que esos hechos, imputados al nazismo y anteriores al 1.º de septiembre de 1939, constituyan, en el sentido del Estatuto, crímenes contra la humanidad».[100]

La persecución de los judíos figuró también en el fallo de trece de los condenados de Núremberg: Göring, Ribbentrop, Kaltenbrunner, Rosenberg, Frank, Frick, Funk, Von Schirach, Seyss-Inquart, Fritzsche, Bormann y obviamente Streicher, para quien constituyó la única razón de la condena a muerte. Fue el único acusado en ser condenado solo por sus escritos. «Habiendo predicado durante 25 años, con la palabra y con la pluma, el odio contra los judíos, Streicher era universalmente conocido como su enemigo más encarnizado. En sus discursos y en sus artículos semanales o mensuales, sembró en el espíritu alemán el virus del antisemitismo y empujó al pueblo a entregarse a actos hostiles contra los judíos. Cada número del *Stürmer*, que en 1935 alcanzaba un tiraje de 600 000 ejemplares, estaba repleto de artículos en ese sentido, con frecuencia incluso licenciosos y abyectos».

El fallo insistió en el hecho de que, desde 1938, Streicher había pedido la aniquilación de la raza judía, comparando a los judíos con bacilos, con plagas, con enjambres de saltamontes. Y concluyó: «El hecho de que Streicher incitara al asesinato y al exterminio en la misma época en la que, en el Este, los judíos eran masacrados en las condiciones más horribles, cumple con «la persecución por motivos políticos y raciales» aludida entre los crímenes de guerra definidos por el Estatuto y constituye asimismo un crimen contra la humanidad».

Por el contrario, Hans Fritzsche fue absuelto. Es cierto que algunos extractos de sus discursos fueron citados a la audiencia, y sin duda manifestaban un convencido antisemitismo. También había declarado en la radio que la guerra fue provocada por los judíos, y que su suerte había sido «tan desafortunada como el *Führer* lo había predicho». Sin embargo, sus discursos no incitaban a la persecución ni aniquilación de los judíos. Nada establece que haya sabido de su exterminio en el Este. Además, quedó demostrado que intentó dos veces hacer cesar la publicación del periódico antisemita *Der Stürmer*, pero sin éxito.

A excepción de Hans Frank, los acusados de Núremberg fueron unánimes: ignoraban todo sobre la persecución de los judíos. Así lo dijo Göring, interrogado por sir David Maxwell Fyfe: «No, una política de emigración y no de exterminio de los judíos. Yo solo sabía que había habido algunos casos aislados de perpetración de esa clase».[101] Como señaló Léon Poliakov, los abogados, «al tratar la persecución de los judíos, tenían la tendencia a introducir una distinción; lo que era criminal eran los maltratos y los asesinatos: la propaganda antisemita, la segregación y las medidas tomadas para expulsar al "no ario" de la nación alemana, en suma, aquello en lo que casi todo el mundo había participado de una forma u otra no entraba en el marco de las actividades criminales. De ahí a asumir abiertamente la defensa de la ideología nacionalsocialista solo había un paso. Así, el abogado de Alfred Rosenberg, el Dr. Thoma, justificó el antisemitismo de su cliente».[102]

Léon Poliakov da un ejemplo de ello: «Pero lo que me parece particularmente importante es que su antisemitismo [el de Rosenberg] era de naturaleza intelectual; por ejemplo, en el congreso del partido de 1933, habló abiertamente de una solución caballeresca a la cuestión». Por otro lado, el Dr. Thoma añadió: «Creo poder decir que Rosenberg nunca trabajó ni abiertamente ni de manera indirecta en la aniquilación de los judíos. Lo más probable es que su compostura y su moderación no hayan sido una mera táctica. El deslizamiento del antisemitismo hacia prácticas criminales se efectuó sin que él lo supiera y sin que lo quisiera. Tenemos el mismo derecho a justificar su condena como asesino de los judíos por el mero hecho de haber predicado el antisemitismo que a responsabilizar a Rousseau y a Mirabeau de las atrocidades cometidas más tarde por la Revolución francesa [...]. Debo decir incluso que no existe ninguna prueba de que Rosenberg haya estado al corriente del exterminio de 5 000 000 de judíos. La acusación le reprocha haber preparado en 1944 un congreso internacional antisemita, que no vio la luz del día debido a los sucesos de la guerra. ¿Qué sentido habría podido tener semejante congreso si Rosenberg hubiera sabido que la mayoría de los judíos había desaparecido de Europa? [...] Vio, con horror y repugnancia, durante los debates de este proceso, cómo el ideal de su vida había sido desfigurado, pero sabe que sus aspiraciones, como las de millones de otros alemanes, fueron honorables y sinceras. Aún hoy, mantiene la misma actitud honorable y sincera y humanamente sin reproche, y por encima de las heridas infligidas a todos los pueblos y el colapso del Reich, espera, lleno de dolor, la sentencia de un tribunal justo».[103]

Esa afirmación de ignorancia y de inocencia, se explica por la consciencia de la inconmensurabilidad del crimen contra los judíos, un crimen indefendible que estigmatizó durante mucho tiempo a Alemania ante los ojos del mundo. Y, a pesar de esa presencia continua, permanente, obsesiva, el juicio de Núremberg no permitió realmente medir la amplitud del genocidio ni su absoluta especificidad. Quizá fuera porque la palabra más utilizada para calificar la suerte de los judíos era «exterminio», y ese término se usaba con mucha frecuencia para otras masacres. El crimen contra la humanidad se traslapaba casi siempre con el crimen de guerra. Ya vimos que, en realidad, eran muy cercanos en su definición.

A pesar de que el ministerio público y los jueces disponían de una nueva palabra, *genocidio*, prácticamente no la utilizaron durante el proceso. Ese término había sido forjado en 1944 por Raphael Lemkin, profesor de Derecho internacional en la Universidad de Yale, a partir de una raíz griega, *genos*, 'raza', y de un sufijo latino, *-cidio*, 'matar', para definir las prácticas del Estado nazi. Ese neologismo lo definió Lemkin así: «Por "genocidio" entendemos la destrucción de una nación o de un grupo étnico [...]. De manera general, "genocidio" no significa necesariamente la destrucción inmediata de una nación, salvo cuando es realizada por asesinatos en masa de todos sus miembros. Se propone más bien significar un plan coordinado de diferentes acciones con miras a destruir los fundamentos esenciales de la vida de los grupos nacionales, para aniquilar a esos grupos mismos. Los objetivos de tal plan serían la desintegración de las instituciones políticas y sociales, de la cultura, de la lengua, de los sentimientos nacionales, de la religión, de la vida económica de los grupos nacionales, y la destrucción de la seguridad personal, de la libertad, de la salud, de la dignidad e incluso de las vidas de los individuos que pertenecen a tales grupos. El genocidio está dirigido contra el grupo nacional en tanto que entidad, y las acciones que conlleva son ejecutadas contra los individuos, no en razón de sus cualidades individuales, sino por ser miembros del grupo nacional».[104]

El término no se asentó durante el proceso. El periodista R. W. Cooper señaló que el hecho de «que los puristas hayan acogido la palabra "genocidio" menos como un crimen contra la humanidad que como un crimen contra la lengua inglesa demuestra que muchas personas aún no han comprendido el terrible significado de esos procedimientos».[105] Tuvo que haber, quince años más tarde, otro juicio, el de Eichmann, para que el genocidio de los judíos, que Hans Frank había predicho que no se borraría de inmediato de la memoria de los hombres, comenzara a constituirse como un objeto distinto y a penetrar la consciencia universal.

6

Las organizaciones

Una de las innovaciones de los juicios de Núremberg, hoy casi olvidada y que pocas obras mencionan, fue la acusación de las «organizaciones».

Esa acusación se la debemos, al igual que la noción de «conspiración», al brillante abogado neoyorquino Murray Bernays, quien estaba convencido que, en el seno de esas «organizaciones» que convendría designar e incluso definir, se encontraban los cientos de miles de criminales de guerra que habían permitido perpetuar a gran escala los crímenes cometidos por los nazis durante la Segunda Guerra Mundial. También creía que sería imposible organizar procesos individuales para tal multitud.[106]

Para Murray Bernays la situación era simple: demostrar que una organización era criminal así como lo es la delincuencia organizada; por ende, sus miembros lo serían también; la labor de la justicia consistiría entonces simplemente en demostrar la afiliación del presunto culpable a la organización. Así, las condenas podrían ser masivas y al mismo tiempo se evitaría el inconveniente de la afirmación de una culpabilidad colectiva alemana, contraria a todos los principios del derecho.

Esa postura se reforzó con los descubrimientos de los aliados durante su marcha victoriosa por Alemania.

El 5 de abril de 1945, los estadounidenses descubrieron el campo de concentración de Ohrdruf, anexo de Buchenwald, un *Kommando* y montañas de cadáveres; sucesivamente, los aliados entraron en los campos de Buchenwald, Bergen-Belsen, Dachau y Mauthausen, por solo citar algunos.

Fue impactante. Fotógrafos y cineastas estadounidenses y británicos filmaron el horror,[107] y la prensa y los noticieros cinematográficos difundieron las primeras imágenes. La mediatización de la apertura de los campos fue a la vez breve e intensa.

En un principio, los aliados deseaban que se adoptaran medidas punitivas masivas. Joseph Pulitzer Jr., hijo del gran periodista, redactor en jefe del *Saint Louis Post-Dispatch* y que visitó Ohrdruf, Buchenwald y Dachau, probablemente haya expresado el deseo de una gran parte de la opinión estadounidense cuando reclamó ante la Sociedad que, para prevenir la Tercera Guerra Mundial, debían pasar por las armas a 1 500 000 nazis. Pero otros se negaban a una eliminación masiva. Los propios judíos estadounidenses no estaban a favor de ella.[108]

Se pensó en un castigo en masa que los jefes del Estado Mayor de los tres ejércitos estadounidenses difundieron el 26 de abril de 1945. Se trataba de una circular que ordenaba arrestar a:

1. Dignatarios del Partido a partir del grado de *Ortsgruppenleiter;*
2. Gestapo y SD;
3. *Waffen-ss* a partir del grado de suboficial;
4. Oficiales del Estado Mayor;
5. Oficiales de policía a partir del grado de *Oberleutnant;*
6. SA a partir del grado de oficial;
7. Ministros y altos funcionarios, así como responsables territoriales a partir del escalafón de *Bürgermeister* [alcalde] en el Reich, y comandantes municipales civiles y militares en los territorios ocupados;
8. Nazis y simpatizantes nazis de la industria y del comercio;
9. Jueces y procuradores de los tribunales especiales;
10. Traidores y aliados.[109]

Como se puede apreciar, se trataba de una masa considerable de personas, que abarcaba todos los sectores del Estado nazi, desde los más altos hasta los escalafones más modestos de la jerarquía; más adelante, los personajes más importantes entre ellos debían ser llevados ante los tribunales aliados. Mas su enjuiciamiento no sería fácil en el marco de una justicia preocupada a la vez por la legalidad y la verdad:

«Demasiados documentos alemanes habían sido destruidos, y eran muy raros los que mencionaban en específico a los alemanes que pertenecían al fondo de la jerarquía», señala el historiador estadounidense Raul Hilberg. La solución podría ser entonces la sugerida por Bernays: la condena de las «organizaciones».

De hecho, el Estatuto elaborado durante la Conferencia de Londres dedicaba dos artículos a estas. El artículo 9 indica: «Durante un proceso interpuesto contra todo miembro de un grupo u organización cualquiera, el tribunal podrá declarar (respecto a todo acto del que ese individuo podría ser declarado culpable) que el grupo o la organización a los que pertenecía era una organización criminal.

»Tras haber recibido el acta de acusación, el tribunal deberá dar a conocer, de la manera que juzgue oportuna, que el ministerio público tiene la intención de pedirle al tribunal que haga una declaración en ese sentido y todo miembro de la organización tendrá derecho a solicitar al tribunal ser escuchado por él sobre la cuestión del carácter criminal de la organización. El tribunal tendrá competencia para acceder a esa petición o para rechazarla; el tribunal podrá fijar el modo en el cual los solicitantes serán representados y escuchados». Y el artículo 10 precisa: «En todos los casos donde el tribunal haya proclamado el carácter criminal de un grupo u organización, las autoridades competentes de cada signatario tendrán derecho a llevar a todo individuo ante los tribunales nacionales, militares o de ocupación en razón de su afiliación a ese grupo u organización. En esta hipótesis, el carácter criminal del grupo u organización será considerado como establecido y ya no podrá ser impugnado».

Después, el acta de acusación definió cada uno de los grupos u organizaciones que debían ser declarados criminales. Esa definición constituía «las bases sobre las cuales se fundará el procedimiento, entre otras, para establecer la criminalidad de dichos grupos y organizaciones». Se enumeraban seis. A la cabeza, el *Reichsregierung* (el Gabinete del Reich), a partir del 30 de enero de 1933, cuando Hitler se convirtió en Canciller. El Gabinete del Reich estaba compuesto del «gabinete ordinario» (ministros del Reich, es decir, los jefes de los departamentos del Gobierno central, los ministros sin cartera, los ministros de Estado que fungían como ministros del Reich y los demás funcionarios capacitados para formar parte de las reuniones de ese gabinete), del *Ministerrat für die Reichsverteidigung* (Consejo de Ministros para la Defensa del Reich) y los miembros del *Geheimer Kabinettsrat* (Consejo de Gabinete Secreto). Por debajo del *Führer*, precisaba el acta de acusación, esos personajes poseían y ejercían individual o colectivamente atribuciones legislativas, ejecutivas, administrativas y políticas de enorme importancia en el sistema de gobierno alemán. En consecuencia, portaban la responsabilidad de la política aprobada y aplicada por el Gobierno, incluida la que conllevaba la ejecución de los crímenes mencionados en los cargos 1, 2, 3 y 4.

En segundo lugar, el *Korps der politischen Leiter der National sozialistischen Deutschen Arbeiterpartei* (Cuerpo de los Jefes Políticos del Partido Nacionalsocialista Obrero Alemán), compuesto de personas que fueron, en cualquier momento, «siguiendo la terminología nazi, *politische Leiter* ("jefes políticos") de todo grado y de todo rango». Esos jefes políticos constituían, según el acta de acusación, «un grupo de élite distinto en el interior del partido nazi», investido de prerrogativas particulares organizadas siguiendo el *Führerprinzip,* el «principio del líder». Ya que el cargo núm. 1 consideraba al partido nazi el núcleo central de la «conspiración», los jefes políticos necesariamente habían participado en ella.

Seguía la *Schutzstaffel der Nationalsozialistischen Deutschen Arbeiterpartei* (normalmente denominada ss), incluido el *Sicherheitsdienst* (Servicio de Seguridad, normalmente denominado sd, encargado de los servicios de inteligencia). El acta de acusación recordaba que las ss habían sido establecidas por Hitler en 1925 como una sección de élite de las sa para brindar una guardia de protección al *Führer* y a los jefes del partido nazi. En 1934, las ss se convirtieron en una formación independiente del partido nazi bajo la dirección de Heinrich Himmler. «Estaban compuestas», precisa el acta, «de miembros voluntarios elegidos siguiendo las teorías biológica, racial y política nazis, profundamente penetradas por la ideología nazi y sometidas a una obediencia absoluta al *Führer*». Tras el ascenso de Hitler al poder, las actividades de las ss se multiplicaron, hasta convertirse, bajo la dirección de Himmler, el *Reichsführer* ss, en un verdadero imperio policial, mientras que las otras ramas de las ss se convirtieron en una fuerza armada. «Por medio de otros servicios y ramificaciones», concluye el acta de acusación, «las ss controlaban la administración de los campos de concentración y la aplicación de la política racial, biológica y colonizadora de los nazis. Por sus numerosas funciones y actividades, sirvieron de instrumento al establecimiento del dominio de la ideología nazi y a la protección y a la extensión del régimen nazi en Alemania y en los territorios ocupados».

Luego estaba la *Geheime Staatspolizei* (Policía Secreta del Estado, normalmente nombrada Gestapo), creada por «los conspiradores nazis» desde su ascenso al poder, primero en Prusia por el «acusado Göring», después en todos los Estados del Reich, y al final en los territorios ocupados. «La Gestapo trabajaba para suprimir y eliminar las tendencias, los grupos y los supuestos individuos hostiles o susceptibles de ser hostiles al partido nazi, a sus jefes, a sus principios y a sus fines», indica el acta de acusación.

«Reprimió la resistencia y la posibilidad de resistencia al control alemán en los territorios ocupados. En el cumplimiento de sus funciones, operaba libre de todo control legal, tomando todas las medidas que le parecieran necesarias para el cumplimiento de sus misiones».

En cuanto a las *Sturmabteilungen der Nationalsozialistischen Deutschen Arbeiterpartei* (normalmente denominadas SA), fueron «una formación del partido nazi que dependía directamente del *Führer*, organizadas en formación militar y compuestas de voluntarios que fungían como soldados políticos del partido nazi y como la primera guardia del movimiento nacionalsocialista». Fundadas en 1921, «fueron erigidas por los conspiradores nazis antes de su ascenso al poder en un vasto ejército privado, utilizado para crear el desorden, aterrorizar y eliminar a sus adversarios políticos». Según el acta de acusación, siguieron sirviendo de instrumento de formación física, ideológica y militar a los miembros del partido, y de reserva a las fuerzas armadas.

Las últimas organizaciones inculpadas, el Estado Mayor y el Alto Mando de las Fuerzas Armadas Alemanas (OKW), comprendían individuos que, entre febrero de 1938 y marzo de 1945, fueron los jefes supremos de la *Wehrmacht*, del ejército de tierra, de la marina y de la fuerza aérea. Pues «al ejercer sus funciones a título individual, y al actuar a título colectivo en calidad de miembros de un grupo situado en el escalafón supremo de la organización de las fuerzas armadas alemanas, esas personas asumieron una parte preponderante de la responsabilidad en la elaboración, preparación, desencadenamiento y conducta de guerras contrarias a las leyes mencionadas en los cargos núms. 1 y 2 de la presente acta de acusación».[110]

Desde antes del inicio del proceso, a petición del tribunal, la prensa y la radio lanzaron a través de toda Alemania llamados reiterados a testificar, los cuales se difundieron en simultáneo como anuncios en los campos de prisioneros de guerra y en aquellos

donde estaban internados sobre todo los ex-ss y los antiguos nazis. Sin embargo, como notó Didier, la acusación de las «organizaciones» estuvo plagada de dificultades. En primer lugar, su
heterogeneidad: no existía ningún vínculo entre las distintas organizaciones, y cada una debía ser examinada por sí misma: «Las
ss o las sa, que cuentan con miles o millones de miembros, no se
parecen en nada al gabinete del Reich, una reunión restringida
de hombres políticos, ni al Estado Mayor General, último escalafón de una jerarquía de oficiales»; por otro lado, ninguna de esas
«organizaciones» existía ya, «sus miembros están esparcidos a los
cuatro vientos de la derrota pues, además de los prisioneros de
guerra, están todos los detenidos de los nuevos campos de concentración, en espera de su desnazificación»; pero, sobre todo, la
acusación de las «organizaciones» hundía a los jueces en un aprieto. Para ellos era impensable permitir que el tribunal emitiera un
fallo que implicara la menor noción de responsabilidad colectiva, lo que implicaría volver a una «concepción del derecho penal
que los pueblos civilizados se vanaglorian, con razón, de haber
superado».[111] El 28 de febrero y el 1º de marzo de 1946, los jueces
decidieron escuchar el doble punto de vista de la acusación y de
la defensa sobre los distintos problemas que presentaban los
artículos 9 y 10 del Estatuto.

El 12 de marzo, los jueces hicieron públicas sus decisiones.
Autorizaron a la defensa a ir a los campos para entrevistar a los
testigos y elegir a quienes irían a Núremberg para declarar sobre
el carácter criminal o no de las organizaciones. Encargaron al coronel Neave que dirigiera la comisión para examinar los testimonios escritos, escuchar en Núremberg a los testigos y decidir quién
declararía ante el tribunal.

La comisión quedó literalmente sumergida en un afluente de respuestas y efectuó un trabajo considerable. Escuchó a más de cien
testigos, de los cuales 22 fueron llamados al estrado; 136 000 testimonios fueron enviados a favor de las ss; 38 000 firmados por 155 000

personas a favor de los jefes políticos, y 22 000 para los demás grupos. El examen y el control de todos los testimonios se hicieron con ayuda de juristas alemanes prisioneros de guerra.

El 25 de julio, mientras el proceso se acercaba a su fin en medio del calor y el tedio y los periodistas abandonaban Núremberg, el presidente Lawrence definió el procedimiento que debían seguir para la acusación de las «organizaciones». Cada abogado presentaría las pruebas que deseara integrar, las cuales elegiría de entre los materiales reunidos por la comisión. Después llamaría al estrado a los testigos preseleccionados por la comisión; estos serían interrogados por el abogado de la organización y después por la acusación. El abogado alegaría y la acusación respondería.

El 30 de julio, el primer abogado, el Dr. Servatius, que también defendía a Sauckel, y quien 15 años después sería elegido por Eichmann para garantizar su defensa en Jerusalén, tomó la palabra para defender al cuerpo de los jefes políticos del partido nazi. Uno de los problemas que planteaba la inculpación del partido nazi, cuya organización era piramidal y que comprendía una miríada de responsables, desde el pequeño cuadro local hasta el gran responsable de la «*Gau*» (la region), era saber hasta qué nivel de responsabilidad debía llevarse la culpabilidad. Servatius quería demostrar la gran diversidad de los «jefes políticos» llamando como testigo a un *Gauleiter* (un responsable regional), en ese caso el de Hamburgo, y luego, por orden de responsabilidad descendente, a un *Kreisleiter* (un responsable de círculo), un *Ortsgruppenleiter* (un jefe de grupo local) y un *Blocksleiter* (un jefe de vecindario). Sus testimonios permitieron comprender la diversidad de las situaciones regionales; pero más allá de esas diversidades, todos los testigos declararon fuerte y claro que no habían tenido nada que ver con las atrocidades y los crímenes del régimen, y que ignoraban por completo el genocidio y los campos de concentración.

El 22 de agosto de 1946, Servatius pronunció su alegato, posicionándose de inmediato en un terreno estrictamente jurídico.

Según Telford Taylor, fue un análisis potente de las bases legales de la acusación.[112] El abogado demostró primero que la mayoría de cargos, como el establecimiento de la dictadura, la disolución de los sindicatos, la «Noche de los Cristales Rotos», diversas leyes antijudías y la acción contra las Iglesias no eran crímenes de guerra y por lo tanto no entraban en la jurisdicción del tribunal; después puso en duda los estratos jerárquicos inculpados por la acusación y que, según él, incluían escalafones demasiado locales del partido. Arremetió además, como lo harían todos los abogados de las «organizaciones», contra la validez jurídica de penas infligidas a los individuos por haber sido miembros de una organización criminal sin que tuvieran posibilidad de defenderse. Por último, indicó que no existía ninguna prueba de que el partido hubiera tenido la menor responsabilidad en el establecimiento de los campos de concentración, que funcionaban bajo el auspicio de la organización de Himmler, ni de que hubiera contribuido al asesinato de los aviadores aliados ni al genocidio.

En cualquier caso, explicó Telford Taylor, Servatius no intentaba de ninguna forma blanquear al conjunto de los jefes del partido nazi, simplemente puso en duda que la totalidad de ellos, 600 000 según la definición de la acusación, hubieran estado implicados o incluso fueran conscientes de los crímenes expuestos desde hacía meses en el tribunal. En conclusión, Servatius ponía en guardia al tribunal contra el riesgo de incluir un número demasiado grande de jefes políticos en una organización que podía ser declarada criminal, y contra el peligro de que algunas personas sufrieran penas desproporcionadas para los actos cometidos.

La tarea del Dr. Horst Pelckmann, defensor de las ss, era una tarea imposible, y es probable que él supiera. Léon Poliakov lo considera a la vez buen abogado y buen historiador. Horst Pelckmann recordó lo que habían sido las ss y cómo consideraban a Hitler el baluarte del orden y la legalidad. Su lema: «Mi honor es la lealtad» debe comprenderse en el contexto de la mentalidad alemana, esa mentalidad que hay que conocer para poder medir las enormes posibilidades ofrecidas por esa noción al tramposo psicópata de Hitler y la manera en que las aprovechó descaradamente para abusar de cientos de miles de individuos. «Sabemos lo que representa la palabra lealtad para el alemán promedio, cuya educación estuvo influida por consideraciones históricas y románticas, esa lealtad que Tácito ya había celebrado en los ancestros de los alemanes. Aprovechando esa debilidad de los alemanes, Hitler encadenó a millones de hombres a su persona y a su destino».

El abogado de las ss hizo comparecer a un testigo particularmente interesante, el jurista Morgen, a quien Heinrich Himmler había confiado la tarea de investigar un caso de corrupción en el campo de Buchenwald. Su investigación, que en un principio tenía en la mira al comandante Koch, no tardó en extenderse a otros campos: Auschwitz, Sachsenhausen, Oranienburg, Dachau... Morgen los visitó y permaneció un largo tiempo en Dachau y Buchenwald. Era pues, en principio, un fino conocedor del universo concentracional. El abogado Pelckmann le preguntó si en ese entonces tuvo la impresión de que «eran lugares de exterminio de seres humanos». Su respuesta fue: «No tuve esa impresión. Un campo de concentración nunca fue un sitio de exterminio. Debo decir que desde la primera visita que hice a un campo de concentración —ya dije que fue el de Weimar-Buchenwald— sentí un profundo asombro. El campo está situado en una colina arbolada; tiene una vista magnífica; los edificios están limpios, recién pintados. Hay mucho pasto y flores.

»Los detenidos estaban sanos, alimentados de manera normal; tenían la piel bronceada; en cuanto al ritmo de trabajo...

»El presidente: ¿De cuándo habla usted?

»Testigo Morgen: Hablo del inicio de mi investigación, en julio de 1942.

»Dr. Pelckmann: ¿Qué delitos constató?

»Testigo Morgen: Disculpe... ¿Puedo continuar?

»Dr. Pelckmann: Sea breve.

»Testigo Morgen: Las instalaciones del campo estaban en perfecto orden, sobre todo el edificio para los enfermos; la dirección del campo estaba en manos del comandante Diester. Se esforzaban por darles a los detenidos condiciones de vida completamente normales. Podían enviar y recibir cartas y paquetes; poseían una gran biblioteca con grandes obras en varias lenguas. Había sesiones de *music-hall*, películas, concursos deportivos e incluso un prostíbulo».

Después de la cinta mostrada en noviembre de 1945 y los testimonios de los deportados franceses, la descripción de Morgen de un campo que parece un sanatorio resulta surreal. No obstante, contiene cierta verdad. El campo de Buchenwald de 1942 no era el mismo que el de abril de 1945; la biblioteca, que Jorge Semprún describe en *La escritura o la vida*, existió en realidad y, para una pequeña parte de los detenidos, en ciertos períodos, la vida fue soportable. Los internos efectivamente tenían derecho de enviar y recibir cartas y paquetes. Morgen también tenía razón en otra cosa: los campos de concentración nazis de primera generación, como Dachau y Buchenwald, no habían sido concebidos como sitios de exterminio.

Por una combinación de circunstancias, Morgen se enteró de la existencia de un campo «especial y secreto» en Lublin. Se dirigió hacia allá y se entrevistó con el hombre que lo comandaba: Christian Wirth. Pero este, y eso era a lo que el abogado quería llegar, no pertenecía a las ss. Morgen explicó que cuando a Wirth se le encargó el exterminio de los judíos, ya era un especialista en asesinatos en masa. Antes había estado encargado de suprimir a los «alienados incurables». Con ese fin, por orden del *Führer*, al principio de la guerra se había formado un destacamento con algunos de sus agentes, empleados directamente por la cancillería del Reich. Al interior del Reich, explicó Raul Hilberg —cuyas obras, al igual que las de otros historiadores, confirman el testimonio de Morgen—, el programa de eutanasia que desembocó en el asesinato, sobre todo por gaseo, de unas 70 000 personas cuyas vidas, según la expresión utilizada por los nazis, era «indigna de ser vivida», empleaba unos 400 a 500 agentes. Para finales del verano de 1941, una orden verbal de Hitler marcó el abandono de un programa que ya no se seguía más que en los márgenes y el personal de Wirth se volvió inútil. No obstante, su experiencia adquirida en el gaseo de los enfermos mentales no cayó en saco roto.

Una centena de hombres le fueron asignados entonces a Wirth, la mayoría de los cuales seguía cobrando del presupuesto de la cancillería del Reich, y no del de las ss. A ellos correspondió la labor de levantar los primeros centros de exterminio de los judíos: Chelmno, Belzec, Sobibór. El testimonio de Morgen fue el primero en sacar a la luz el vínculo logístico entre la eutanasia y la «solución final».

En el primer estudio en francés sobre el genocidio, *Breviario del odio* (1951), compuesto a partir de los documentos del proceso de Núremberg, Léon Poliakov escribió: «Información fragmentaria nos permite entrever el rol que desempeñaron los técnicos de la eutanasia en el exterminio de los judíos de Polonia».[113] Hoy en día, ese rol es bien conocido. Como escribió Raul Hilberg, «la eutanasia era la prefiguración conceptual a la vez que técnica y administrativa de la "solución final" que sería puesta en marcha en los campos de la muerte».[114]

A pesar de que el testigo cometió errores —describió en particular el campo de Monowitz, que dependía de Auschwitz pero que estaba consagrado al trabajo para IG Farben, como un campo de exterminio salpicado de chimeneas de crematorios, cuando ahí no había cámaras de gas y los detenidos destinados a ser gaseados eran transferidos a Birkenau—, fue el primero en mostrarle al tribunal la diferencia entre un campo de concentración, «vivible» para una minoría de los detenidos en ciertas épocas, y los centros de exterminio. Mas en los años de la posguerra, nadie era capaz aún de comprender esa diferencia.

La labor del abogado de la Gestapo, Merkel, fue solo un poco menos complicada que la del defensor de las ss. El único resultado que obtuvo fue demostrar que una parte del personal de ese organismo estaba compuesta de empleados ordinarios que sería injusto incluir en la «organización».

El Dr. Georg Böhm, quien, junto con el Dr. Martin Löffer, defendió a las SA, estaba ante una labor más sencilla. Demostró que, tras la «Noche de los Cuchillos Largos», las SA ya no eran gran cosa. Oficialmente se ocupaban del deporte y de la educación paramilitar: «Una asociación que, sin duda, alcanzaba varios millones de miembros, pero que lo único que hacía era marchar al mismo compás, eso eran las SA».

La acusación contra el ejército, la cual le interesaba particularmente al procurador Jackson, no incluía a todas las fuerzas armadas, sino solo a 129 generales educados bajo el antiguo régimen, en la más pura tradición prusiana, que nunca tuvieron estima por el nacionalsocialismo ni por el aventurero austriaco de origen plebeyo que era Adolf Hitler. Sin embargo, en la educación militar, la obediencia es la regla, así que los militares obedecieron. Su abogado, el Dr. Hans Laternser, elogió al ejército alemán e insistió en la conspiración del 20 de julio de 1944 para asesinar a Hitler, de la cual el tribunal no quiso oír nada. Los tres testigos que la defensa llamó al estrado, los mariscales Walther von Brauchitsch, comandante en jefe del ejército de 1938 a 1941, y Gerd von Rundstedt y Erich von Manstein, no dejaban de recordar a los militares conjurados y trazaron un halagador esbozo del almirante Canaris, colgado de un gancho de carnicero junto con los demás conspiradores.

Von Manstein, un viejo soldado proveniente de una dinastía de soldados, declaró durante toda una jornada. No sabía nada de las atrocidades cometidas por el ejército en Rusia, aunque en enero de 1946, Ohlendorf había mencionado su nombre. No se había enterado de las ejecuciones de judíos, tan solo le habían llegado rumores: «Cuando tomé el mando del ejército, me enteré de que las ss —sin que se me precisara nada— habían supuestamente fusilado a algunos judíos antes de mi llegada y, creo, en Besarabia. Se trataba de rumores sobre un caso aislado. Como debía partir al día siguiente, le di la orden a mi oficial de ordenanza que le informara al jefe de las ss que donde yo ejerciera el mando, no toleraría semejantes "porquerías"».

Telford Taylor, encargado de interrogarlo, contó que había tenido la oportunidad de tener entre sus manos, gracias a su colega Robert Kempner, documentos entonces inéditos que demostraban que, en noviembre de 1941, Von Manstein había distribuido entre sus soldados un texto que llamaba al exterminio del sistema judeo-bolchevique y a un castigo terrible para los judíos. La credibilidad de Von Manstein, obligado a reconocer su firma, pero afirmando no tener ningún recuerdo de ese texto que ordenaba lo que acababa de llamar «porquerías», quedó seriamente afectada.

El problema planteado por Murray Bernays, que trataba de estructurar la acusación de las «organizaciones», era en última instancia el de la desnazificación de Alemania. Mientras se desarrollaba el proceso de los grandes criminales —otros juicios estaban en curso o ya habían ocurrido en los países que los germanos había ocupado—, el Consejo de Control para Alemania, organismo interaliado que reglamentaba la vida del país dividido en cuatro zonas de ocupación, emitió la Ley núm. 10, ratificada el 20 de diciembre de 1945. Esta se inspiraba en la Carta y el Estatuto del Tribunal de Núremberg, pues definía el «crimen de guerra» y el «crimen contra la humanidad». Estaba destinada principalmente a reglamentar los procedimientos de los tribunales aliados que operaban en ese momento, pero también permitía o permitiría a los Gobiernos militares autorizar a los tribunales en Alemania a juzgar crímenes cometidos por alemanes contra otros alemanes. Cada vez que fuera posible, los tribunales germanos debían aplicar las definiciones de los crímenes tal y como estaban formuladas en la Ley núm. 10. Esas definiciones en realidad remplazaban las disposiciones del código penal alemán, lo que dio pie a una dificultad evidente, incluso para los jueces más honestos y más hostiles al nazismo: «En efecto, se les pedía aplicar una ley que no existía en el momento de los hechos. Se les obligaba así no solo a infringir la regla jurídica universal que prohíbe la retroactividad de las leyes, sino también una cláusula particular de la Ley núm. 1 del Consejo de Control Aliado, que amenazaba de muerte a los jueces alemanes que aplicaran leyes de forma retroactiva».[115]

En enero de 1946, apareció la idea de que la labor de desnazificación debía ser confiada a los propios alemanes. El 5 de marzo del mismo año,, el *Länderrat* aprobó, ante la petición de la oficina del gobierno militar estadounidense en Alemania, la «ley por la liberación del nacionalsocialismo y el militarismo» que el Consejo de Control de las cuatro zonas retomó el 12 de octubre de 1946 en la Ley núm. 38. Esta fijaba las reglas de arresto y de sanción de los criminales de guerra, al menos de aquellos que no habían sido juzgados en Núremberg y que no habían sido inculpados en virtud de la Ley núm. 10 para los Nazis y los Militaristas.

Mientras que las «organizaciones» fueron acusadas al final del proceso, después del examen de las responsabilidades individuales de cada uno de los acusados, los jueces invirtieron el orden. El veredicto de las «organizaciones» fue el primero que se emitió.

Los jueces regresaron a los artículos 9 y 10 del Estatuto y los comentaron evocando a la vez la Ley núm. 10 y la de desnazificación del 5 de marzo de 1946. De hecho, intentaron poner coherencia en la legislación antinazi y unificar las penas susceptibles de ser aplicadas, pues eran conscientes de su pesada responsabilidad ante la Historia. Primero recordaron que, según la Ley núm. 10, la afiliación a ciertas categorías de un grupo criminal o de una organización declarada criminal por el Tribunal Militar Internacional constituía un crimen, y que «toda persona declarada culpable de uno de los crímenes mencionados puede, tras haber sido declarada culpable, ser acreedora a la pena que el tribunal estime justa. Ese castigo puede comprender una o varias de las siguientes formas:

»*a)* muerte;

»*b)* encarcelamiento a perpetuidad o por una duración determinada con o sin trabajos forzados;

»*c)* multa y encarcelamiento con o sin trabajos forzados, en caso de impago de la multa;

»*d)* restitución de bienes mal adquiridos; privación de ciertos o de todos los derechos civiles.

»De ello resulta», continúa el fallo, «que un miembro de una organización declarada criminal por el tribunal puede entonces ser acusado del crimen de haber pertenecido a la organización y ser castigado con la pena de muerte por ese cargo». No hacía falta decir, añadieron los jueces, que los tribunales militares o internacionales que juzgarían lo harían según las reglas de la justicia, pero expresaron una preocupación: «Nos encontramos ante un nuevo procedimiento cuyo alcance es mucho más vasto. Su aplicación, a menos de que haya garantías apropiadas, puede hacer que surjan grandes injusticias»

Los jueces volvieron al artículo 9 del estatuto para subrayar el fragmento de frase: «El tribunal podrá declarar» y comentaron:

«El tribunal está investido del poder discrecional de declarar criminal a una organización. Ese poder discrecional es un poder judicial. No permite actos arbitrarios. Debe ser ejercido conforme a los principios jurídicos admitidos, de los cuales uno de los más importantes es el de la culpabilidad individual que excluye las sanciones colectivas. Si está convencido de la culpabilidad criminal de una organización o de un grupo cualquiera, este tribunal no deberá dudar en declararlos criminales bajo pretexto de que la teoría de "la criminalidad de un grupo" es nueva y que podría ser aplicada después de forma injusta por otros tribunales. Por otro lado, el tribunal deberá hacer tal declaración de criminalidad asegurándose de que los inocentes no sean víctimas de la represión».

Luego, como habían hecho para la «conspiración», los jueces retomaron la definición de «organización criminal». Para que una organización fuera criminal, debía tener «fines criminales». También debía constituir «un grupo cuyos miembros deben estar vinculados entre sí y organizados con miras a un fin común». Por último, en el marco del proceso, la formación del grupo y su utilización debían tener una relación con los crímenes definidos por el estatuto. Así, como la criminalidad de los individuos estaba determinada por la organización a la que habían pertenecido, había que excluir de la «organización» a las personas que ignoraran esos fines y que habían sido obligadas por el Estado a formar parte de ella.

Por lo tanto, no habría una condena automática por pertenecer a una organización. Habría que probar primero, para cada individuo, que conocía los fines de la organización a la cual estaba afiliado y, después, que esa adhesión se dio sin coerción alguna. Nos encontramos lejos de la posibilidad contemplada antes del proceso de poder condenar rápidamente a cientos de miles de individuos.

El tribunal, consciente de que las declaraciones de criminalidad serían tomadas en cuenta por otros tribunales, emitió varias recomendaciones. En primer lugar, que las penas y sanciones estuvieran unificadas en las cuatro zonas de ocupación. Después, que las penas previstas por la Ley núm. 10 para los miembros de las organizaciones, penas que, como ya vimos, podían llegar hasta la muerte, no superaran las previstas por la ley de desnazificación de marzo de 1946 y que, de forma más global, la Ley núm. 10 fuera enmendada en ese sentido.

Una vez leído el preámbulo respecto a «las organizaciones», la defensa sintió alivio. «La tensión que reinaba desde hacía tres meses tocó su término», notó uno de los abogados. «Una cierta satisfacción salió a la luz en la banca de la defensa: logramos alejar la primera amenaza, la culpabilidad colectiva. Esa hidra está prácticamente vencida».[116]

Después, los jueces comenzaron a leer la sentencia para las organizaciones inculpadas: primero, el cuerpo de jefes.

El fallo constataba que había sido utilizado para fines criminales: germanización de los territorios ocupados, persecución de los judíos, aplicación del programa del Servicio del Trabajo Obligatorio, maltrato de los prisioneros de guerra. Bormann y Sauckel se habían aprovechado, pero los *Gauleiter*, los *Kreisleiter* y los *Ortsgruppenleiter* también participaron en esos programas a distintos niveles, lo que explica algunos matices en la condena: «El tribunal declara criminales, en el sentido del Estatuto, a los grupos compuestos por los miembros del Cuerpo de Jefes que cumplieron las funciones antes enumeradas, que se convirtieron en o permanecieron como miembros de esa organización sabiendo que servía para cometer actos declarados criminales por el artículo 6 del Estatuto o que efectivamente participaron en esos crímenes».

Para los jueces, la base de esas conclusiones era la participación de la organización en los crímenes de guerra y en los crímenes contra la humanidad relacionados con la guerra, y por eso el tribunal excluyó del grupo declarado criminal a las personas que dejaron de cumplir las funciones enumeradas en el fallo antes del 1º de septiembre de 1939. Esa disposición —excluir de la condena a quienes dejaron una organización antes del desencadenamiento de la guerra— sería válida también para las demás organizaciones inculpadas.

Siguieron la Gestapo y el SD, el servicio de seguridad. El fallo insistía en el hecho de que esas dos «organizaciones» estaban conformadas por voluntarios. Mencionó sus siniestras actividades criminales cuyos recuerdos evocaban momentos dolorosos, primero en Alemania y luego en los territorios ocupados. La conclusión de los jueces no tuvo ambigüedad alguna, y demostraba la amplitud de los crímenes cometidos por esas «organizaciones»: «La Gestapo y el SD fueron utilizados con fines considerados como criminales por el estatuto, lo que incluía la persecución y el exterminio de los judíos, las brutalidades y los asesinatos en los campos de concentración, los excesos cometidos en la administración de los países ocupados, la ejecución del programa de trabajos forzados, el maltrato y el asesinato de los prisioneros de guerra. El acusado Kaltenbrunner, quien era miembro de esa organización, figura entre aquellos que las utilizaron para tales fines».

Luego los jueces, conscientes de la complejidad del aparato policial del Estado nazi tras los largos meses del proceso, precisaron a qué funcionarios consideraban pertenecientes a esas dos «organizaciones»: «Al tratar el caso de la Gestapo, el tribunal considera incluidos a todos los funcionarios que se ocupaban de las operaciones del *Amt IV* del RSHA (es decir, del servicio específicamente encargado de la "cuestión judía") o que formaban parte de la administración de la Gestapo en otros servicios del RSHA, al igual que todos los funcionarios de la Gestapo local, en funciones al interior o al exterior de Alemania, incluidos los miembros de la policía fronteriza (*Grenzpolizei*)». No obstante, quedaban excluidos de la condena los miembros de la policía de protección de las fronteras y de la aduana (*Zollgrenzschutz*) y de la seguridad en los ejércitos. El ministerio público, por su parte, había excluido de su acusación a una parte del personal de la Gestapo.

El tribunal se sumó a esa postura y «no engloba en esta definición a las personas empleadas por la Gestapo únicamente en un trabajo de oficina de estenografía, a título de conserje o en otros empleos similares, afuera de las funciones oficiales». Por lo tanto, el tribunal declaró criminal «en el sentido del Estatuto, al grupo de los miembros de la Gestapo y del SD que ocupaban los puestos enumerados [...] y que se convirtieron en miembros de esa organización o siguieron siéndolo a sabiendas de que servía para la perpetración de actos declarados criminales, y que estaban, en tanto miembros de la organización, implicados en la perpetración de tales crímenes. Esta acusación reposa en la participación de la organización en los crímenes de guerra y en los crímenes contra la humanidad relacionados con la guerra».

La última organización declarada criminal por el tribunal de Núremberg fue las ss. El fallo al respecto es muy prolijo. Se preocupó sobre todo en demostrar que todas las formaciones de las ss —incluidas las *Waffen-ss*, es decir, las ss armadas que combatieron junto con la *Wehrmacht,* de las cuales una parte estaba constituida por hombres que no se habían afiliado de forma voluntaria— fueron criminales.

Después le tocó el turno a las tres organizaciones exculpadas de la acusación de criminalidad. Las sa sin duda fueron un «grupo de individuos temibles y violentos», pero tan solo hasta su depuración por parte de Hitler, el 30 de junio de 1934, durante la famosa y sangrienta «Noche de los Cuchillos Largos». «No quedó demostrado que sus actividades formaran parte de un plan preciso de guerra de agresión, y el tribunal, en consecuencia, no puede sostener que sus actividades fueran criminales en términos del Estatuto».

El fallo continúa: «Tras la depuración, las sa quedaron reducidas a grupos de seguidores nazis sin importancia. Si bien en casos particulares se utilizaron unidades de las sa para perpetrar crímenes de guerra y crímenes contra la humanidad, no se puede decir que los miembros de las sa en general hayan participado en actos criminales ni que hayan tenido conocimiento de ellos».

El Gabinete del Reich tampoco fue condenado. En primer lugar, porque a partir de 1937 dejó de funcionar con regularidad, y en segundo, porque ese grupo estaba constituido por un número tan restringido de personas que los jueces no le vieron el caso a condenarlo como colectivo. El veredicto mencionaba: «Se contó que el grupo comprendía 48 miembros, de los cuales ocho están muertos y 17 en instancia de juicio». Quedaban 23 miembros extras que, de ser culpables, debían ser juzgados, «pero no se facilitaría su juicio al declarar que el Gabinete del Reich es una organización criminal. Cuando una organización que cuenta con numerosos miembros es utilizada con fines criminales, una declaración de criminalidad dispensa de establecer su carácter criminal durante procesos ulteriores llevados contra sus miembros, y permite ganar tiempo y prevenir dificultades. Sin embargo, esa ventaja no existe en el caso de un grupo restringido como lo es el Gabinete del Reich».

En cuanto al Estado Mayor y el Alto Mando, el fallo rechazó por completo la acusación. Para el tribunal, ninguno constituía «un grupo» ni «una organización». Los jueces se explicaron: «A partir de las pruebas presentadas, resulta que sus planes en el nivel del Estado Mayor, las conferencias continuas entre los oficiales del Estado Mayor y los comandantes de campaña y sus métodos de operación en campaña y en los cuarteles generales eran más o menos comparables a los de las fuerzas terrestres y navales de los demás países. El esfuerzo general del OKW con miras a la coordinación y la dirección tenía una contrapartida similar, si no es que idéntica, en el sistema de organización de las fuerzas armadas aliadas, como el Estado Mayor General combinado angloamericano».

Así, el tribunal afirmó: «No es lógico concluir la existencia de una asociación o de un grupo a partir del examen de ese aspecto de sus actividades. A partir de esa teoría, los comandantes en jefe de los demás países constituyen exactamente semejante asociación, mientras que en realidad parecen un grupo de militares, un cierto número de individuos que, en un momento dado, ocuparon puestos militares elevados». Para los jueces, la discusión para saber si la entrada en esa organización fue voluntaria o no era inútil y sin valor porque, según declararon no sin una pizca de ironía, «esa asociación no existió hasta el momento de su creación por medio del acta de acusación».[117]

En suma, la acusación de criminalidad para «las organizaciones» quedó en nada. Así, señala Bradley Smith, «se desvaneció el gran sueño de ver enviados a la horca o a campos de trabajos forzados a miles o incluso millones de nazis empedernidos». Nunca hubo una campaña sistemática para definir y repartir la culpa de todos los responsables de las calamidades del nazismo.[118] Esa fue una de las debilidades del juicio.

7

El veredicto

El 31 de agosto de 1946, los 21 acusados del proceso hicieron sus últimas declaraciones. Göring ya no era, al menos en parte, el mismo que defendía a su *Führer* y hacía apología del nazismo. Con la grandilocuencia que caracterizaba a su personaje, afirmó, ante Dios y el pueblo alemán, su inocencia. Todas sus acciones habían estado guiadas solo por el patriotismo. Los demás siguieron la línea de defensa que habían sostenido durante todo el proceso. Se habían cometido crímenes horribles, sí, pero nadie había sido responsable. Cada uno, en su puesto de responsabilidad, solo había cumplido con su deber.

El proceso terminó. Las delegaciones partieron una por una de Núremberg, donde personas provenientes de cuatro países victoriosos habían vivido juntos durante casi un año. Los únicos que permanecieron en la ciudad fueron los jueces y sus asistentes, que apenas se habían mezclado con los demás.

Solo quedaba esperar el veredicto. La tensión era grande entre los acusados, «un abatimiento tenso»[119] reinaba en la prisión. No obstante, el coronel Adrus había relajado un poco la disciplina. Ahora, los detenidos disponían de una sala donde podían jugar cartas y, sobre todo, charlar entre ellos y recibir visitas de sus esposas e hijos. Raeder, sin embargo, no pudo ver a su mujer, detenida en la Unión Soviética.

Göring había perdido su altivez. Ante Gilbert, reconoció la derrota en el frente psicológico: «Ya no tiene por qué inquietarse por la leyenda de Hitler», dijo desanimado. «Cuando los alemanes se enteren de todo lo que se reveló en este proceso, no será necesario condenarlo; se condenó él mismo». Conforme se acercaba el día de la sentencia, se ponía cada vez más nervioso y le costaba cada vez más trabajo reírse.[120]

Según Gilbert, Keitel estaba deprimido por el peso de toda su vergüenza. Se negaba a ver a su mujer: «De ninguna manera podría mirarla a la cara». Sauckel, Rosenberg y Fritzsche alternaban entre dar vueltas por sus celdas y quedarse postrados en sus catres, con los ojos fijos en el techo. Raeder no se hacía ilusiones. Esperaba una condena a muerte más que cadena perpetua. Ribbentrop, cuyo estado de gran deterioro psíquico ya señalamos, expresaba patéticamente su miedo a la muerte con una mezcla de apatía, confusión y agitación. «La víspera de la sentencia», cuenta Gilbert, «insinuó que podría escribir un libro entero, quizá incluso toda una serie de volúmenes, sobre los errores del régimen nazi si tan solo le diéramos tiempo. Llegó incluso a sugerirme que podría lograr un gran gesto histórico al interceder en favor de los acusados para que les tuvieran clemencia, lo que le permitiría escribir sus memorias...».[121]

Durante ese tiempo, los ocho jueces —cuatro titulares que eran los únicos con derecho a voto, y cuatro suplentes— deliberaron en un secreto absoluto. Hoy en día, gracias sobre todo a las memorias publicadas por el juez estadounidense Francis Biddle y a los trabajos de Telford Taylor, quien consultó los papeles de este juez, el secreto de esas deliberaciones quedó bastante expuesto.

La manera en la que los letrados llegarían a sus veredictos estaba reglamentada por el párrafo c del artículo 4 del estatuto: «[...] El tribunal tomará sus decisiones por mayoría de votos; en caso de repartición igual de los votos, el del presidente será preponderante, quedando entendido sin embargo que los fallos y las penas no se pronunciarán más que con un voto de al menos tres miembros del tribunal». La ejecución de los fallos de los jueces, por su parte, dependía del Consejo de Control para Alemania, como lo indicaba el artículo 29 del estatuto: «En caso de culpabilidad, las decisiones serán ejecutadas conforme a las órdenes del Consejo de Control para Alemania, y este último tendrá el derecho en todo momento de reducir o de modificar de otra manera las decisiones, sin poder agravar su severidad». Así, contrario a los deseos del juez francés, el tribunal no tenía ningún poder sobre el régimen (político o de derecho común) de aquellos condenados a prisión, ni tampoco sobre las reducciones de pena ni las posibles liberaciones.

La primera reunión de los jueces se celebró el 27 de junio de 1946, cuando el proceso todavía no terminaba.[122]

Se reunieron otras 22 veces entre esa fecha y la enunciación del veredicto. Ocho de esas sesiones estuvieron consagradas a cuestiones jurídicas generales planteadas por la carta y el estatuto y su interpretación; la discusión más aguda la suscitó el francés Henri Donnedieu de Vabres, el más discreto de los jueces durante todo el proceso, quien presentó un memorándum en el que ponía en duda, pura y simplemente, el concepto de conspiración, tanto en la carta como en el acta de acusación. Para él, ese concepto era desconocido en el derecho internacional y en el continental. Donnedieu de Vabres consiguió la unanimidad en su contra. El juez soviético, el mayor general I. T. Nikítchenko se sublevó: «Somos gente práctica, no un club de discusión». En cuanto a los estadounidenses, pensaban que, si se descartaba la conspiración, había que descartar también los crímenes contra la paz.

En resumen, lo que estaba en duda era la arquitectura misma del proceso y, en consecuencia, el proceso mismo. Para Telford Taylor, Donnedieu de Vabres planteaba la pregunta equivocada en el momento equivocado. El profesor francés, aunque terminó por ceder, mantuvo su postura durante el resto de su vida.

Hubo otro debate de corte general, el de la aplicación de las penas: en caso de pena de muerte, ¿se colgaría a todos los condenados —lo que se considera una muerte infame— o tendrían derecho a la muerte del soldado, es decir, a ser fusilados? Para Nikítchenko, quien representaba a un país cuyo procurador, al igual que el procurador adjunto francés, Charles Dubost, había solicitado la muerte para todos los inculpados en su alegato de clausura, esta debía ser por la horca. Donnedieu de Varbes fue más matizado. Quería ver dos tipos de ejecución: los hombres como Jodl, de ser condenados, podrían ser fusilados, mientras que otros debían ser colgados.

El 2 de septiembre de 1946, en el orden del acta de acusación, comenzó el examen de las responsabilidades individuales.

Para Göring, prácticamente no hubo discusión. Todos los jueces lo estimaron culpable de los cuatro cargos, a excepción de Donnedieu de Vabres, quien no votó por la acusación de conspiración porque rechazaba incluso la noción misma. El juez francés encontraba cierta nobleza en el antiguo Mariscal del Reich. Votó pues, solo, por el fusilamiento, mientras que sus tres colegas escogieron la horca.

Las cosas se estropearon en el examen del caso de Rudolf Hess. Los jueces soviéticos, Nikítchenko y su suplente, el teniente coronel A. F. Volchkov, querían añadir a los dos primeros cargos de los que había sido acusado otros dos, el 3 y el 4, que no figuraban en el acta de acusación. En resumen, querían juzgarlo por todos los cargos. Biddle comentó en sus notas: «Los rusos serán bastante extremos».[123] Tenía razón: lo fueron y lo seguirían siendo. El presidente Lawrence estaba de acuerdo con los soviéticos en ese punto, mientras que Biddle y Donnedieu de Vabres se mantenían solo en los cargos 1 y 2. De igual manera, las diferencias sobre la pena a infligir a Hess eran profundas: mientras que el juez francés deseaba veinte años y no quería cambiar de postura, Biddle y Lawrence eran partidarios de la cadena perpetua y Nikítchenko deseaba la pena capital. Era un *impasse*. Nikítchenko, por temor a que los jueces estadounidense e inglés apoyaran la posición del francés, cedió en la pena de muerte y aceptó la cadena perpetua. Sin embargo, el odio y el rencor de los soviéticos fueron tenaces: le negaron a

Hess la más mínima reducción de pena y murió en prisión más de cuarenta años después.

Los casos de Ribbentrop y de Keitel se arreglaron rápido. Fueron juzgados culpables por unanimidad de los cuatro cargos y condenados a muerte. Donnedieu de Vabres de nuevo se escindió: quería que Keitel fuera fusilado.

Para Kaltenbrunner, las discusiones fueron más vivas, pero se llegó a un acuerdo: los cuatro concordaron en condenarlo a muerte en la horca por crímenes de guerra y crímenes contra la humanidad. Tan solo Lawrence y Nikítchenko querían añadir la condena por conspiración.

Rosenberg fue condenado a muerte por los cuatro cargos por los que lo habían inculpado. Tan solo Donnedieu de Vabres se inclinaba por la cadena perpetua, pena que propuso también para Frank, mientras que se reservó su opinión para el caso de Frick. En sus notas, Biddle constató que el juez francés era curiosamente blando.

Para Streicher no hubo discusión. Los magistrados fueron unánimes en la condena a muerte. Funk fue objeto de debates sin excesivas asperezas, y salvo Nikítchenko, quien deseaba la pena de muerte, todos votaron por la cadena perpetua. Speer representaba un caso más difícil. Biddle y Nikítchenko querían una condena a muerte, mientras que Lawrence y Donnedieu de Vabres alegaron solo diez años de prisión, dadas las actividades antihitlerianas del acusado al final de la guerra. Dos contra dos: un nuevo *impasse*. Biddle capituló, Lawrence y Donnedieu de Vabres hicieron un esfuerzo: serían veinte años.

Hubo pocos debates para Neurath (15 años) y para Seyss-Inquart (muerte en la horca).

En cambio, el caso de Schacht suscitó una discusión violenta. El juez Lawrence deseaba la absolución, Donnedieu de Vabres y su suplente, Robert Falco, estimaban que el banquero era culpable de los cargos 1 y 2 y sugirieron cinco años de prisión. Biddle contemplaba la cadena perpetua. Dejaron el caso de lado para volver a él después.

Tras largas discusiones, Von Papen fue absuelto al igual que Fritzsche, prácticamente sin debates, por tres votos contra uno (el soviético).

La absolución de Von Papen hizo a Donnedieu de Vabres inclinarse por la absolución de Schacht, y pronto se le unió el juez estadounidense.

Este último defendió con vigor la absolución de Dönitz: Nimitz, ya insistimos largamente en ello, había conducido la guerra de la misma manera que el almirante alemán. Condenarlo implicaría condenar al almirante estadounidense. No obstante, los británicos, quienes en tiempos de los conservadores se habían negado a inculpar a los almirantes alemanes, ahora estaban a favor de una condena. Los laboristas que estaban en ese momento en el poder, así como la opinión pública, señalaron el hecho de que la armada alemana había matado de hambre a las islas británicas y era responsable de la muerte de una gran cantidad de marinos. Falco, por su parte, pensaba en una pena de diez años, mientras que Donnedieu de Vabres deseaba entre cinco y diez años. Birkett, el juez suplente estadounidense, se inclinaba por veinte, y Lawrence y Nikítchenko por diez. Al final, estuvieron de acuerdo en que a Dönitz le tocaran diez años de prisión y en que su pena fuera inferior a la de su predecesor, Raeder.

Mientras que Dönitz fue exculpado del cargo núm. 1, Raeder, debido a su implicación en la invasión de Dinamarca y Noruega, fue condenado por los primeros tres cargos. Tan solo Donnedieu de Vabres votó contra el 1 y propuso veinte años, mientras que Lawrence y Biddle favorecían la cadena perpetua y Nikítchenko, la muerte. Al final, quedó en diez.

El caso de Baldur von Schirach, el benjamín de los acusados, fue una discusión difícil en la que los jueces, de nuevo, manifestaron profundos desacuerdos. Robert Falco deseaba la cadena perpetua;

Lawrence y Donnedieu de Vabres, veinte años; Nikítchenko, la muerte, al igual que Lawrence, pues, según el juez británico, Von Schirach había propuesto que la *Luftwaffe* bombardeara una ciudad británica de interés cultural para vengar la ejecución de Heydrich por parte de la resistencia checa. Tan solo por la intención, que figuraría en el texto del fallo, fue condenado a ¡20 años de prisión!

En cuanto a Jodl, Donnedieu de Vabres y Falco eran hostiles a la pena de muerte, los demás la favorecían. Toda la sesión del 10 de septiembre de 1946 fue dedicada a la cuestión de determinar si los generales Keitel y Jodl tendrían el privilegio de ser fusilados. Los franceses lo deseaban; Biddle, que solo Jodl lo fuera y que Keitel terminara en la horca. Al final, ambos fueron colgados.

Nada de esas deliberaciones se filtró ni a la prensa, que acechaba el menor atisbo de información, ni hacia los detenidos, que vivían angustiados esperando las decisiones finales.

El 30 de septiembre y el 1º de octubre de 1946 llegó la hora del fallo. El palacio de justicia se encontraba en estado de sitio. Las fuerzas estadounidenses fueron desplegadas en las calles vecinas, la guardia se había reforzado y los jueces circulaban en vehículos blindados.

La sala del tribunal estaba a reventar. Había periodistas del mundo entero, por supuesto, pero también oficiales superiores aliados y representantes de los distintos *Länder* de Alemania. La lectura del fallo duraría dos días. La mañana y parte de la tarde del 30 de septiembre se consagraron a la descripción del nazismo, de sus fechorías y sus crímenes, así como a las pruebas contra los acusados. El final de la tarde se ocupó en leer los cargos contra las organizaciones y el fallo correspondiente, evocado en el capítulo anterior. La mañana del 1º de octubre los jueces pasaron revista al caso de cada inculpado, declarándolo culpable o no. Las penas no fueron anunciadas sino hasta la tarde, después de la comida.

Los magistrados entraron a la sala de forma solemne, se instalaron y Lawrence anunció la lectura del fallo, que él mismo comenzó. Cada tres cuartos de hora, otro juez tomaba la palabra y seguía con la lectura, la cual en realidad informaba pocas cosas nuevas a quienes estuvieran familiarizados con el proceso, y que sintetizaba los largos meses de debates y de presentación de documentos. A imagen y semejanza del resto del juicio, el procedimiento fue «bastante aburrido, a pesar de la tensa atención de todos. El monótono tono de los intérpretes tiene un efecto adormecedor. La exposición de motivos parece interminable».[124]

Primero hubo un largo preámbulo en el que recordaron los objetivos del tribunal, repasaron su estatuto y trazaron un balance impresionante de su actividad: recordaron que el proceso había iniciado el 20 de noviembre de 1945, los debates se condujeron en cuatro lenguas (inglés, ruso, francés y alemán) y terminaron el 31 de agosto de 1946. Todos los acusados, salvo Bormann, ausente, se habían declarado «no culpables».

«Se celebraron 403 audiencias públicas; se escucharon 33 testigos de la acusación y 61 de la defensa; además, 19 de los acusados comparecieron en persona en el estrado.

»Por otro lado, la defensa presentó 143 declaraciones por escrito. También a petición de la defensa, el tribunal nombró una comisión investigadora encargada de reunir testimonios relativos a las organizaciones, por lo que 101 testigos fueron escuchados; se presentaron 1 809 declaraciones por escrito provenientes de otros testigos, y 6 informes resumieron el contenido de un gran número de otras declaraciones: 38 000 declaraciones por escrito, firmadas por 155 000 personas, fueron presentadas en relación con los jefes políticos (136 213 para las ss; 10 000 para las sA; 7 000 para el SD; 3 000 para el Estado Mayor General y el OKW, y 2 000 para la Gestapo).

»El tribunal mismo escuchó en audiencia a 22 testigos que declararon sobre las "organizaciones".

»La cantidad de documentos de la acusación vertidos contra los acusados y "las organizaciones" alcanzó varios miles. Todos los debates fueron objeto de un acta estenografiada y de un registro sonoro».

Esto significa que más allá del ejercicio de la justicia, el proceso generó una extraordinaria fuente de documentos cuyo interés entre los historiadores no ha decaído.

El preámbulo volvía después al artículo 6 del estatuto, el cual motivó las inculpaciones, y resumía de nuevo la historia del nazismo. Ya examinamos cómo el tribunal renunció a la conspiración para los años anteriores a 1937, cómo dató la agresión de la invasión a Polonia y cómo se negó a convertir a los crímenes de guerra y a los crímenes contra la humanidad en una de las metas de la conspiración.

El 1° de octubre estuvo consagrado a las «responsabilidades individuales». El artículo 26 del estatuto preveía que «la decisión del tribunal relativa a la culpabilidad o a la inocencia de todo acusado deberá estar motivada, y será definitiva y no susceptible de revisión». Así, el fallo estaba construido para todos según el mismo modelo: un párrafo introductorio que presentaba una corta biografía del inculpado, su rol en los crímenes contra la paz, luego en los crímenes de guerra y en los crímenes contra la humanidad, y una conclusión introducida por la frase: «El tribunal declara…» culpable o inocente al mencionado y los cargos correspondientes.

Honor a quien honor merece. Göring, que había sido la estrella del proceso, ocupó el primer lugar.

Su comparecencia ante la Corte del 13 de marzo de 1946 y su contrainterrogatorio por parte del procurador Jackson fueron de los grandes momentos del juicio. Durante una semana, Göring fue la estrella, la figura a la altura que él mismo se había asignado. La sala había estado llena y la tribuna de la prensa, con frecuencia desierta, a reventar. Göring recorrió con paso firme la distancia que separaba el banquillo de los acusados del estrado de los testigos, anunció su identidad y prestó juramento. Sobre todo, había decidido asumir ante el tribunal, y de ello tenía una consciencia aguda, ante Alemania y para la Historia, toda la aventura del nazismo y del Tercer Reich. Su declaración duró seis horas, en las que habló prácticamente sin notas, solo estimulado por las preguntas de su abogado, el Dr. Otto Stahmer.

Se trató de un verdadero «último discurso de propaganda de proporciones desmesuradas, del adiós al mundo del nacionalsocialismo» como dijo con agudeza Hans Rudolf Berndorff,[125] uno de los pocos periodistas alemanes autorizados a cubrir el juicio. Los otros inculpados, incluso los que estaban en proceso de distanciarse del nacionalsocialismo al comprender la magnitud de la criminalidad del régimen, quedaron a la vez admirados e indignados. El pasado que Göring evocaba era el suyo, y en esos hombres derrotados, encarcelados desde hacía casi un año, despertó nostalgia. Para Hans Fritzsche, el relato de la carrera del mariscal se convirtió poco a poco «en el pasado reciente de toda Alemania. Ahí donde la acusación no había querido ver más que un encadenamiento de conspiraciones y de crímenes, se dibujan poco a poco el sufrimiento del pueblo alemán tras el Tratado de Versalles, la incomprensión del mundo entero ante los problemas del Reich, las tentativas de este por arreglarlos solo y después la catástrofe final. Hermann Göring describe esa aventura tal como millones de alemanes la vivieron durante años. Yo, que tanto trabajo me había costado extraer de sus discursos interminables un texto inteligible para los radioescuchas, descubrí en Núremberg a un hombre cuyas frases nítidas y claras parecían haber sido escritas de antemano. Durante los primeros meses de su cautiverio seguía siendo morfinómano, pero ahora disfrutaba de una lucidez que jamás conoció ni en la cúspide de su carrera».[126]

Albert Speer confesó su emoción: fue el «canto del cisne de Göring» que simbolizaba la tragedia del pueblo alemán, le dijo a Gilbert. «Verlo tan serio, despojado de sus diamantes y de sus condecoraciones, y pronunciar su defensa final ante un tribunal tras tanto poder, pompa y grandilocuencia fue realmente *erschütternd* ['profundamente estremecedor']».[127]

El testigo francés, Didier Lazard, también manifestó su admiración: «Su inteligencia es rápida y cartesiana. Su declaración, que duró ocho días (incluyendo la *cross examination*), fue brillante. Constreñido al silencio durante meses, habla con voluptuosidad. Expone, comenta, evoca un recuerdo, precisa una fecha. Con una memoria infalible, en un último desbordamiento de vida, pasa de los principios esenciales a los detalles más finos, vuelve a las concepciones grandiosas y parece complacerse en causarles vértigo a sus escuchas. Cuando uno ve funcionar su cerebro, comprende que haya sido por turnos ministro de Prusia, renovador de la aviación alemana, estratega, diplomático y jefe del plan de cuatro años, es decir, dictador de la economía. A veces se tiene la impresión de que el presidente del tribunal no se atreve a interrumpir esa potente voz, que esta se extenderá para siempre.

»El carisma no es menor que la inteligencia», continúa Didier Lazard. «Desde sus primeras palabras, Göring sedujo al auditorio, que empero no le era favorable. Tiene consciencia de su rango y se impone. La voz es grave, cálida, vivaz, viril. Su vocabulario es selecto, no hace ningún gesto. El personaje se siente cómodo, maestro de sí mismo: quien habla es un jefe de Estado. Pero su fisionomía tiene aspectos femeninos: un modelado de las carnes, una cierta movilidad de la expresión con la que juega con habilidad consumada; su bonhomía, por momentos, se vuelve zalamera. Un relámpago de ironía le recorre el rostro cada vez que puede dirigir un comentario mordaz a alguno de los aliados, que no le faltan. Lanza sus banderillas a la acusación».[128]

La primera noche de su declaración, Göring había devuelto su cena sin tocarla, demasiado molesto para comer: «Dese cuenta», le dijo a Gilbert, «de que después de haber estado encarcelado durante casi un año y asistido sentado, sin decir una palabra, a ese juicio durante cinco meses, de verdad tuve que hacer un esfuerzo, sobre todo durante los primeros diez minutos». Su humor era más bien serio, notó el psicólogo: «Dice que el hombre era el *Raubtier* ['depredador'] más grande del mundo, pues su cerebro le permitía lograr la destrucción a gran escala, mientras que los demás mataban solo para comer cuando tenían hambre. Estaba seguro de que las guerras serían cada vez más destructivas. Tenía como un aire de *Götterdämmerung* [*El crepúsculo de los dioses*] en el mal definido espacio de la sombría celda. (Le había pedido al guardia que no encendiera la lámpara). Uno casi podía imaginarse que sus palabras le hacían eco a la música de Wagner».[129]

Luego tocó el turno al duelo con el procurador Jackson: el arquitecto del proceso contra el segundo al mando del régimen nazi, «un combate singular a la manera de los que libraron los héroes de Homero».[130] Jackson había apuntado directo al narcisismo de Göring al preguntarle de entrada: «¿Es usted consciente de ser el único hombre vivo que puede exponernos los verdaderos fines del nacionalsocialismo?». Sí, tenía una aguda consciencia de ello, se sentía orgulloso y reivindicaba su fidelidad absoluta al *Führer*, aunque él lo hubiera repudiado. «Yo no traicioné al *Führer* ni negocié en ese momento con un solo soldado extranjero [...]. Nunca pensé ni un minuto en apropiarme ilegalmente del poder ni de actuar contra el *Führer* de ninguna manera». El procurador Jackson no soportó el aplomo del acusado. Se irritó: «Le hago notar respetuosamente al tribunal que este testigo no ha dejado de demostrar mala voluntad durante el curso de su interrogatorio. Es perfectamente inútil perder nuestro tiempo si no podemos obtener respuestas a las preguntas.

Hasta ahora, hemos perdido nuestro tiempo y me parece que este testigo ha adoptado, tanto en el estrado de los testigos como el banquillo de los acusados, una actitud despectiva y arrogante hacia el tribunal que le concede un juicio como el que nunca ha concedido a ningún alma». El presidente Lawrence no perdió la calma. La regla general aplicaba para Göring. Tras haber respondido con sí o no, el acusado podía desarrollar su respuesta. Para el público y para la prensa, el vencedor del duelo fue sin duda el mariscal.

«Se trataba en suma de una representación de carácter teatral», escribió Edgar Faure, «y en semejantes ocasiones, el veredicto del auditorio es rápido, sin matices y sin apelación».

Pero, sobre todo, Göring había empujado a Jackson al borde del ridículo. El procurador estadounidense intentaba demostrar que existían proyectos secretos de ocupación de la orilla derecha del Rin, en los cuales Göring habría estado implicado. Ilustró su demostración con un documento, firmado por Göring, que evocaba los preparativos para la «liberación del Rin». Göring pidió ver el documento original y constató que el traductor había cometido un error. No se trataba de la «liberación de Renania», sino de liberar el acceso al río. De acuerdo. Pero el procurador Jackson estaba empecinado. ¿Eran sus preparativos «de una naturaleza tal que debían ser mantenidos en secreto absoluto de las potencias extranjeras»? Göring replicó al instante: «No creo recordar haber leído en ningún sitio el anuncio de los preparativos de movilización de los Estados Unidos». La sala estalló en risas.

Pero también Jackson ganó puntos al ensuciar la imagen del combatiente puro y duro que Göring quería dar de sí mismo. Un ejemplo notable fue la tarde del 20 de marzo, cuando evocó el saqueo al que se había entregado el acusado a través de trenes llenos de tesoros artísticos provenientes de toda Europa. La respuesta de Göring no convenció a nadie, mucho menos a sus coacusados. Si se había entregado a esos actos, según él, era porque estaba reuniendo una colección de interés cultural del Estado.

Habían pasado varios meses desde aquellos ocho días de marzo de 1946 en los que Göring fue objeto de la admiración de todos. Llegó la hora de su fallo, y lo escuchó con la cabeza baja y un dedo sobre los audífonos. Fue duro: «Ninguna circunstancia atenuante puede evocarse en favor de Göring. Con frecuencia fue —y podría decirse que casi siempre— el elemento dinámico del partido, situado directamente detrás de Hitler. Fue el promotor de las guerras de agresión, tanto como jefe político como jefe militar. Dirigió el programa de trabajos forzados y fue el instigador de las medidas de persecución contra los judíos y otras razas, tanto en Alemania como en el extranjero. Todos esos crímenes los admitió sin rodeos.

»Los testimonios pueden diferir en ciertos puntos particulares, pero, en general, las propias confesiones de Göring son más que suficientes para permitir concluir su culpabilidad. Esa culpabilidad es única en su extensión. Nada en su expediente puede servir de excusa para ese hombre».

Por lo tanto, fue declarado culpable de los crímenes aludidos en los cuatro cargos del acta de acusación. Se mantuvo impasible, con los labios apretados, fijos en una sonrisa.

Luego llegó el turno de Rudolf Hess. A pesar de que los psiquiatras lo declararon siempre lo suficientemente sano de espíritu como para asumir su proceso, era evidente que estaba enfermo. Bastaba con ver su «estrecha figura terrosa con las órbitas demasiado profundas»[131] para convencerse de ello. Pero nadie pudo decretar con certidumbre si tenía amnesia o la simulaba.

Aquel 1º de septiembre de 1946, Rudolf Hess parecía ausente, indiferente a lo que se decía de él, como lo había estado con frecuencia a lo largo del proceso, leyendo novelas inglesas durante las sesiones. Ni siquiera se dignó a ponerse los audífonos. El tribunal afirmó su culpabilidad en la preparación de las agresiones, sobre todo porque había sido, hasta su huida a Inglaterra, el confidente más íntimo de Hitler. Por el contrario, aunque pareciera probable que al estar a la cabeza de la cancillería del *Führer*, hubiera tenido conocimiento de los crímenes cometidos en el Este y transmitido algunas órdenes criminales, «la participación de Hess en esos crímenes no basta para establecer su culpabilidad». Por ello, solo era culpable de los crímenes aludidos en los dos primeros cargos.

Ribbentrop era «un hombre desgastado, triste, abatido. Tiene un ojo cansado, le cuelga el párpado [...]. Su bello porte ha cedido a un profundo desplome. El elegante diplomático que se vestía en Londres y en París ya no es más que un viejo sucio y desaliñado. Todos los hilos del títere se han desprendido».[132] Durante todo el juicio, Ribbentrop había encarnado la imagen misma de la depresión y de la confusión, la de un hombre sin carácter. El fallo no fue en absoluto indulgente con él: «Von Ribbentrop, para defenderse contra las acusaciones dirigidas en su contra, pretende [hacernos creer] que Hitler tomaba todas las decisiones importantes y que él mismo, admirador y fiel discípulo suyo, no puso nunca en duda las repetidas afirmaciones con respecto a su deseo de paz, ni la validez de las razones con las que justificaba su política de agresión. El tribunal estima que esa explicación no coincide los hechos».[133]

Ribbentrop fue declarado culpable de los crímenes aludidos en los cuatro cargos por haber participado en todas las agresiones nazis desde la ocupación de Austria hasta la invasión de la Unión Soviética. «Aunque haya estado personalmente más bien implicado en la preparación diplomática que en la ejecución militar de esos actos, el hecho es que todos sus esfuerzos de diplomático estaban tan estrechamente vinculados con la guerra que no podía ignorar el carácter agresivo de los actos de Hitler. En la administración de los territorios que Alemania se había apropiado injustamente, Von Ribbentrop participó en la aplicación de métodos criminales que incluían en particular aquellos que desembocaron en el exterminio de los judíos». Los jueces concluyeron: «Fue por estar totalmente de acuerdo con la política y los planes de Hitler que Von Ribbentrop lo siguió de forma tan complaciente hasta el final».

Tampoco hubo indulgencia en el fallo concerniente a Keitel. Ante los aplastantes documentos presentados en el proceso, «el acusado Keitel no niega haber participado en los actos enumerados más arriba. Invoca, para su defensa, su calidad de soldado y el argumento de la orden superior». Sin embargo, el fallo recuerda que el artículo 8 del estatuto prevé qué «el hecho de que el acusado haya actuado conforme a las instrucciones de su Gobierno o de un superior jerárquico no lo librará de su responsabilidad, aunque podrá ser considerado como motivo de disminución de la pena si el tribunal decide que la justicia lo exige». En el caso de Keitel, los jueces no encontraron ninguna circunstancia atenuante que pudiera ser invocada a su favor. «Las órdenes superiores, incluso las dadas a un soldado, no pueden constituir circunstancias atenuantes ahí donde se cometieron crímenes tan indignantes como numerosos, de forma deliberada y despiadada, y sin la menor justificación militar».[134] Así, fue declarado culpable de los cuatro cargos.

Ernst Kaltenbrunner apareció como un personaje particularmente anodino. Víctima de un ligero infarto cerebral, no se presentó al juicio sino hasta el 10 de diciembre, con lo que le arrebató la estrella a Göring por un breve momento. El fallo indica que «cuando se convirtió, el 30 de enero de 1943, en jefe de la policía de seguridad y del SD, al igual que jefe del RSHA, Kaltenbrunner tomó a su cargo una organización que comprendía los principales servicios de la Gestapo, el SD y la policía criminal. En tanto que jefe del RSHA, tenía el rango para ordenar ya sea que se pusiera a alguien en "detención de protección" en los campos de concentración, o para liberar a los internos. Las órdenes, en ese ámbito, solían portar su firma.

»Kaltenbrunner tenía conocimiento de las condiciones de vida en los campos de concentración [...]. Kaltenbrunner ordenó personalmente las ejecuciones de internos y su servicio se encargaba de transmitir a los campos de concentración las órdenes de ejecución que emanaban de la oficina de Himmler. Al final de la guerra, Kaltenbrunner participó en la organización de la evacuación de los internos de los campos y en el exterminio de muchos de ellos, a fin de sustraerlos a los ejércitos aliados que los habrían liberado.

»El RSHA —durante el período en el que Kaltenbrunner lo dirigió— fue utilizado para la ejecución de un vasto programa de crímenes de guerra y de crímenes contra la humanidad. Los prisioneros de guerra fueron maltratados y asesinados [...]. El RSHA jugó un papel capital en la ejecución de la "solución definitiva" de la cuestión judía, que no era más que el exterminio de los judíos [...]. Kaltenbrunner estaba al corriente de esos actos criminales. En una carta escrita por él el 30 de junio de 1944, describió el embarque de 16 000 judíos para Viena y ordenó que "todos los que fueran incapaces de trabajar" fueran preparados para una "acción especial", lo que significaba su exterminio.

»Kaltenbrunner negó la autenticidad de su firma al pie de esa carta, al igual que la de numerosas órdenes que la portaban, tecleadas a máquina o impresas con ayuda de un sello, y de otras menos numerosas firmadas a mano. Es inconcebible que en cuestiones de tal gravedad su firma pudiera aparecer con tanta frecuencia sin su autorización.

»Kaltenbrunner sostiene que antes de aceptar los puestos de jefe del RSHA y de jefe de la policía de seguridad y del SD, se puso de acuerdo de antemano con Himmler para que su papel se limitara al ámbito de la inteligencia en el extranjero y que no consistiera en una supervisión general de las acciones del RSHA. También pretende que la ejecución del programa criminal había comenzado antes de que ocupara su puesto, que rara vez se le ponía al corriente de las acciones tomadas por el RSHA y que, cuando se enteraba de ellas, hacía todo lo que estuviera en su poder para detenerlas. Es verdad que se interesó en particular en la cuestión de la inteligencia en el extranjero, pero ejerció un control sobre la totalidad del RSHA; tuvo conocimiento de los crímenes cometidos por esa formación y participó activamente en muchos de ellos». Lo declararon culpable de los cuatro cargos.

Entonces llegó el turno del intelectual del partido nazi, Alfred Rosenberg. «De todos los acusados», escribió Didier Lazard, «quizá fuera el más engañoso. Tiene pinta de ser fino, serio, abierto. Uno creería que se tomaría con gusto una taza de té con él. Pero a decir de quienes lo abordaron, es un hombre poco inteligente, incapaz de mantener una conversación y que monta en cólera cuando no se está de acuerdo con él. Además, durante su declaración, la vulgaridad de su voz, su tosca mueca y su comportamiento general dieron la impresión de que no tenía distinción de espíritu».[135]

El autor de *El mito del siglo xx* no fue acusado y condenado por su rol de ideólogo, sino por el que desempeñó en el desencadenamiento de la guerra y en la organización de los territorios ocupados del Este. El hombre también había sido «responsable del saqueo sistemático de los bienes públicos y privados que se practicó en todos los países invadidos de Europa». Además, ayudó «a elaborar la política de germanización, la de la explotación del trabajo forzado y la de extermino de los judíos y de los adversarios del nazismo, y organizó la administración que ejecutó esa política». Así, era culpable de los crímenes aludidos en los cuatro cargos.

Hans Frank era un personaje enclenque que, según Didier Lazard, era al derecho «lo que Rosenberg era a la filosofía». Ese «Mefistófeles mitómano»[136] que había intentado suicidarse tras su arresto, encontró en prisión una fe católica ardiente que lo inclinó a reconocer el horror de sus crímenes. Sus declaraciones eran subrayadas por «ademanes dignos de un gran actor y murmuradas con una voz ahogada por las lágrimas».[137] ¿Cuál fue la profundidad de su nueva fe, cuáles la realidad y la autenticidad de su arrepentimiento? Probablemente no lo sepamos nunca. El fallo nota simplemente que «al principio de su declaración, Frank declaró sentir una "terrible culpa" por las atrocidades cometidas en los territorios ocupados. Su defensa se limitó en general a intentar probar que, de hecho, él no fue responsable de ellas, que solo había ordenado las medidas de pacificación necesarias, que los excesos se debieron a las actividades de una policía que no estaba bajo su control y que él ni siquiera había tenido conocimiento del régimen de los campos de concentración. También sostuvo que la hambruna no fue más que una consecuencia de la guerra y de la política seguida en virtud del plan cuatrienal, que el programa de trabajos forzados estuvo bajo la dirección de Sauckel y que el exterminio de los judíos fue efectuado por la policía y las ss bajo órdenes directas de Himmler.[138]

Los jueces concedieron que la mayor parte del programa criminal había sido ejecutado por la policía y que el acusado había tenido conflictos de competencia con Himmler, a quien Hitler casi siempre le dio la razón. Por lo tanto, era posible que una parte de los crímenes cometidos en el Gobierno General hubieran ocurrido a sus espaldas y a veces a pesar suyo. «Sin embargo, también es cierto que Frank participó voluntaria y conscientemente en las medidas de terror tomadas en Polonia, en la explotación económica de ese país —que provocó la hambruna y la muerte de un gran número de personas— y en la deportación de más de un millón de polacos para hacer trabajos forzados en Alemania. Además, participó en el programa que condujo al asesinato de al menos tres millones de judíos». Así, era culpable de crímenes de guerra y de crímenes contra la humanidad.

Frick era «un coloso de casi setenta años, vestido con un traje a cuadros».[139] Se trataba de un nazi fanático y ambicioso, cuya obra legislativa estuvo en la base de las leyes de Núremberg de 1935. Él había firmado la ley que nombraba a Heinrich Himmler jefe de la policía y también fue responsable del programa de eutanasia. Por lo tanto, la extensión de su obra criminal era considerable, y los jueces lo declararon culpable de los tres últimos cargos.

La figura de Julius Streicher y sus escritos suscitaron una repugnancia generalizada, tanto entre los nazis como, probablemente, entre los jueces. A Telford Taylor le asombró que fuera condenado a muerte sin discusión. No porque al procurador adjunto le pareciera inicua esa pena; simplemente le sorprendió que no se mencionara en el fallo que, a partir de 1940, Streicher había vivido retirado en su granja, que su periódico *Der Stürmer*, entonces su único vínculo con el exterior, ya no tiraba más de 15 000 ejemplares y que no tenía ninguna relación con Himmler ni con quienes perpetraron los crímenes en Polonia y en la Unión Soviética que el proceso evocaría durante tanto tiempo.

Walther Funk era «un hombrecillo rechoncho, de rostro insolente, que se remueve en su banco entre Streicher el despreciado y Schacht el impasible. Está tan retorcido que les da la espalda a ambos casi al mismo tiempo».[140] Por razones oscuras, suscitó una suerte de indulgencia en los jueces, quizá porque sus ambiciones fueron constantemente contrariadas y no llegó nunca a ocupar los primeros rangos a los que aspiraba. El fallo indica que había participado en los preparativos económicos de ciertas guerras de agresión, en particular las que se libraron contra Polonia y la URSS, que participó en la explotación económica de los territorios ocupados y que estuvo indirectamente vinculado con el uso de la mano de obra de los campos de concentración. No obstante, el tribunal concluyó que «a pesar del hecho de que ocupó puestos oficiales importantes, Funk nunca tuvo un papel preponderante en los distintos programas en los cuales participó. Se trata de una circunstancia atenuante que el tribunal reserva a su favor», mientras lo declaraba culpable de los actos aludidos en los tres últimos cargos.

En el orden del acta de acusación, los jueces llegaron a Schacht, el más inteligente de los acusados, y acerca del cual corrían rumores que afirmaban que los estadounidenses lo empleaban en secreto como consejero económico para su zona de ocupación. Había asistido a las sesiones del proceso «inmóvil, con la mirada a la vez maliciosa y estupefacta tras sus lentes. Su gran cabeza parece pequeñísima cuando se levanta y uno ve su gran cuerpo [...]. Es un hombre impulsivo, de carácter difícil, poco querido; sus coacusados le devuelven el desdén que él les dirige».[141]

Lo inculparon de los crímenes aludidos en los dos primeros cargos. Sin embargo, según el fallo, «Schacht no participó en el establecimiento de los planes de ninguna de las guerras de agresión aludidas en el cargo núm. 2. Es verdad que tomó parte en la ocupación de Austria y en la del territorio de los Sudetes (que por cierto no son consideradas guerras de agresión), pero fue en una medida demasiado restringida para que su acción constituyera una participación en el plan común aludido en el primer cargo.

»Es evidente que no estuvo estrechamente implicado en el establecimiento de ese plan como otros colaboradores íntimos de Hitler, que le dirigían una hostilidad no disfrazada. La declaración de Speer establece que Schacht fue arrestado el 23 de julio de 1944, tanto por la hostilidad que Hitler le manifestaba por su actitud ante la guerra, como por el hecho de la sospechaba de haber participado en la "conspiración de la bomba".

»En consecuencia, las acusaciones levantadas contra Schacht solo podrían ser sostenidas en la medida en que efectivamente hubiera tenido conocimiento de los planes de agresión nazis.

»El ministerio público brindó pruebas relativas a esa importante cuestión y la defensa un montón de documentos y testimonios. El tribunal examinó con mucha atención todas esas pruebas y concluyó que la acusación contra él es demasiado dudosa para mantenerla.

»Conclusiones: El tribunal declara que el acusado Schacht no es culpable de los crímenes aludidos en el acta de acusación y ordena que el oficial adjunto al tribunal tome todas las disposiciones necesarias para que Schacht sea puesto en libertad en cuanto se levante la audiencia».[142]

Hubo un estupor general, incluso entre los abogados, ya que ninguno había soñado con una absolución.

Después de los casos de Dönitz y Raeder, de los cuales ya hablamos bastante,[143] llegó la hora del fallo de Baldur von Schirach, «niño prodigio y niño mimado del nazismo».[144] En ese entonces tenía 39 años y era padre de cuatro hijos. En varias ocasiones durante el juicio había manifestado una intensa desesperanza ante los crímenes del nazismo y el remordimiento de haber contribuido al adoctrinamiento de la juventud alemana. Primero fue exonerado de los crímenes contra la paz: «A pesar del carácter militar de las actividades de la *Hitlerjugend*, no parece que Von Schirach haya tenido papel alguno en la ejecución de los proyectos de Hitler con miras a una expansión territorial, ni que haya participado de ninguna forma en la elaboración de los planes ni en la preparación de una de esas guerras». Sus actividades como *Gauleiter* de Viena fueron estigmatizadas y el tribunal estimó en efecto que «Von Schirach, aunque no haya generado la política de deportación de los judíos de Viena, sí participó en ella tras convertirse en *Gauleiter* de esa ciudad. Sabía que lo más favorable que podían esperar los judíos era vivir una existencia miserable dentro de los guetos del Este. Su oficina recibía informes sobre el exterminio de los judíos.

»Mientras era *Gauleiter* de Viena, Von Schirach siguió ejerciendo sus funciones de *Reichsleiter* para la educación de la juventud, y en esa condición fue informado del papel jugado en octubre de 1944 por la *Hitlerjugend* en la ejecución de un plan según el cual 50 000 jóvenes de entre diez y veinte años provenientes de los territorios recientemente recobrados por la Unión Soviética fueron evacuados hacia Alemania y empleados como aprendices en la industria y como auxiliares en las fuerzas aliadas». Así, si bien fue exculpado de los crímenes aludidos en el primer cargo, Von Schirach era culpable de crímenes contra la humanidad.

Sauckel fue considerado por Didier Lazard el ser más vil que ocupaba el banquillo de los acusados, junto con Streicher. «Sobre sus ojillos desorbitados», escribió, «no tenía frente: nada más que un cráneo en fuga, calvo y refulgente. Es el tipo de hombre concienzudo pero obtuso, fanático y mezquino a la vez, inmensamente orgulloso, con un terrible orgullo de raza y desprovisto de inteligencia. Más que nada, no tiene alma». El 21 de marzo de 1942, Sauckel había sido nombrado plenipotenciario general para la utilización de la mano de obra, con el poder de coordinar la «utilización de toda la mano de obra disponible, incluida la utilización de los obreros reclutados en el extranjero y de los prisioneros de guerra». Por lo tanto, era el hombre del Servicio del Trabajo Obligatorio, constantemente evocado durante el juicio como la «deportación» de trabajadores. «Conocía las condiciones defectuosas en las cuales vivían los trabajadores», añade el fallo, aunque recalcando que no parece que haya estado a favor, por principio, de los brutales métodos de exterminio mediante el trabajo como sí lo estuvo Himmler. Su actitud se expresa en el reglamento siguiente: «Todos los hombres deben ser alimentados, alojados y tratados de tal manera que se obtenga el rendimiento máximo con el mínimo de gastos». Sauckel, por lo tanto, estuvo «encargado de un programa que implicaba, para más de cinco millones de seres humanos, la deportación con miras al trabajo obligatorio y, para muchos de entre ellos, esa deportación se efectuaba en condiciones de crueldad espeluznantes».[145] Por lo tanto, era culpable de crímenes de guerra y de crímenes contra la humanidad.

Jodl seguía después como el último de los militares inculpados. A Didier Lazard le pareció más inteligente y más fino que Keitel, y consideraba que «la parte general de su declaración en la que describió a Hitler y a su séquito fue brillante». Los cargos que pesaban sobre él eran aplastantes y el tribunal no tuvo clemencia. El fallo señala que su defensa reposaba *grosso modo* en la teoría de las órdenes superiores, la cual había sido rechazada por el artículo 8 del estatuto. «No se puede invocar ninguna circunstancia atenuante a su favor. Ningún soldado ha sido obligado jamás a participar en semejantes crímenes y Jodl no se puede justificar de haberlos cometido escondiéndose detrás de la mística de una obediencia militar ciega». Fue declarado culpable de los crímenes aludidos en los cuatro cargos.

Von Papen fue el segundo exculpado. Ese oficial convertido en diplomático había conservado, «pasados sus setenta años, un aspecto joven y una bella presencia. La mirada es viva y el cabello, liso y plateado. Es ligeramente duro de oído», cuenta además Didier Lazard, «y a veces se inclina hacia el frente para escuchar sin sus audífonos. Es una manera de demostrar que comprende el inglés tan bien como el alemán, pues domina sus gestos al igual que sus palabras. Sin embargo, el exceso en todo es un defecto. Lo que lo condujo al banquillo de los acusados fue la astucia, impresa en su rostro».[146]

A pesar de sus pesadas responsabilidades en el *Anschluss*, lo que absolvió a Von Papen fue que la anexión de Austria no fue considerada una guerra de agresión. «Subsiste una duda sobre las verdaderas intenciones y el verdadero carácter de sus actividades; en consecuencia, el tribunal no puede sostener que haya formado parte del plan concertado aludido en el primer cargo del acta de acusación, ni que haya participado en la preparación de la guerra de agresión aludida en el segundo cargo del acta de acusación».

Después de Jodl tocó el turno de Seyss-Inquart, austriaco como Hitler y Kaltenbrunner: lo vimos preparar el *Anschluss* y convertirse en canciller de Austria por un breve período. Pero sobre todo, también fue comisario del Reich para los Países Bajos, responsable en ese cargo, entre otras cosas, de la deportación de los judíos de ese país. Se le declaró culpable de los crímenes aludidos en los tres últimos cargos.

Albert Speer fue un hombre de talento e inteligencia que supo condenar el nazismo ante el tribunal y por ende beneficiarse de grandes circunstancias atenuantes. En efecto, el fallo indica que «cabe señalar, para el descargo de Speer, que haber instituido industrias bloqueadas dejó a muchos trabajadores en sus hogares y que en el momento de las fases finales de la guerra fue uno de los pocos con el valor para informarle a Hitler que la guerra estaba perdida y en tomar medidas para evitar la absurda destrucción de los medios de producción, tanto en los territorios ocupados como en Alemania. Se opuso a la política hitleriana de "tierra quemada" en Alemania y en algunos países del Oeste, saboteándola deliberadamente, lo que implicó un riesgo personal considerable». Sin embargo, fue juzgado culpable de crímenes de guerra y de crímenes contra la humanidad.

El siguiente fue Neurath, un «potente anciano de tez sanguínea y cabellera blanca»[147] que, con sus 73 años, era el más viejo de los acusados. Ministro de Asuntos Exteriores desde la República de Weimar, se mantuvo al servicio de Hitler hasta su reemplazo por parte de Ribbentrop. Representante del «viejo honor de la aristocracia germánica», tenía, según Didier Lazard, «la irremediable lentitud del hacendado. Las mismas cualidades que habían favorecido su carrera acabaron por hundirlo: nunca se atrevió a decir no». Lo declararon culpable de los crímenes aludidos en los cuatro cargos.

El último acusado presente en el proceso y el tercero en ser absuelto fue Hans Fritzsche, cuyo rango no tenía nada que ver con los demás ocupantes del banquillo de los acusados. «Al parecer», dice el fallo, «Fritzsche hizo declaraciones enérgicas durante sus emisiones que no eran más que propaganda. Sin embargo, el tribunal no infiere de ellas que hayan tenido como fin incitar a los alemanes a cometer atrocidades contra los pueblos conquistados. Por lo tanto, no se le puede acusar de haber participado en los crímenes en cuestión. De hecho, más bien intentaba suscitar un movimiento de opinión favorable a Hitler y al esfuerzo bélico alemán».

Solo quedaba Bormann, ilocalizable, que fue declarado culpable de los crímenes aludidos en los cuatro cargos.

Después de la comida, tan solo faltaba pronunciar el veredicto. Al suspenderse la sesión, cuentan Gerhard E. Gründler y Arnim von

Manikowsky, Schacht fue asediado por cazadores de autógrafos: «Tengo dos niños de tres y cuatro años», dijo. «No conocen el chocolate. Por lo tanto, les vendo mi firma a cambio de chocolate». Hubo risas. «No lo puedo creer», comentó un periodista francés.

Mientras los condenados —que no conocían aún la naturaleza de su pena— se preparaban para ser llamados a escuchar su sentencia individual, Gilbert charló con los exculpados, quienes estaban empacando sus cosas. Fritzsche estaba tan excitado y conmovido que pareció perder el equilibrio y estuvo a punto de caer, como si tuviera vértigo. «Estoy completamente atónito», murmuró, «por haber sido puesto en libertad aquí y ni siquiera ser enviado de vuelta a Rusia. Es más de lo que esperaba». Ante todo, Fritzsche expresaba satisfacción por que el tribunal no lo hubiera asociado con el siniestro Streicher. Después explicaría su sorpresa. No era que se sintiera culpable, «sino porque desde el inicio del juicio me dio la impresión de que estaba representando a Goebbels, y que me condenarían en su lugar. De lo contrario, ¿por qué me habrían llevado ante un tribunal junto con ministros, mariscales y altos funcionarios a los que nunca había frecuentado?».[148]

Von Papen también estaba sorprendido: «Tenía la esperanza, pero no me lo esperaba en realidad». Se sacó del bolsillo la naranja que había guardado de la comida y se la dio a Gilbert, rogándole que se la entregara a su colega Neurath. Fritzsche lo imitó donando la suya a Schirach. Schacht se comió su naranja, reportó Gilbert.[149]

A las 14 h 50 se abrió la audiencia final del proceso. Duró 45 minutos, menos de dos por condenado. La prensa quedó excluida. El banquillo de los acusados estaba vacío. Uno por uno, entraron y salieron después de haber oído su sentencia. El tribunal subrayó así que efectivamente eran individuos los que estaban siendo condenados por actos personales, con lo que reafirmó su rechazo a la noción de culpabilidad colectiva, un rechazo afirmado desde la inauguración del juicio por el procurador estadounidense Jackson.

Hermann Göring, flanqueado por dos miembros de la policía militar estadounidense, fue el primero en entrar por el ascensor que durante todo el juicio había conducido a los acusados a la sala de audiencias. Un tercero le entregó sus audífonos. El presidente empezó a leer la sentencia, traducida por el intérprete, pero Göring no entendía y lo expresó. La instalación de traducción estaba defectuosa. En cuanto la arreglaron, el presidente Lawrence retomó la palabra: «Acusado Hermann Wilhelm Göring, a partir de los cargos de los cuales ha sido declarado culpable, el Tribunal Militar Internacional de Núremberg lo condena a pena de muerte en la horca».

Göring se quitó los audífonos, dio media vuelta y desapareció en el ascensor. Entonces entró Rudolf Hess, quien aún parecía ajeno a los acontecimientos, rechazó de nuevo los audífonos, esperó el veredicto —cadena perpetua— y no se movió cuando el presidente lo enunció. Uno de los guardias tuvo que darle una palmadita en el hombro para que pareciera despertar y saliera de la sala. Para Ribbentrop, Keitel, Kaltenbrunner, Rosenberg, Frank, Streicher, Jodl, Seyss-Inquart y, en ausencia, Martin Bormann: muerte por la horca; para Hess, Funk y Raeder, cadena perpetua; para Schirach y Speer, veinte años; para Neurath, 15 años; para Dönitz, por último, la pena más leve, de diez años.

Para todo el mundo, el proceso parecía haber llegado a su fin. Sin embargo, el presidente tomó la palabra. El juez soviético había pedido que se mencionara en el acta de la audiencia su desacuerdo con las tres exculpaciones, la cadena perpetua para Rudolf Hess y el perdón de tres de las «organizaciones». Según él, la absolución de Schacht estaba mal fundamentada, ya que «quedó establecido sin duda posible que Schacht participó activamente en la toma del poder de los nazis, que colaboró estrechamente con Hitler durante

12 años, que le brindó una base económica y financiera a la organización de la maquinaria de guerra alemana, que preparó la economía alemana para una guerra de agresión, que participó en la persecución de los judíos y en el saqueo de los territorios ocupados por los alemanes». En resumen, la «absolución de Schacht está en contradicción flagrante con las pruebas existentes». Según el soviético, las pruebas también establecían que Von Papen había ayudado activamente a los nazis a apropiarse del poder; que había utilizado todos sus recursos y todas sus relaciones para instituir y reforzar el régimen del terror hitleriano en Alemania; que había servido con lealtad a Hitler hasta el final, usando sus fuerzas y su habilidad diplomática para ayudar a ejecutar los planes de agresión hitlerianos. «En consecuencia», concluyó, «el acusado Von Papen tiene una gran parte de responsabilidad en los crímenes cometidos por el régimen hitleriano. Esas son las razones por las cuales no puedo estar de acuerdo con el fallo emitido al acusado Von Papen». La culpabilidad de Hans Fritzsche también había quedado claramente probada, y sus actividades habían tenido un alcance considerable en la preparación y la gestión de las guerras de agresión y de los demás crímenes cometidos por el régimen hitleriano. En cuanto a Rudolf Hess, tercero entre los jefes políticos de Alemania, el juez estimaba «que el único castigo justo para él sería la pena de muerte».

Nikítchenko también creía que existían todas las razones para haber declarado al gobierno de Hitler, al Estado Mayor General del ejército y al Alto Mando de las Fuerzas Armadas como organizaciones criminales. Así, mientras que durante el juicio los fiscales de los aliados occidentales de la URSS sacrificaron la declaración pública de la verdad histórica —como vimos al examinar la cuestión de Katyń y la del protocolo secreto soviético-germánico— para mantener la cohesión de la época de la Gran Alianza, la Guerra Fría, ya presente fuera del tribunal, entró en el juicio durante el veredicto.

Cuando los condenados regresaron uno por uno a sus celdas, Gilbert los recibió y les preguntó por su sentencia. Göring llegó dando trancos. Según Gilbert, tenía una expresión impenetrable y los ojos brillantes. «Pena de muerte», dijo tirándose en su catre y tomando un libro. «Sus manos le temblaban a pesar de sus esfuerzos por parecer indiferente. Tenía los ojos húmedos y jadeaba, luchando contra un colapso provocado por la emoción que lo embargaba. Me pidió con voz poco firme que lo dejara solo un momento». Hess, por su parte, soltó una risa nerviosa. No había prestado atención, no sabía cuál era su sentencia. Le era indiferente. Ribbentrop parecía «confundido, consternado». Ya no podría escribir «sus maravillosas memorias». Se sentó, estaba deshecho. Keitel siguió siendo Keitel. Se dio medio vuelta y se puso en posición de guardia, con los puños cerrados, los brazos rígidos y terror en los ojos: «Muerte... *¡por la horca!*», le anunció a Gilbert. «Creía que de eso, al menos, me salvaría. No le tomaré a mal que mantenga distancia con un condenado a muerte en la horca. Lo comprendo a la perfección. Pero sigo siendo el mismo de antes. Si quisiera visitarme de vez en cuando en mis últimos días...». Kaltenbrunner solo pudo pronunciar una palabra: «Muerte». Frank le dedicó una sonrisa cortés y dijo que merecía la muerte, que la esperaba, que le alegraba haber tenido la oportunidad de defenderse y de reflexionar durante el curso de esos últimos meses. Rosenberg se burló: «¡La soga! ¡La soga! Era lo que usted quería, ¿verdad?». Streicher «sonreía con desprecio»: «La muerte, obviamente. Justo lo que esperaba. Ustedes debieron haberlo adivinado desde el principio». Funk parecía no comprender el significado de «cadena perpetua»: «No me van a dejar en la cárcel toda la vida, ¿o sí?». Dönitz no sabía cómo tomarse su condena, pero afirmó que su colega, el almirante estadounidense Nimitz, lo comprendía. Raeder se negó a hablar con Gilbert, quien le preguntó acerca de su sentencia desde la puerta: «No sé. Se me olvidó», respondió el almirante. Von Schirach estaba serio y tenso: «Mejor una muerte rápida que lenta», dijo. Sauckel sudaba y temblaba; la sentencia le parecía injusta, dijo que era un hombre capaz de soportarla y se echó a llorar. Jodl reaccionó como militar, al igual que Keitel. Aceptaba la muerte, pero no en la horca: «Eso, cuando menos, no me lo merecía. La muerte, muy bien. Alguien debe cargar con la responsabilidad. Pero eso...». Se le cortó la voz: «Eso no me lo merecía». Seyss-Inquart parecía aceptar una sentencia que decía haber esperado. Lo mismo Speer, quien afirmó no poder quejarse de sus veinte años: «Ya le había dicho que las sentencias debían ser severas, y admití mi parte de la responsabilidad; por lo tanto, sería ridículo quejarme del castigo». Neurath era incapaz de hablar, mientras que Frick se encogió de hombros, diciendo que no esperaba otra cosa.[150]

Para los exculpados, las cosas no fueron sencillas. El tribunal había ordenado su liberación inmediata. Sin embargo, la policía alemana los esperaba en la puerta de la prisión, lista para arrestarlos y llevarlos ante los tribunales germanos. Así que el coronel Andrus les ofreció la hospitalidad de su prisión, donde se quedaron cuatro días, gozando de libertad de tránsito en el interior de la cárcel y del palacio de justicia, y observando por la ventana a los policías alemanes que los esperaban.

Cuando pasaron los cuatro días, Fritzsche y Schacht decidieron dejar el lugar donde habían vivido durante un año. A medianoche salieron de la prisión en vehículos separados. Fritzsche fue a la casa donde se alojaba su abogado, pero no bien había llegado lo alcanzaron los periodistas y después el jefe de policía de Núremberg. Después de negociar con los estadounidenses, obtuvo la libertad de pasearse por la ciudad, pero tenía prohibido salir de ella. Después de cuatro meses, fue llevado ante la corte encargada de la desnazificación de Núremberg y condenado a cinco años de prisión. Liberado en septiembre de 1950, murió de cáncer tres años después. Tuvo tiempo de redactar sus memorias, nunca traducidas al francés.

Schacht dejó el palacio de justicia de Núremberg para reunirse con su mujer, quien se había instalado en la ciudad. La policía alemana lo esperaba ahí. Lo condujeron a la comisaría, donde hizo tal escándalo que el jefe de la policía pidió ayuda a los estadounidenses. Fue reconducido a casa de su esposa para pasar la noche. Su abogado, el Dr. Dix, logró que el antiguo banquero pudiera circular libremente en Alemania hasta su comparecencia ante un tribunal encargado de la desnazificación. Al final lo arrestaron, estuvo en prisión hasta abril de 1947 y lo condenaron a ocho años de trabajos forzados. Su abogado apeló la sentencia y fue exculpado. A sus 71 años, sin recursos, inició una nueva carrera. En 1952, se volvió consultor de cuestiones económicas y financieras del Gobierno indonesio, y después trabajó para distintos países de Medio Oriente. Murió en 1970, a los 92 años, tras haber escrito dos libros de memorias que se tradujeron al inglés y llegaron a ser *bestsellers*.

Von Papen, como ya constatamos, era un hombre prudente y se quedó en la prisión hasta el ahorcamiento de sus coinculpados. En 1947, fue llevado ante un tribunal de desnazificación y condenado a diez años de trabajos forzados. En 1949, una apelación redujo su pena, fue liberado y pasó el resto de sus días con su familia. Murió en 1969, después de haber redactado también sus memorias.

En el Palacio de Justicia de Núremberg era hora de que los abogados presentaran las solicitudes de clemencia en nombre de sus clientes ante el Consejo de Control Aliado, de quien dependía su suerte, al igual que la de los condenados a penas de prisión. Tenían cuatro días para redactarlas. A excepción de Ernst Kaltenbrunner y de Albert Speer, todos apelaron la sentencia. Tres de ellos, Göring, Frank y Streicher, se rehusaban a hacerlo, pero sus abogados redactaron las solicitudes en su nombre. El Dr. Stahmer pidió que la pena de su cliente, Göring, se conmutara a pena perpetua o que la manera de ejecutar a quien había sido un héroe de la Primera Guerra Mundial fuera otra. Jodl y Keitel hicieron peticiones similares: morir como soldados, mientras que Raeder deseaba que su cadena perpetua se convirtiera en pena de muerte.

En realidad, el Consejo de Control no tenía las atribuciones de una corte de apelaciones, pues el fallo emitido por el Tribunal Militar Internacional de Núremberg no permitía el derecho a revisión. Más bien gozaba del poder real propio de los jefes de Gobierno, que pueden de conceder —o negar— la gracia.

El 11 de octubre de 1946, los abogados de los acusados fueron informados de que todas las solicitudes de clemencia habían sido rechazadas y debían anunciarlo a sus clientes. A partir de entonces, los condenados supieron que su muerte estaba próxima, aunque ignoraban que tan solo les quedaban cinco días de vida. Al mismo tiempo, la libertad relativa que les había concedido Andrus fue suprimida. Ya no podían reunirse ni circular por la prisión más que esposados. Los encuentros con sus familias se llevaban a cabo bajo vigilancia de la policía militar, y el 12 de octubre se les anunció que las verían por última vez.

Entre los condenados, Telford Taylor manifestó una admiración firme por Keitel. El 1.º de septiembre, tras el fin del proceso y mientras esperaba el veredicto, se había dedicado a redactar sus memorias, abarcando el período de 1933 a 1945 y manifestando así un poder de concentración inusitado. El 10 de octubre de 1946, puso punto final a su obra: «Fui transferido el 13 de agosto (1945) a una celda de la prisión de Núremberg, y espero mi ejecución el 13 de octubre. Terminado el 10 de octubre de 1946».[151]

No fue el 13, sino el 16 de octubre que ejecutaron a los condenados. Una delegación conformada por cuatro generales del

Consejo de Control llegó a la prisión para supervisar los preparativos. Ningún miembro de la acusación estaba autorizado para
asistir a la ejecución. A pesar de la firme oposición de los británicos, los representantes de la prensa —dos por cada zona de ocupación— obtuvieron permiso de asistir a los ahorcamientos. John
C. Woods, verdugo profesional experimentado, asistido por dos
soldados estadounidenses, estuvo a cargo de ellos.

Un periodista estadounidense obtuvo autorización de visitar a
los prisioneros en sus celdas. A las 21:30 h, encontró a Jodl escri-
biendo una carta, a Ribbentrop hablando con el capellán, a Sauckel
recorriendo nervioso su celda y a Göring al parecer dormido en
su catre. A las 23:40 h, el guardia se asomó a la celda de éste y
comenzó a gritar. Cuando llegó el Dr. Pflücker —encargado de
los prisioneros desde su encarcelamiento en Bad Mondorf y quien
había desintoxicado al antiguo Mariscal del Reich— ya no hubo
nada que hacer: Göring había mordido una cápsula de cianuro.

Se ha hablado mucho acerca de la manera en la que consiguió
esa cápsula. ¿La habría escondido desde el inicio de su detención
en el borde exterior de la taza del WC? ¿Se la habría entregado
Bach-Zelewski cuando fue a declarar a Núremberg? ¿La habría
mantenido oculta en su persona durante toda su detención, como
afirmaba su viuda? Telford Taylor propone una hipótesis apoyada
en las cartas escritas por Göring antes de su suicidio, conservadas
en los archivos del Consejo de Control y que pueden consultarse
desde su disolución luego de la reunificación de Alemania en 1990.
Son cuatro cartas en total, tres fechadas el 11 de octubre de 1946
—el día en que Göring se enteró de que su solicitud de ser fusilado
en vez de colgado había sido rechazada— y una sin fecha. Estaban
dirigidas al Consejo de Control, a su mujer, al pastor Gerecke —el
capellán protestante de la prisión— y al coronel Andrus. Todas
tienen el mismo tono y el mismo contenido: rechaza la muerte
infame en la horca. No existe razón alguna para someterse al castigo que definieron sus enemigos. Así, la razón de su suicidio fue

la horca. Si el Consejo de Control hubiera decidido fusilarlo, habría aceptado. En cuanto a la cápsula de cianuro, Göring afirma en una de las cartas que la había conservado durante toda su detención, primero escondida en su persona y después disimulada en un frasco de crema para la piel. Pero es posible que mintiera al respecto, o más bien que le haya ayudado uno de los guardias, Wheelis, encargado de la vigilancia del cuarto donde se guardaba el equipaje de los detenidos. Él se había encariñado con Göring, su viuda lo consideraba un «amigo» y había recibido varios regalos.

La noticia de esta muerte no se mantuvo en secreto como la de Robert Ley antes de la inauguración del proceso. Se la anunciaron a los hombres que iban a ser colgados y también a los generales del Consejo de Control y a los capellanes. «Lo pueden ver en su lecho de muerte. Está vestido con un pantalón de piyama de seda negra y un saco claro; tiene los ojos cerrados y sus pies desnudos se ven azulados por el efecto del veneno».[152]

Llegó la hora de la ejecución. Hacia medianoche, el coronel Andrus, dos testigos alemanes designados por el Consejo de Seguridad, un oficial estadounidense y un intérprete fueron a cada una de las diez celdas para leer de nuevo la sentencia a cada condenado. Les sirvieron su última cena y les ataron las manos por miedo a que también se suicidaran. El coronel Andrus condujo entonces a los testigos de la ejecución al gimnasio de la cárcel, donde se levantaban tres horcas sobre una plataforma.

El primero en ser ejecutado fue Von Ribbentrop. Dos guardias lo condujeron al gimnasio, un estadounidense le pidió que declarara su identidad y entonces subió los trece escalones que lo condujeron a la horca. «¿Tiene una última cosa que declarar?», le preguntaron, y el antiguo ministro de Asuntos Exteriores pronunció sus últimas palabras: «Que Dios proteja a Alemania y que tenga piedad de mi alma. Mi último deseo es que mi país recobre la unidad y que el Este y el Oeste se entiendan por el bien de la paz mundial». Le hizo una última seña al pastor Gerecke: «Nos vemos allá arriba». Un guardia le ató las piernas, el verdugo le cubrió la cabeza y le puso el nudo corredizo. El pastor rezó. La trampilla se abrió y el condenado desapareció con un ruido seco. Diez minutos después, tres médicos —dos estadounidenses y un soviético— desaparecieron detrás del telón negro. Ribbentrop estaba muerto.

La misma escena se reprodujo otras nueve veces de manera idéntica. Keitel, el segundo en ser ejecutado, declaró: «Ruego a Dios todopoderoso que tenga piedad del pueblo alemán. Mas de dos millones de soldados murieron antes de mí; me uniré a sus filas. Doy mi vida por Alemania». Después, Kaltenbrunner: «Serví a mi pueblo y a mi país de todo corazón. Cumplí con mi deber como lo exigía mi patria. Solo lamento que quienes nos gobernaron en esos tiempos oscuros no se hayan comportado como soldados y que se hayan cometido tantos crímenes, pero yo no participé en ellos. ¡Viva Alemania!». Rosenberg se negó a hacer una declaración. Frank le murmuró al cura católico que lo asistía: «Le agradezco la manera en la que me trató durante mi detención. Le ruego a Dios que tenga piedad de mí». La voz de Frick, por el contrario, fue firme: «Viva Alemania eterna». Julius Streicher se había negado a vestirse y hubo que arrastrarlo literalmente hasta la horca. También se negó a decir su nombre, le escupió en la cara al verdugo y le dijo: «Los bolcheviques lo colgarán pronto» y subió al patíbulo. Ahí, gritó: «Fiesta de Purim, 1946», comparando el día del castigo con la fiesta que celebran los judíos para conmemorar el día en que la reina Ester y Mardoqueo los salvaron de la muerte. Y, cuando su cabeza ya desaparecía bajo la capucha que le puso el verdugo: «¡Estoy cerca de Dios! Adèle, mi querida mujer». Fritz Sauckel, muy agitado, hizo su entrada después. Sus últimas palabras: «Soy inocente. Esta condena es un error. ¡Que Dios proteja a Alemania y le devuelva su grandeza! ¡Viva Alemania!». Alfred Jodl, al igual que Keitel, había limpiado su celda antes de ir hacia su muerte. Apareció en uniforme de gala y declaró simplemente: «Adiós, Alemania mía». Arthur Seyss-Inquart fue ejecutado al último. Declaró: «Espero que mi muerte sea el último acto de esta tragedia que fue la Segunda Guerra Mundial, y que cada quien aprenda la lección apropiada para restablecer la paz y la armonía entre los pueblos. Tengo fe en Alemania».

Los cuerpos fueron acomodados al pie de las horcas, con la cabeza aún cubierta por la capucha. Añadieron el de Göring. Un fotógrafo del ejército estadounidense fotografió los cadáveres, que habían metido en ataúdes de madera. Un camión los llevó al cementerio Este de Múnich, donde fueron incinerados en secreto absoluto. Las cenizas fueron dispersadas en el río Isar. Así, los «grandes criminales de guerra» no tuvieron una sepultura donde los futuros seguidores nazis pudieran desarrollar un culto a quienes considerarían como mártires.

Los siete condenados a penas de prisión seguían en Núremberg, en espera de que la fortaleza de Spandau, en el sector británico de Berlín, estuviera lista para recibirlos. El 18 de julio de 1947, nueve meses después del fin del proceso, fueron transferidos. La cárcel, donde eran los únicos ocupantes, se convirtió en una prisión internacional. No podrían reducir sus penas sin el acuerdo unánime de las cuatro potencias.

Konstantin von Neurath, quien tuvo una crisis cardiaca en 1952, fue el primero en ser liberado el 6 de noviembre por su avanzada edad y su estado de salud. Murió el 14 de agosto de 1956. El almirante Erich Raeder, condenado a cadena perpetua, salió libre el 26 de septiembre de 1955 por las mismas razones y murió el 6 de noviembre de 1960, después de haber tenido el tiempo y las fuerzas para escribir su autobiografía. El almirante Dönitz, condenado a tan solo diez años de prisión, salió de la fortaleza después de Raeder, el 30 de septiembre de 1956, habiendo cumplido la totalidad de su pena. Tenía 55 años, y también redactó sus memorias. Murió en 1980. El estado de salud de Walther Funk, condenado a cadena perpetua, le valió ser liberado el 16 de mayo de 1957. Murió el 31 de mayo de 1960. Baldur von Schirach y Albert Speer, ambos condenados a veinte años, fueron liberados el 30 de septiembre de 1966. El antiguo jefe de las Juventudes Hitlerianas murió en 1974. En cuanto recobró la libertad, Speer inició una exitosa carrera literaria, durante la cual publicó sucesivamente tres *bestsellers* traducidos en el mundo entero. Murió en 1981.

La inmensa fortaleza, cuyo mantenimiento y vigilancia eran muy costosos, ya no albergaba más que a un detenido: Rudolf Hess, a quien las tres potencias occidentales deseaban ver libre. Sin embargo, los soviéticos no eran de la misma opinión, pues su odio era tenaz, o tal vez deseaban seguir montando guardia cada cuatro meses en la fortaleza situada en la parte occidental de Berlín, para entonces ya separada de Berlín Oriental por un muro. Hess se suicidó en 1987. Tenía 93 años y había pasado 46 de ellos tras las rejas.

■ inculpado ■ condenado

EL VEREDICTO

ACUSADOS	CARGOS				FALLO
	plan concertado o conspiración	crímenes contra la paz	crímenes de guerra	crímenes contra la humanidad	
GÖRING Mariscal del Reich, comandante en jefe de la *Luftwaffe*	condenado	condenado	condenado	condenado	muerte
VON RIBBENTROP Ministro de Asuntos Exteriores	condenado	condenado	condenado	condenado	muerte
HESS Adjunto de Hitler hasta 1941	condenado	condenado	inculpado	inculpado	cadena perpetua
KALTENBRUNNER Jefe del RSHA	inculpado		condenado	condenado	muerte
ROSENBERG Teórico del antisemitismo, ministro de los Territorios Ocupados del Este	condenado	condenado	condenado	condenado	muerte
FRANK Gobernador general de Polonia	inculpado		condenado	condenado	muerte
BORMANN Sucesor de Hess	inculpado		condenado	condenado	muerte en ausencia
FRICK Antiguo ministro del Interior	inculpado		inculpado	inculpado	muerte
LEY Jefe del Frente del Trabajo, se suicidó en prisión el 25 de octubre de 1945					
SAUCKEL Comisario general de mano de obra	inculpado	inculpado	condenado	condenado	muerte

Acusado					Sentencia
SPEER — Ministro de Armamento y Producción Bélica	▨	▨	■	■	veinte años de prisión
FUNK — Ministro de Economía, presidente del *Reichsbank*	▨	■	■	■	cadena perpetua
SCHACHT — Presidente del *Reichsbank* hasta 1939, ministro de Economía hasta 1937	▨	▨			no culpable
VON PAPEN — Excanciller del Reich, embajador en Turquía	▨	▨			no culpable
VON NEURATH — Ministro de Asuntos Exteriores hasta 1938, protector de Bohemia-Moravia hasta 1943	■	■	■	■	15 años de prisión
VON SCHIRACH — Jefe de las Juventudes Hitlerianas, *Gauleiter* de Viena	▨			■	veinte años de prisión
SEYSS-INQUART — Comisario del Reich para Países Bajos	▨	■	■	■	muerte
STREICHER — Director de *Der Stürmer*	▨			■	muerte
KEITEL — Jefe del Alto Mando de las Fuerzas Armadas	■	■	■	■	muerte
JODL — Jefe del Estado Mayor	▨	▨	■	■	muerte
RAEDER — Comandante en jefe de la marina hasta 1943	■	■	■	■	cadena perpetua
DÖNITZ — Comandante en jefe de la marina	▨	■	■		diez años de prisión
FRITZSCHE — Director del servicio de la radio, Ministerio de Propaganda	▨	▨	■		no culpable

8

La posteridad del proceso

El nazismo presenta una particularidad única en la historia: es el único régimen que zozobró en una guerra cuyos vencedores llevaron a juicio —o más bien a varios juicios— a una parte de sus dirigentes. Sin embargo, esa secuencia de la historia alemana está llegando a su fin, ese *pasado que no quiere pasar*, siguiendo la expresión del historiador alemán Ernst Nolte, no deja de ser evocado durante episodios jurídicos y judiciales que, setenta años después de la capitulación alemana del 7 y el 9 de mayo de 1945, podríamos pensar que se agotarán pronto.

Los juicios de Núremberg fueron una innovación formidable. Los aliados de 1939-1945 triunfaron donde los vencedores de 1914-1918 habían fracasado. No obstante, los juicios fueron criticados, y eran criticables. Se trataba de una justicia de vencedores, y quizá habría sido mejor, como se sugirió en ese entonces, que los nazis fueran juzgados en un proceso organizado por los Estados que se habían mantenido neutrales durante el conflicto o por los alemanes que habían luchado, en Alemania o en el exilio, contra el nazismo. Eso lo lamentaron ciertas figuras antinazis, como el profesor Ludwig Erhard, quien en 1963 sucedió a Konrad Adenauer en el puesto de canciller de la República Federal de Alemania (RFA): «Es lamentable que en Núremberg la ley solo fuera aplicada por los vencedores. La promesa de que, a pesar de eso, aplicarían el derecho de las personas y no el de los vencedores habría sido más convincente si la espada de la ley hubiera sido dejada en manos de las potencias neutrales. Es verdad que hubo pocos neutrales en esa guerra mundial, pero ahí estaban Suiza, Suecia, Portugal, países en los que no faltan especialistas en derecho internacional ni jueces prudentes. En fin, la confianza en la jurisprudencia de esa corte y el efecto moral del fallo habrían sido mayores entre los alemanes si jueces alemanes hubieran participado en un proceso donde todos los justiciables eran alemanes».[153]

Esa seguía siendo, en 1990, la postura de Joseph Rovan, especialista en historia alemana y antiguo deportado al campo de Dachau, quien escribió: «Habría sido preferible que los nazis fueran juzgados por un tribunal alemán y según la ley alemana en vigor en 1933, suficiente para condenarlos a todos, y a la mayoría incluso a la pena capital». Rudolf von Thadden, historiador alemán, lo superó: «Sin duda había que sancionarlos de forma ejemplar. Pero en Núremberg los aliados olvidaron la voz de los alemanes de la resistencia contra Hitler. En 1933, los campos de concentración ya estaban poblados de prisioneros, todos alemanes. En 1945, las cuentas se saldaron según una falsa ecuación: de un lado, los vencedores, todos forzosamente en contra de Hitler; del otro, los vencidos, todos forzosamente nazis».[154]

Entre los vencedores se encontraba la Unión Soviética. Su presencia entre las potencias acusadoras les dio un argumento de peso a los adversarios del juicio, pues la URSS no solo había firmado un pacto de no agresión con Alemania acompañado de un protocolo en el que se dividían tranquilamente Polonia, un Estado soberano, y desatado esa guerra al mismo tiempo que el Reich alemán, sino que también había perpetrado masacres a gran escala contra los oficiales polacos, en particular en Katyń. Bronisław Baczko insiste en ese aspecto del debate: «El gran mérito del procedimiento de Núremberg residía en la definición misma de los crímenes contra la humanidad. Dicho eso, su gran defecto fue limitar la responsabilidad de esos crímenes e imputárselos *a priori* y únicamente a los alemanes. Era el proceso en el que los vencedores juzgaban al régimen nazi vencido. De un golpe, por un acuerdo tácito entre los aliados, se eliminaron los crímenes cometidos por los soviéticos. Katyń es el ejemplo más impactante. Sin embargo, si es posible hoy en día calificar el exterminio de 15 000 oficiales polacos de crimen contra la humanidad, se lo debemos, hay que reconocerlo, a la jurisprudencia de Núremberg».[155]

Más allá del caso de Katyń, ciertos críticos como Casamayor, cuyo verdadero nombre era Serge Fuster y quien formó parte de la acusación francesa del proceso, fueron más lejos y les reprocharon también sus crímenes de guerra a los aliados: «Fusilar a 100 000 hombres, mujeres, niños y viejos como lo hizo la *Wehrmacht* en Ucrania está mal. Matar a 100 000, a 200 000 hombres, mujeres, niños y viejos en un bombardeo como en Dresden, Hiroshima y Nagasaki, está bien». Esa crítica estuvo muy extendida en Alemania mientras se desarrollaba el proceso. Léon Poliakov cita una fórmula utilizada con frecuencia: «A partir de ahora, hay dos tipos de derecho internacional, uno para los alemanes y el otro para el resto del mundo».[156]

En 1947, la prensa germana estaba bajo el control aliado; no podía permitirse críticas demasiado subidas de tono. En el extranjero, la prensa no tenía las mismas restricciones. La de los países comunistas era unánime al denunciar el escándalo que según ella representaban las absoluciones de Fritzsche, Von Papen y Schacht, ya que expresaban la rehabilitación de la reacción militarista y capitalista alemana. La misma indignación podía hallarse en toda la prensa de izquierda de Francia.

En Estados Unidos y en Reino Unido, por el contrario, fue la dureza del veredicto lo que en ocasiones se convirtió en objeto de violentas críticas. El senador Taft habló de «violación de la justicia» y J. F. C. Fuller, célebre comentarista militar inglés, no dudó en comparar la suerte de los generales alemanes... con la de los judíos: «Porque en la Alemania hitleriana, como los judíos perseguidos eran considerados el enemigo interior del pueblo alemán, fueron condenados como raza, es decir, de forma colectiva». Asimismo, en su discurso *Sens du procès de Nuremberg* (El sentido del proceso de Núremberg), pronunciado en París el 25 de abril de 1945, el general Telford Taylor declaró: «Lo que en realidad está en juego ahora no es la vida de esos generales en particular, sino la influencia del Estado Mayor alemán en Alemania y, en consecuencia, en la vida de los pueblos de todos los países».

«En el primer caso», continuaba Taylor, «los judíos tuvieron que sufrir porque eran una raza que horrorizaba a los nazis; en el otro, los generales deben sufrir porque pertenecen a una organización que horroriza al mundo. Buscar una diferencia sería buscarle tres pies al gato».[157] Como se ve, esas reticencias contra los juicios de Núremberg llegaron a veces a la paradoja y al absurdo, pues equiparar a judíos y nazis es una postura histórica, intelectual y moralmente insostenible.

Con el paso del tiempo, esas críticas, si bien no parecen completamente infundadas, han perdido un poco de pertinencia. Los bombardeos, en particular el de Dresde, cuya cifra de víctimas fue revisada —20 000 en vez de 150 000, la cifra que se utiliza ahora—, o el de Hamburgo, sin duda apuntaron a la población civil, pero quienes los ordenaron no tenían como meta erradicar a los alemanes de la Tierra, ni siquiera la desaparición de las élites alemanas; los bombardeos de Hiroshima y de Nagasaki, donde se utilizó por vez primera —y última, hasta ahora— la bomba atómica, fueron violentamente criticados, en particular en Estados Unidos y por supuesto en Japón, cuyos habitantes tendieron a considerarse víctimas inocentes de un arma bárbara. Sin embargo, olvidaban lo que era el Japón de antaño y el tipo de guerra que había llevado a cabo en Asia. Al respecto, André Kaspi bien recuerda que el ejército imperial cometió crímenes de guerra y que el fanatismo extraviaba con frecuencia a los súbditos de Hirohito: «El Imperio del Sol Naciente no es la pobre víctima del verdugo». Cuando Truman tomó la decisión de utilizar la bomba, lo hizo tras mucha vacilación, «para reducir la agonía de la guerra», como anunció el novísimo presidente de Estados Unidos en su comunicado por radio del 9 de agosto de 1945: «para salvar miles y miles de vidas de jóvenes estadounidenses». La selección de ciudades no fue aleatoria: alojaban industrias de guerra e instalaciones militares. Para André Kaspi, Truman casi no tuvo otra opción.[158]

El proceso sufrió otra crítica, esta vez de orden jurídico: su jurisdicción retroactiva. Hemos visto que, durante las deliberaciones del tribunal, Donnedieu de Vabres había utilizado ese argumento para poner en duda, ya que estaba terminando el proceso y no quedaba más que el fallo, el primer cargo, el de conspiración. Así, el juicio infringiría el principio universalmente aceptado de *nullum crimen, nulla poena sine lege*, no hay crimen ni pena sin ley anterior al crimen. Los procuradores británico y estadounidense, conscientes de esa posible crítica, dieron largas explicaciones durante el proceso, demostrando en particular que la jurisdicción había integrado elementos del derecho y usos anteriores.

Durante el proceso de Núremberg, otros juicios estaban comenzando, se desarrollaban o ya habían terminado en Alemania, en cada una de las zonas de ocupación: desembocaron en la inculpación de 5 006 personas, de las cuales 794 fueron condenadas a muerte y 486, ejecutadas.

Cuando terminó el proceso de los grandes criminales de guerra, se llevaron a cabo en Núremberg, en la zona estadounidense, 12 más a los cuales Telford Taylor llamó «juicios sucesores» o «juicios de los profesionales». Durante el primero juzgaron a los médicos; durante el segundo hubo un solo inculpado, el general Milch; el tercero se concentró en los juristas. El cuarto fue para Oswald Pohl, encargado de la Oficina Principal de la Administración Económica de las ss y de la burocracia de los campos de concentración. Los dos procesos siguientes fueron contra los industriales. El séptimo apuntó contra los generales que habían operado en el sureste de Europa; el octavo, contra los miembros del RSHA (la Oficina Central de Seguridad del Reich), mientras que el noveno inculpó a los jefes de los *Einsatzgruppen*, entre ellos Otto Ohlendorf, a quien vimos testificar en el gran juicio. El décimo proceso reparó el error británico al acusar a Krupp, lo que no había sido posible antes, como ya vimos. El undécimo fue principalmente para los diplomáticos. El doceavo permitió al fin juzgar a los generales que habían atacado la URSS.

Al mismo tiempo, se habían iniciado procedimientos penales que permitían juzgar a alemanes por crímenes cometidos contra otros alemanes ante tribunales alemanes. No obstante, la cantidad de condenados por hechos en general menores, 5 288, fue muy baja. Fue difícil reunir pruebas y encontrar a los sospechosos. En efecto, «la mayoría de los alemanes estaba tan obsesionada por la preocupación inmediata de encontrar techo y sustento que casi no les quedaba tiempo para la política; y para ellos, las investigaciones sobre los crímenes nazis eran un asunto mucho más político que jurídico y moral. Además, muchos consideraban que los procesos de los gobiernos militares y los esfuerzos de desnazificación participaban en una justicia del vencedor, en medidas políticas de un bando contra otro, vencido. De ahí el cinismo que suscitaba la idea misma de castigar a la gente por lo que había hecho en tiempos de Hitler».[159]

Durante esos años (sobre todo entre 1947 y 1948), los criminales que según la declaración de Moscú de 1943 habían cometido sus fechorías en un solo país, fueron enviados a este para ser juzgados por tribunales ordinarios (ese fue el caso en Noruega, Dinamarca y Yugoslavia), por tribunales militares especiales (Grecia e Italia) o por tribunales especiales (Checoslovaquia y Polonia). Dependiendo del país, se les juzgó según el derecho penal ordinario; tuvieron que responder a categorías especiales de crímenes relacionados con el período nazi, con efecto retroactivo, o fueron juzgados según un sistema mixto que adaptaba la legislación local existente. Así, Rudolf Höss (no hay que confundirlo con su casi homónimo Rudolf Hess), quien describió Auschwitz en el juicio de Núremberg, fue juzgado y condenado a muerte en Polonia: lo colgaron en Auschwitz mismo en 1947. Otro testigo en Núremberg, el delegado de Eichmann en Eslovaquia, Grecia y Hungría, Dieter Wisliceny, fue condenado a muerte y ejecutado en Bratislava en 1947. En Francia también hubo procesos de nazis ante la justicia militar, como los de Klaus Barbie en 1952 y 1954 en Lyon, en ausencia, o los de Oberg y Knochen, ambos condenados a muerte en 1954: al final recibieron la gracia del presidente de la República Francesa.

En 1949, con la creación de la RFA y de la RDA —la ocupación de las fuerzas aliadas seguía—, los gobernadores militares, que contaban con poderes judiciales, fueron remplazados por altos comisarios aliados sin esa atribución; en los hechos, los tribunales alemanes quedaron plenamente restablecidos en su competencia para juzgar los crímenes nazis según el derecho penal alemán: 628 sospechosos nuevos fueron condenados entre 1950 y 1955, en general guardias de campos de concentración; eran cifras de una modestia extrema: la justicia y la opinión pública no querían evocar el pasado nazi. A inicios de la década de 1950, al término del funcionamiento de los juzgados de desnazificación, tuvo lugar un movimiento masivo de rehabilitación y de reintegración de funcionarios que «lavó» a muchos agentes expulsados de las administraciones.

El año 1955 marcó el regreso de la RFA a la soberanía plena. Una década después de la capitulación alemana, cuando llegaba a su fin la ocupación, se pudo pensar legítimamente que lo pasado había pasado, que se había puesto un punto final al nazismo, que ya nadie, ni en Alemania ni en ningún otro lugar, quería seguir hablando al respecto. Solo fue una ilusión. El final de los años cincuenta fue, tanto en Alemania como en el extranjero, un período en el que se revivió el recuerdo del nazismo y se retomaron los juicios.

A finales de 1958 se creó en Ludwigsburg, cerca de Stuttgart, la Oficina Central para la Investigación de Delitos Nacionalsocialistas. Erwin Schüle, su primer director, había estado encargado de la instrucción del «proceso del escuadrón» en Ulm, en septiembre de 1958. Después de la guerra, un comandante de las SS, responsable de la masacre de judíos en Lituania en 1941, había sido declarado no «involucrado» por un tribunal de desnazificación. En 1956, este hombre, que como civil era jefe de policía de Memel, solicitó que se le reintegrara en la función pública y además en el mismo puesto, el cual era bastante importante como para que lo anunciara la prensa local. Un lector reconoció el nombre del oficial y lo denunció. El asunto estremeció a toda Alemania, ya que trataba de las primeras masacres de judíos, las cometidas en el Este al paso de la Operación Barbarroja, y ejemplificaba la impunidad de la que se habían beneficiado muchos verdugos. En la mayoría de los casos, nadie se imaginó que los autores de las masacres serían encontrados.

Para paliar esa terrible injusticia, los ministros de Justicia de los *Länder* crearon una oficina de investigación cuya tarea no fue nada fácil: esos crímenes se habían cometido en el Este, en países que estaban detrás de la Cortina de Hierro. La Oficina Central para la Investigación de Delitos Nacionalsocialistas armó equipos especializados que recolectaron información y pruebas en cada sector geográfico donde habían sucedido las masacres. Una vez completada la investigación, transmitía el expediente al ministerio público del *Land* del que dependían los sospechosos, luego el ministerio público abría un procedimiento judicial y daba resultados. La Oficina exhumó el asunto del 101º batallón de reserva de la policía alemana enviado a Polonia en junio de 1942 para perpetrar masacres. La instrucción y las actuaciones judiciales llevadas por la Oficina del Procurador del Estado de Hamburgo duraron diez años, de 1962 a 1972. El expediente del batallón, conservado en Ludwisburg, le permitió al historiador estadounidense Christopher Browning escribir su obra *Ordinary men: Reserve Police Battalion 101 and the final solution in Poland* [Hombres ordinarios: el 101.º batallón de reserva de la policía y la solución final en Polonia].[160]

Es en esta atmósfera de reanudación de los procesos judiciales, impulsada por la Oficina Central para la Investigación de Delitos Nacionalsocialistas, donde hay que situar el juicio de Eichmann. El 23 de mayo de 1960, el primer ministro israelí, Ben-Gurión, anunció a la Knéset, el parlamento, que Adolf Eichmann, jefe de la oficina IV-B-4 del RSHA, cuyo papel crucial en la solución final había salido a la luz precisamente durante los juicios de Núremberg, había sido encontrado por el servicio secreto, ya estaba en Israel y sería juzgado a la brevedad. Ese juicio estaba directamente relacionado con los de Núremberg. Pero fue la primera vez en la milenaria historia del pueblo judío que uno de sus perseguidores fue juzgado por un tribunal judío.

El proceso de Eichmann tuvo entre otras funciones la de hacer entrar el genocidio en la consciencia universal, lo que el de Núremberg no había querido o podido hacer. Por lo tanto, necesitaba hacerse eco en el mundo entero: su sala de prensa acogería a 600 periodistas de todo el globo. El juicio fue filmado para la televisión (que el joven Estado hebreo aún no poseía), y transmitido sobre todo en Estados Unidos. Así, aunque se tratara del juicio de un solo hombre por crímenes de los que era personalmente responsable (y desde ese punto de vista, el proceso fue tan ejemplar como el de Núremberg, pues Eichmann fue defendido por el abogado alemán Servatius, quien había sido el de Sauckel), fue también, sobre todo, el juicio contra el genocidio. Como dijo Gideon Hausner, el procurador general israelí, se intentó escribir, en letras de fuego, el relato de un desastre nacional. Para lograrlo, Hausner optó por un proceso que otorgara el papel preponderante a los testigos, pues quería una reconstrucción vívida del desastre humano. Jackson, por el contrario, había decidido fundar la acusación de Núremberg en documentos. Hausner le confió a Rachel Auerbach, historiadora y superviviente del gueto de Varsovia, que dirigía la división de Yad Vashem encargada de reunir los testimonios, la tarea de armar una lista de testigos entre los cuales eligió: «maestros, amas de casa, artesanos, escritores, campesinos, comerciantes, obreros, médicos, funcionarios, industriales... y las personas llegaron de todos los rincones de la nación a testificar».[161] Esos testimonios, que se escuchaban por primera vez, causaron indignación y provocaron la identificación, sobre todo de los jóvenes, con el sufrimiento de las víctimas. Los testigos, cuyos relatos eran transmitidos por radio y, por primera vez, por televisión fuera de Israel, se convirtieron en el vector principal de la memoria a partir de entonces, y lo son todavía. El juicio de Eichmann completó en cierto sentido el de Núremberg, al permitir resaltar la especificidad del genocidio.

Para juzgar a Eichmann, la justicia israelí disponía de una ley en gran parte inspirada por el derecho de Núremberg. En efecto, la ley israelí de 1950 definía el crimen contra el pueblo judío, el crimen contra la humanidad y el crimen de guerra. Para los dos últimos, las definiciones habían sido tomadas del Estatuto del Tribunal Militar Internacional de Núremberg. Por su parte, el crimen contra el pueblo judío provenía de las actas inscritas en la Convención para la Prevención y la Sanción del Delito de Genocidio, aprobada por la ONU en 1948.

Ya hemos insistido en este punto: el crimen contra la humanidad no estaba, ni de lejos, en el núcleo del proceso de Núremberg. Para los estadounidenses, lo importante había sido declarar la ilegalidad de la guerra. Los *boys* ya no tendrían que atravesar el Atlántico para volar en auxilio de una Europa cuya democracia estaba amenazada. Según el juez francés, la noción de crimen contra la humanidad, que había entrado por la puerta trasera, se había «volatilizado en los hechos durante el juicio»,[162] que la vinculaba imperativamente con los demás crímenes.

El 11 de diciembre de 1946 se había tomado una resolución en la ONU, «confirmando los principios del derecho internacional reconocido por el Estatuto de la corte de Núremberg y por la suspensión de esa corte». En 1947, la ONU constituyó una Comisión de Derecho Internacional. El término *genocidio*, a duras penas utilizado durante el proceso, solo aparecía una vez en el acta de acusación, bajo la rúbrica «crímenes de guerra», y no la de «crímenes contra la humanidad»: «Se dedicaron a un genocidio deliberado y sistemático, es decir, al exterminio de grupos raciales y nacionales entre la población civil de ciertos territorios ocupados, con el fin de destruir razas o clases determinadas de población y grupos nacionales, raciales y religiosos, en particular judíos, polacos y gitanos».

El 9 de diciembre de 1948, la Asamblea General de las Naciones Unidas aprobó el texto de la «Convención para la Prevención y la Sanción del Delito de Genocidio». La palabra entró entonces en el vocabulario jurídico internacional.

Su artículo 2, retomando en general la definición de crimen contra la humanidad del Estatuto del Tribunal Militar Internacional, dice: «En la presente Convención se entiende por genocidio cualquiera de los actos mencionados a continuación, perpetrados con la intención de destruir, total o parcialmente, a un grupo nacional, étnico, racial o religioso, como tal:

a) Matanza de miembros del grupo;
b) Lesión grave a la integridad física o mental de los miembros del grupo;
c) Sometimiento intencional del grupo a condiciones de existencia que hayan de acarrear su destrucción física, total o parcial;
d) Medidas destinadas a impedir los nacimientos en el seno del grupo;
e) Traslado por fuerza de niños del grupo a otro grupo.

Los juicios continuaron en Alemania. A finales de 1964, la Oficina Central había realizado más de 700 investigaciones e, inmediatamente después del proceso de Eichmann, hubo otros juicios importantes, como el de los diez torturadores del centro de exterminio de Treblinka ante el tribunal penal de Düsseldorf, entre octubre de 1963 y septiembre de 1964, o el de los 22 miembros del personal del campo de concentración de Auschwitz en Fráncfort (1963-1955). Esos procesos debían ser los últimos. En la mayoría de los países europeos, 1965 fue el año de la prescripción de veinte años, lo que le ponía término a la posibilidad de procesar por asesinato. Si Hitler, cuya muerte seguía siendo negada por un persistente rumor, o el doctor Mengele, que efectuó monstruosos «experimentos médicos», reaparecían, no podrían ser juzgados.

Por lo tanto, desde 1964 inició un debate en varios países sobre la cuestión de la prescripción de los crímenes contra la humanidad. Fueron declarados imprescriptibles en Alemania y en Francia (por la ley del 26 de diciembre de 1964, votada por unanimidad). El 26 de noviembre de 1968, la Asamblea General de las Naciones Unidas aprobó la Convención sobre la Imprescriptibilidad de los Crímenes de Lesa Humanidad, que en su artículo primero caracteriza el crimen de genocidio, definido en la Convención de 1948.

El inicio de de la década de 1970 marca, para Francia, tras la época de la posguerra, una nueva etapa en los procesos iniciados contra los criminales que operaron en suelo francés. Entonces surgió el esfuerzo de Beate y Serge Klarsfeld, quienes se apoyaron a la vez en una meticulosa investigación de archivos sobre la movilización de los judíos de Francia y en una eficaz utilización de los medios de comunicación. Su objetivo: rastrear a los antiguos nazis que vivían en paz en la Alemania Federal, en América Latina o en Siria, como Alois Brunner, para que fueran llevados ante la justicia.

En la mira del matrimonio Klarsfeld también estaba Kurt Lischka, adjunto permanente del mando de la Gestapo y del SD en la Francia ocupada, y comandante del SD y de la Gestapo en el Gran París. Por él pasaban todas las decisiones sobre las deportaciones de los judíos de Francia hacia el Este. El 23 de octubre de 1979, gracias a las acciones de los Klarsfeld, inició en Colonia el proceso de Kurt Lischka, de Herbert Hagen (jefe de la Oficina de Asuntos Judíos del SD, durante un tiempo el superior de Eichmann, jefe de las SS de la policía alemana en Francia a partir de 1942), y de Heinrichsohn, a quien Serge Klarsfeld calificó de «pequeño engranaje». Entre 1941 y 1942, Heinrichsohn fue el adjunto de Dannecker y de Röthke en París, en la Oficina de Asuntos Judíos de la Gestapo.

Sin embargo, lo que marcó una novedad en Francia fue el proceso de Klaus Barbie. Ese juicio presenta una similitud con el de Eichmann. En 1983, Klaus Barbie estaba en suelo francés. Fue extraditado en circunstancias que algunas personas, en particular su defensa, califican de secuestro. En todo caso, ese fue el pretexto elegido por el acusado para no asistir a su proceso. Sin embargo, la similitud termina ahí. La personalidad y el papel de Barbie no tienen nada que ver con Eichmann. Las actividades de Klaus Barbie estaban limitadas a Lyon y a la región Ródano-Alpes, y eran múltiples. Como responsable de la Gestapo lionesa, apodado el «carnicero de Lyon», fue el verdugo de la Resistencia. En 1952 y 1954 fue juzgado en ausencia y condenado a muerte por otras actividades. Ninguno de los actos por los que lo juzgaron podía ser objeto de un nuevo proceso. A causa de la prescripción de los crímenes de guerra, Klaus Barbie no podía ser acusado más que de crímenes contra la humanidad, con la condición de que esos crímenes no hubieran sido ya objeto de un fallo. Tal es el caso de la deportación de los niños de la casa de Izieu, que anunciaba el telegrama presentado en Núremberg por Edgar Faure, y de la de los judíos detenidos en la redada de la UGIF (Unión General de los Israelitas de Francia), en la calle Sainte-Catherine, en Lyon.

Se trataba de algo inédito en Francia. Ningún proceso había tenido jamás como centro el genocidio de los judíos y nadie había sido inculpado hasta entonces por crímenes contra la humanidad. La personalidad de Barbie quizá no fuera la mejor como para que ese juicio fuera ejemplar. En efecto, su actividad antijudía podría parecer periférica respecto a su lucha encarnizada contra la resistencia. Barbie fue el verdugo de los resistentes, y solo de forma secundaria el de los judíos, lo que obviamente no atenuaba en absoluto su crimen.

A partir de entonces, las asociaciones de resistentes se dedicaron a modificar la definición de crimen contra la humanidad, el único imprescriptible. Y lo lograron. Al principio, el presidente de la cámara de acusaciones de la corte de apelaciones de Lyon, Hubet Ogier, al igual que el procurador general de Lyon, Pierre Truche, respetaron la definición de Núremberg. Para ellos, los resistentes eran combatientes voluntarios. Según Pierre Truche, «está, por un lado, el resistente informado de las consecuencias de un arresto para su integridad física y para su vida, y que ha aceptado con valentía los peligros incurridos [...]; por el otro está un niño judío de dos años, como el que fue deportado el 11 de agosto de 1944 por el último convoy, que aún no sabe en realidad qué es ser judío. Hay ancianos, parejas sin medios de defensa que no representan ningún riesgo para el ejército de ocupación y que por lo tanto son "inocentes". Eso quiere decir que no molestan, que son "inofensivos". Y el contrario no es "culpables", sino "ofensivos". ¿No es normal que las máximas protecciones legales se concedan a quienes no tienen protección?».[163]

La Suprema Corte no estuvo de acuerdo con los argumentos de Pierre Truche. El 20 de diciembre de 1986, extendió la definición de crímenes contra la humanidad. A partir de entonces, «constituyen crímenes contra la humanidad, en el sentido del artículo 6 (c) del Tribunal Militar Internacional anexo a la Carta de Londres del 8 de agosto de 1945 —incluso si también habrían calificado de crímenes de guerra según el artículo 6 (b) de ese texto—, los actos inhumanos y las persecuciones que, en nombre de un Estado que practique una política de hegemonía ideológica, fueron cometidos de forma sistemática no solo contra personas a causa de ser miembro de una colectividad racial o religiosa, sino también contra los adversarios de esa política, sea cual sea la forma de su oposición». Como comenta Pierre Truche: «Mientras que en Núremberg la noción de crimen de guerra había absorbido la de crimen contra la humanidad, aquí sucedió lo contrario».[164]

Conocemos el fin del proceso. Klaus Barbie, en un país donde la pena de muerte había sido abolida, fue condenado a cadena perpetua por crímenes contra la humanidad.

Con Paul Touvier, el caso se complicó aún más, pues Klaus Barbie era alemán, y Touvier, francés. ¿Podría ser juzgado (o más bien rejuzgado) por los nuevos crímenes contra la humanidad? Para hacerlo según la nueva definición, había que demostrar que Vichy practicaba una «política de hegemonía ideológica» que la milicia, que dependía de él, aplicaba.

El 13 de abril de 1992, la Cámara de Acusaciones de París desestimó el caso Touvier. Según el fallo de la cámara, si bien el Reich hitleriano había practicado una política de hegemonía ideológica, ese no fue el caso de Vichy. El veredicto hizo mucho ruido, en particular entre los historiadores, escandalizados porque los jueces se hubieran permitido declarar la historia y caracterizar la naturaleza ideológica del Estado francés. Pierre Truche, convertido en procurador general tras el juicio de Barbie, aprovechó la Suprema Corte, quien invalidó en parte el fallo de la Cámara de Acusaciones al poner de relieve que Touvier había actuado a petición de la Gestapo, y que por lo tanto era su cómplice. Refiriéndose al artículo 6 del Estatuto del Tribunal, la Suprema Corte indicó que «los autores o cómplices de crímenes contra la humanidad solo son castigados si actuaron por cuenta de un país europeo del Eje. La Cámara de Acusaciones no podía, sin contradecirse, declarar que los asesinatos ejecutados no constituían crímenes contra la humanidad y a la vez reconocer que habían sido perpetrados a petición de un responsable de la Gestapo, organización declarada criminal y perteneciente a un país que practicó una política de hegemonía ideológica». Por lo tanto, Paul Touvier fue condenado a cadena perpetua por complicidad en crímenes contra la humanidad.

Los fallos como el del 13 de abril de 1992 ya no son posibles. En efecto, el nuevo código penal, en vigor desde el 1º de marzo de 1994, integra por vez primera en el derecho penal francés las categorías de «genocidio» (definido en general conforme a la Convención sobre el Genocidio de la ONU) y «otros crímenes contra la humanidad», definidos como en el estatuto anexo a la Carta de Londres, pero, hay que precisarlo, desconectados de todo vínculo con la Segunda Guerra Mundial.

En cuanto al genocidio de los judíos, en Francia, el juicio de Maurice Papon completó de cierta forma los del gestapista Barbie y del miliciano Touvier, al abrir el expediente de la colaboración de Estado. El 2 de abril de 1998, tras 16 años de procedimiento, terminó el juicio más largo en la historia de la justicia en Francia y el antiguo secretario general de la prefectura de Gironda fue condenado en Burdeos a diez años de reclusión criminal y privación de sus derechos civiles por complicidad en crímenes contra la humanidad.

El segundo siglo XX, el que vino tras el juicio de Núremberg, no fue avaro en cuanto a masacres, campos de concentración, guerras ni exterminio de poblaciones enteras en otras partes del mundo. Vistos a la distancia, la carta y el estatuto del Tribunal de Núremberg parecen cargados de la utopía que sigue a todas las guerras: que esa sea la última, y que los hombres no tengan la memoria corta, que la recuerden, que aprendan de la Historia para que, siguiendo la fórmula, eso no vuelva a suceder.

En el 25º aniversario del juicio de Núremberg, René Cassin se preguntaba en un artículo titulado «Où en est la répression des crimes contre l'humanité1» (¿Dónde está la represión de los crímenes contra la humanidad?):[165] «Hace 25 años los juicios de Núremberg sacaron a plena luz del día los crímenes cometidos por los nazis contra la paz, contra las leyes de la guerra y contra la humanidad. En este aniversario, me gustaría recordar con qué confianza veíamos el futuro en esa época: algunos de los más grandes criminales habían sido castigados; los demás, esperábamos, lo serían pronto. Nadie dudaba tampoco que las Naciones Unidas lograrían encontrar las vías y los medios para volver imposibles para siempre los crímenes contra la humanidad [...]. Hoy en día, no obstante, en los países civilizados viven, se organizan y trabajan hombres que fueron los verdugos de cientos de miles de personas. Hoy en día, numerosos crímenes contra la humanidad se perpetran en varios países y continentes. ¿Cómo es eso posible? Los esfuerzos por proteger a la humanidad de ese tipo de crímenes no han faltado». Entonces enumeró los progresos, en particular la Convención sobre el Genocidio de 1948, que declaraba en su artículo 6 que las personas acusadas de genocidio «serán juzgadas por un tribunal competente del Estado en cuyo territorio el acto fue cometido, o ante la corte penal internacional que sea competente respecto a aquellas de las Partes contratantes que hayan reconocido su jurisdicción». Sin embargo, señalaba René Cassin, aún en 1971 «sucede que la Corte Penal Internacional nunca fue creada y que la extradición hacia los países en cuyo territorio se haya cometido el genocidio, extradición que en 1946 fue el objeto de una resolución favorable de las Naciones Unidas, no ha sido la regla general, es lo menos que se puede decir. Numerosos Estados se han negado a extraditar a criminales de guerra o a criminales contra la humanidad. El artículo 7 de la Convención sobre el Genocidio había declarado en 1948 que el genocidio no sería considerado un crimen político en cuanto a la extradición [quienes cometieron crímenes políticos gozan en general del derecho de asilo y no pueden ser extraditados] y que "Las Partes contratantes se comprometen, en tal caso, a conceder la extradición conforme a su legislación y a los tratados vigentes". Pero ese artículo no ha sido aplicado». Entonces, el gran jurista que fue René Cassin deploró que había que «temer que, en lo que concierne a la represión de los crímenes contra la humanidad, la humanidad no cuente aún con las armas suficientes y que el regreso a la barbarie no sea imposible».

Sin embargo, la posteridad de Núremberg no había terminado. Independientemente de la historia del Tercer Reich, Núremberg fue un proceso extraordinario, «un proceso curioso», escribió Casamayor, «pero sobre todo un suceso formidable en la historia política porque ese *suceso proceso* arrojó una luz incontestable sobre el *suceso guerra*».[166] Fue un proceso que contribuyó con fuerza a lo que Edgar Faure, en un texto incisivo, llamó la «condena de la memoria». Los antiguos, explicó, habían adoptado un método radical para castigar a los hombres, «y en particular a los que habían encarnado la criminalidad en el poder. La ruptura del hilo de la existencia física no les parecía una sanción proporcional a la envergadura del crimen ni susceptible de saciar la sed de los dioses. No bastaba con inmolar al criminal de Estado, había que volver hasta su nacimiento y abolirlo en la totalidad de su ciclo terrestre. Era la *condena de la memoria*. Borraba todo rastro de lo que había marcado su presencia y de lo que pudiera materializar su recuerdo. [...] Teniendo en cuenta las diferencias entre las épocas y las psicologías, [...] queremos pronunciar una condena eterna contra la memoria del nazismo y los humanos diabólicos que lo encarnaron. [...] El recuerdo de los hombres y de los crímenes debía ser, por esa maldición, no eliminado sino, por el contrario, minuciosamente conservado».[167]

El primer gran juicio internacional había impactado los espíritus. Podría haber otros. La idea de una justicia internacional seguía siendo un horizonte.

Post scriptum

La primera edición de esta obra, cuya única ambición era poner a disposición de un gran público la historia en ese entonces desconocida de los juicios de Núremberg, apareció en 1995. Se trataba de un encargo de ediciones Ouest-France, en el contexto del cincuenta aniversario de la inauguración de los juicios. En ese entonces trabajaba en el Centro de Investigación de Historia Cuantitativa, un «laboratorio» del CNRS (Centro Nacional para la Investigación Científica) instalado en la Universidad de Caen. Para el 26, 27 y 28 de octubre de 1995 habíamos organizado un gran coloquio internacional, el único hasta nuestros días celebrado en Francia, sobre los juicios de Núremberg y de Tokio. Las actas fueron publicadas al año siguiente en ediciones Complexe.

Era un período de gran optimismo. El colapso del comunismo marcaba una nueva era, la de la democracia, el liberalismo económico y los derechos humanos. Con el fin de la Guerra Fría y del obstáculo que había representado la Unión Soviética, se volvía posible la justicia internacional. Por lo tanto, era necesario reconsiderar los juicios de Núremberg, el primer acto de esa justicia internacional. ¿Realmente percibimos lo que ese proceso había tenido de excepcional? Lo que había tenido de único, al ser celebrado en condiciones que no se han vuelto a repetir: el fin del conflicto; la capitulación de la Alemania nazi; los «criminales» en manos de los aliados y la recuperación de una masa de documentos del Reich, y además la continuación (aunque solo durara poco tiempo) de la Gran Alianza de tiempos de la guerra. En fin, la posibilidad de gozar de un consenso entre los vencedores. Los procesos celebrados durante las décadas siguientes, después de 1995, nunca sucedieron en condiciones tan favorables. ¿Habíamos también cobrado consciencia de la rapidez con la cual se celebró el proceso, de su relativa brevedad, de su proximidad con los sucesos, mientras que a sus actores les pareció interminable? Es de cara a los procesos judiciales celebrados a partir de los años noventa que la excepcionalidad y la ejemplaridad de los juicios aparecieron con claridad, a pesar de las insuficiencias señaladas por sus contemporáneos y que ya he evocado. Al releer mi libro casi treinta años después de haberlo redactado, no hubo nada que cambiar y no cambié nada. Por lo tanto, fue reeditado idéntico, a excepción de este *post scriptum*.

Dos clasificaciones han tenido un gran futuro a partir de los juicios de Núremberg. Ambas fueron objeto de polémicas: el «crimen contra la humanidad», innovación jurídica de Núremberg, a partir de entonces imprescriptible, y el «crimen de genocidio», clasificación ausente del proceso, pero nacida a su sombra. En 2011, el juicio de Ivan (John) Demjanjuk en Alemania dio pie a una nueva jurisprudencia: ya no era necesario probar que el acusado cometió un crimen, bastaba con que hubiera estado presente en el campo —en este caso Sobibór— para que pudiera ser procesado y condenado por complicidad en crimen de genocidio y en crimen contra la humanidad. Por lo tanto, si bien ya no había testigos directos, en 2011 fue posible reabrir los procesos contra los últimos verdugos, lo que permitió un salto en los procesos en Alemania. Así fue juzgado Oskar Gröning, de 94 años, quien trabajaba en Auschwitz en la contabilidad de las posesiones robadas a los deportados mientras 300 000 eran asesinados en las cámaras de gas:

fue condenado a cinco años de prisión por complicidad en esos asesinatos. Luego fueron juzgados Bruno Dey, de 93 años, apostado en Stutthof, condenado por un tribunal para menores (tenía 17 años en el momento de los hechos) a dos años de prisión con libertad condicional. Irmgart Fuchner, de 96 años, dactilográfica en el campo de Stutthof, también fue juzgada en un tribunal para menores. El último proceso fue el de Josef Schütz, el más viejo de los acusados con 101 años, que había sido guardia en el campo de Sachsenhausen y que fue condenado a cinco años de prisión. Al parecer, él será el último inculpado del nazismo.

Durante el mismo período también se multiplicaron en todos los continentes los juicios por crímenes contra la humanidad y crímenes de genocidio concerniente a un número cada vez mayor de países: Serbia, Croacia y Ruanda; después, a principios del siglo XXI, Sudán/Darfur, Costa de Marfil, Libia, Siria... En paralelo, la ONU patrocinó el proceso en Camboya contra Duch, el torturador de los jemeres rojos en Tuol Sleng.

Pero al inicio las cosas tardaban en moverse. Desde luego, se crearon dos tribunales internacionales, el de La Haya para los crímenes cometidos en la ex-Yugoslavia (TPIY) y luego el de Arusha (Tanzania) para los cometidos en Ruanda (TPIR), en 1993 y 1994 respectivamente. El procurador Pierre Truche vio dos innovaciones importantes en la creación de un tribunal penal internacional con sede en La Haya para juzgar los crímenes cometidos en ex-Yugoslavia, por medio de la resolución 827 del 25 de mayo de 1993 tomada por el Consejo de Seguridad de la ONU: la primera fue el hecho de que la represión de los criminales «que no puede ser cumplida por jurisdicciones locales, teniendo en cuenta que se trata de infracciones "autorizadas" por el don de mando, es confiada a una jurisdicción internacional cuyos miembros son elegidos por la Asamblea General de las Naciones Unidas». Sin embargo, también objetó: «Pero aún no se trata del tribunal permanente reclamado desde hace décadas; el Consejo de Seguridad pondrá fin a sus funciones cuando se restauren y se mantengan la paz y la seguridad en su territorio». También señaló: «Ese tribunal tiene además poderes limitados. Por ejemplo, a diferencia de Núremberg, que pudo juzgar en ausencia a Bormann, este no lo puede hacer. Entonces, hace falta, para que los pueda juzgar, que los presuntos criminales estén a su disposición». Y, un segundo hecho importante, comentó Pierre Truche, la afirmación de «la existencia de un derecho internacional humanitario que forma parte, sin duda alguna posible, del derecho consuetudinario. En otras palabras, hay textos internacionales que se imponen a todos, sea cual sea el estado del derecho interno».[168]

El TPIY y el TPIR funcionaron durante casi dos décadas: el primero cerró sus puertas en 2017 y el segundo terminó sus actividades en 2015, remplazado por el Mecanismo para los Tribunales Penales Internacionales, para ocuparse de tres últimos sospechosos aún fugitivos. Si bien el TPIY había juzgado de inicio a peces chicos, terminó por inculpar al presidente serbio, Slobodan Milošević. La muerte del acusado cuando los debates prácticamente habían alcanzado su fin quizá haya manchado la imagen de un tribunal que los juristas consideran, a pesar de su costo, un triunfo. En cuanto al TPIR, sus estatutos fueron los mismos que los del TPIY, mientras que la situación de Ruanda era muy distinta, mucho más compleja que la de ex-Yugoslavia. Ese tribunal debía juzgar a los criminales hutus que perpetraron, en 1994, un genocidio al masacrar a cientos de miles de sus vecinos tutsis, pero en un contexto de guerra civil crónica que no había terminado mientras se investigaban los casos. De las 93 personas procesadas, el TPIR condenó a 62: altos dirigentes militares y del Gobierno, políticos, responsables de milicias, hombres de negocios y personalidades de los medios.

En 1998, por medio del tratado de Roma, se aprobó la creación de una Corte Penal Internacional, la que René Cassin había deseado ver al final de la Segunda Guerra Mundial. El tratado fue ratificado por suficientes Estados para que ese tribunal, a pesar de la abstención de Estados Unidos, comenzara a funcionar en 2002.

Así, a principios del siglo xxi, parecía cosa segura que las víctimas de las violaciones de derechos humanos en todo el mundo debían lograr que se reconocieran los crímenes y sufrimientos que habían padecido. Sin embargo, la justicia penal, larga y onerosa, no siempre es la forma más adecuada para salir de una guerra, en particular de una guerra civil. Al final de la década de 1990, la Comisión para la Verdad y la Reconciliación en Sudáfrica ofreció un modelo alternativo en ese ámbito. Inspirada y presidida por el arzobispo anglicano de Ciudad del Cabo y premio Nobel de la paz (1984) Desmond Tutu, su constitución marcó de forma explícita el rechazo a un proceso al estilo de Núremberg, demasiado largo y demasiado oneroso para el país, y que lo habría sacado del *apartheid* para lanzarlo al caos. Durante cuatro años, la Comisión organizó un formidable foro donde las víctimas pudieran tomar la palabra y ser escuchadas, pero también los criminales. Sin ocultar los crímenes ni el sufrimiento de las víctimas, permitió la instauración de una democracia en un país antes dominado por una oligarquía «racial». El baño de sangre que todos los observadores predijeron no sucedió.

Desde los años noventa, la acusación de genocidio, considerada ahora como el crimen de crímenes, es la dominante. Sin embargo, el crimen de genocidio requiere demostrar que hubo la intención de destruir un grupo en parte o en su totalidad. En su obra *Retour à Lemberg* (Regreso a Lemberg), el jurista francobritánico Phillippe Sands deplora el uso excesivo de esa clasificación, pues puede tener efectos psicológicos lamentables: al aumentar la solidaridad en el seno del grupo de las víctimas y reforzar «en un mismo movimiento los sentimientos negativos hacia el grupo que perpetró los crímenes»; así, el uso mismo de la palabra genocidio puede arruinar las posibilidades de reconciliación. El deseo de un grupo de verse reconocido como víctima de genocidio sirve entonces como parte de su identidad nacional. Philippe Sands teme también que ese fenómeno haya «debilitado nuestra concepción de crimen de guerra y de crimen contra la humanidad».[169]

Desatada el 24 de febrero de 2022, la guerra en Ucrania nos invita a volver a Núremberg. En este libro muestro que los estadounidenses construyeron el proceso en torno al crimen que, según ellos, era capital: la guerra de agresión y la conspiración preparatoria para su implementación. Al releer lo que escribí en el capítulo consagrado a ese cargo, me sorprendió, sin podérmelo explicar, que el crimen de agresión, luego de ser el primero y primordial, haya caído en el olvido y nunca se haya utilizado después de Núremberg, mientras que, en 1945-46, los crímenes de guerra y contra la humanidad eran considerados las consecuencias de esa guerra de agresión.

No tenía totalmente la razón. La guerra de agresión estuvo de nuevo en el núcleo del juicio de Tokio, inaugurado en marzo de 1946, réplica imperfecta para Asia del de Núremberg, cuya Carta había adoptado en lo esencial y que no ha interesado hasta ahora a los historiadores franceses. Los japoneses aceptaron el principio de ese Tribunal Penal Militar Internacional para el Lejano Oriente al firmar el acta de rendición. Instalado en Tokio, sufrió la decisión del general MacArthur de perdonar al emperador Hirohito. El proceso concluyó dos años y medio después, el 12 de noviembre de 1948. Con dos excepciones, los 28 acusados, principalmente militares, fueron declarados culpables de conspiración y de guerra de agresión, un cargo que durante todo el proceso fue amargamente debatido y disputado.

Ahora, la guerra en Ucrania exhumó el crimen contra la paz, es decir, el de agresión, junto con las acusaciones de crímenes de guerra levantadas contra los rusos. Esto se debe a que la retórica putiniana nos devuelve a la Segunda Guerra Mundial y la agresión contra Ucrania es irrebatible. Todos los crímenes cometidos en territorio ucraniano desde el 24 de febrero de 2022 lo han sido a partir de la agresión. En un artículo publicado por *Le Monde*, fechado el 3 de abril de 2022 y también firmado por el antiguo primer ministro británico Gordon Brown, Philippe Sands pide que se instaure un tribunal especial consagrado a ese crimen. Permitiría juzgar individualmente a Putin y a sus colaboradores cercanos. Eso también lo exige el Gobierno ucraniano, indicando que debería ser creado a partir del próximo año.

Nadie conoce el resultado de ese conflicto, ni siquiera si la justicia pasará por un tribunal especial internacional, pero el resurgimiento de ese crimen olvidado casi ochenta años después de los juicios de Núremberg acredita su fecundidad.

Septiembre de 2022.

Notas

1. De camino al juicio

[1] Citado por Gerhard E. Gründler y Arnim von Manikowsky, *Nuremberg ou la justice des vainqueurs*, traducido del alemán, París, Robert Laffont, 1969, p. 38.

[2] Citado por Gerhard E. Gründler y Arnim von Manikowsky, *Nuremberg ou la justice des vainqueurs*, *op. cit.*, p. 52.

[3] Telford Taylor, *The Anatomy of the Nuremberg Trials. A Personal Memoir*, Nueva York, Alfred A. Knopf, 1992.

[4] Telford Taylor, *The Anatomy of the Nuremberg Trials*, *op. cit.*, p. 31.

[5] Telford Taylor, *The Anatomy of the Nuremberg Trials*, *op. cit.*, p. 33.

[6] Edgar Faure, *Mémoires II. Si tel doit être mon destin ce soir...*, París, Plon, 1984, p. 21.

[7] «Rapport de la commission désignée pour examiner l'accusé Rudolf Hess», en *Procès des grands criminels de guerre devant le tribunal militaire international*, t. I., Núremberg, 1947, pp. 169-170, referido a partir de ahora como TMI seguido del número de tomo.

[8] Citado en J. Heydecker y Johannes Leeb, *Le Procès de Nuremberg*, traducido del alemán por Max Roth, París, Buchet-Chastel, 1959, p. 59.

[9] El subrayado es nuestro.

[10] Acta de la Conferencia de Londres, citada por Raul Hilberg, *La Destruction des Juifs d'Europe*, París, Fayard, 1988, p. 918.

[11] Acta de la Conferencia de Londres, citada por Raul Hilberg, *La Destruction des Juifs d'Europe*, *op. cit.*, p. 918.

[12] TMI, t. 1, p. 134.

2. El desarrollo del proceso

[13] Edgar Faure, *Mémoires II*, *op. cit.*, p. 13.

[14] Citado en Gerhard E. Gründler y Arnim von Manikowsky, *Nuremberg ou la justice des vainqueurs*, *op. cit.*, p. 124.

[15] Didier Lazard, *Le Procès de Nuremberg, récit d'un témoin*, París, Éditions de la Nouvelle Presse, 1947, p. 49.

[16] Didier Lazard, *Le Procès de Nuremberg, récit d'un témoin*, *op. cit.*, p. 49.

[17] Éditions Blandin, 1991.

[18] Casamayor, *Nuremberg, 1945. La guerre en procès*, París, Stock, 1985, p. 61.

[19] Casamayor, *Nuremberg, 1945, op. cit.*, p. 62

[20] Edgar Faure, *Mémoires II, op. cit.*, p. 16.

[21] Edgar Faure, *Mémoires II, op. cit.*, p. 17.

[22] Casamayor, *Nuremberg, 1945, op. cit.*, p. 61. Su verdadero nombre era Serge Fuster, y formaba parte de la delegación francesa.

[23] Didier Lazard, *Le Procès de Nuremberg, récit d'un témoin*, *op. cit.*, p. 27.

[24] Edgar Faure, *Mémoires II, op. cit.*, p. 20.

[25] Edgar Faure, *Mémoires II, op. cit.*, p. 20.

[26] Didier Lazard, *Le Procès de Nuremberg, récit d'un témoin*, op. cit., p. 29.

[27] Edgar Faure, *Mémoires II, op. cit.*, p. 19.

[28] Didier Lazard, *Le Procès de Nuremberg, récit d'un témoin*, *op. cit.*, p. 29.

[29] Edgar Faure, *Mémoires II, op. cit.*, p. 21.

[30] Joseph Kessel, *France Soir*, 27 de noviembre de 1945. Las crónicas de este periodista fueron reunidas en *Jugements derniers. Le procès Pétain et le procès de Nuremberg*, edición establecida, prologada y anotada por Francis Lacassin, París, Christian de Bartillat, 1995. Nuestra cita se encuentra en las pp. 98-99.

[31] G. M. Gilbert, *Le Journal de Nuremberg*, traducido del inglés por Maurice Vincent, París, Flammarion, 1947, p. 5.

[32] G. M. Gilbert, *Le Journal de Nuremberg, op. cit.*, p. 34.

[33] G. M. Gilbert, *Le Journal de Nuremberg, op. cit.*, p. 36.

[34] Didier Lazard, *Le Procès de Nuremberg, récit d'un témoin*, *op. cit.*, p. 38.

[35] Edgar Faure, *Mémoires II, op. cit.*, p. 32.

[36] Hans Fritzsche, citado por Jean-Marc Varaut, *Le Procès de Nuremberg*, París, Perrin, 1992, p. 31.

3 Plan concertado o conspiración y crímenes contra la paz

[37] Raymond Cartier, *Les Secrets de la guerre dévoilés par Nuremberg*, París, Librairie Arthème Fayard, 1946, p. 7.

[38] TMI, t. II, p. 38.

[39] TMI, t. II, p. 187.

[40] TMI, t. II, p. 188.

[41] TMI, t. II, p. 38.

[42] TMI, t. II, p. 39.

[43] TMI, t. II, p. 40.

[44] Extensamente citado durante el proceso, figura en las páginas 402-413 del tomo XXV.

[45] G. M. Gilbert, *Le Journal de Nuremberg, op. cit.*, pp. 43-44.

[46] TMI, t. XVI, p. 640.

[47] TMI, t. II, p. 281.

[48] En G. M. Gilbert, *Le Journal de Nuremberg, op. cit.*, p. 45.

[49] Robert W. Cooper, *Le Procès de Nuremberg. Histoire d'un crime*, traducido del inglés por Aline Chalufour y Suzanne Desternes, París, Hachette, 1947, p. 27.

[50] G. M. Gilbert, *Le Journal de Nuremberg, op. cit.*, pp. 45-47.

[51] TMI, t. III, p. 101.

[52] TMI, t. III, p. 101.

[53] Casamayor, *Nuremberg, 1945, op. cit.*, pp. 14-15.

[54] TMI, t. X.

[55] G. M. Gilbert, *Le Journal de Nuremberg, op. cit.*, p. 142.

[56] G. M. Gilbert, *Le Journal de Nuremberg, op. cit.*, pp. 228-229.

[57] TMI, t. X, p. 325.

[58] TMI, t. XIX, p. 399.

4. Los crímenes de guerra

[59] TMI, t. II, p. 53.

[60] TMI, t. V, p. 372.

[61] TMI, t. V, p. 377.

[62] TMI, t. V, p. 377.

[63] TMI, t. V, p. 405.

[64] Edgar Faure, *Mémoires II, op. cit.*, p. 34.

[65] Edgar Faure, *Mémoires II, op. cit.*, p. 35.

[66] TMI, t. VI, p. 128.

[67] Gilbert, *Le Journal de Nuremberg, op. cit.*, p. 132.

[68] TMI, t. VI.

[69] Léon Poliakov, *Le Procès de Nuremberg*, París, Gallimard, col. « Archives », 1971.

[70] Doc. PS 659, decreto « Nacht und Nebel », t. XXVI, pp. 245-249.

[71] G. M. Gilbert, *Le Journal de Nuremberg, op. cit.*, p. 133.

[72] TMI, t. VI, pp. 113-120.

[73] TMI, t. VII, pp. 371-388.

[74] Gerhard E. Gründler y Arnim von Manikowsky, *Nuremberg ou la justice des vainqueurs, op. cit.*, p. 181.

[75] G. M. Gilbert, *Le Journal de Nuremberg, op. cit.*, p. 152.

[76] En Gerhard E. Gründler y Arnim von Manikowsky, *Nuremberg ou la justice des vainqueurs, op. cit.*, p. 190.

[77] Sobre el asunto de Katyn, ver Alexandra Kwiatkowska-Viatteau, *Katyn, l'armée polonaise assassinée*, Bruselas, Éditions Complexe, 1989.

[78] Citado en *Le Monde*, martes 13 de junio de 1995.

[79] TMI, t. 1, p. 57.

80 Casamayor, *Nuremberg, 1945, op. cit.*, p. 165.

[81] Didier Lazard, *Le Procès de Nuremberg, récit d'un témoin, op. cit.*, p. 309.

[82] Gerhard E. Gründler y Arnim von Manikowsky, *Nuremberg ou la justice des vainqueurs, op. cit.*, p. 236.
[83] Didier Lazard, *Le Procès de Nuremberg, récit d'un témoin, op. cit.*, p. 309.
[84] G. M. Gilbert, *Le Journal de Nuremberg, op. cit.*, p. 339.
[85] J. Kessel, *Jugements derniers. Le procès Pétain et le procès de Nuremberg, op. cit.*, p. 107.
[86] R. W. Cooper, *Le Procès de Nuremberg, op. cit.*, p. 265.
[87] TMI, t. XVIII, p. 386.
[88] Gerhard E. Gründler y Arnim von Manikowsky, *Nuremberg ou la justice des vainqueurs, op. cit.*, p. 236.

5. El genocidio

[89] TMI, t. II, p. 127.
[90] Roger Errera, « Nuremberg: le droit et l'histoire », en *L'Allemagne nazie et le génocide juif*, París, Gallimard-Le Seuil, 1985, pp. 447-464.
[91] El testigo cometió aquí una inexactitud. Eichmann dirigía la sección IV-B-4.
[92] G. M. Gilbert, *Le Journal de Nuremberg, op. cit.*, pp. 106-107.
[93] Edgar Faure, *Mémoires II, op. cit.*, p. 33.
[94] *La Persécution des Juifs en France et dans les autres pays de l'Ouest présentée par la France à Nuremberg*, recopilació de documentos publicados bajo la dirección de Henri Monneray, sustituto en el Tribunal Militar Internacional, prefacio de René Cassin. – Introducción de Edgar Faure, procurador general adjunto en el Tribunal Militar Internacional, París, Éditions du Centre, 1947.
[95] Edgar Faure, en *La Persécution*, pp. 21-22.
[96] Seguimos aquí a Serge Klarsfeld, *Le Monde juif*, n° 127, julio-septiembre de 1987.
[97] G. M. Gilbert, *Le Journal de Nuremberg, op. cit.*, pp. 268-269.
[98] G. M. Gilbert, *Le Journal de Nuremberg, op. cit.*, p. 263.
[99] Retomado en el fallo, TMI, t. 1, p. 261.
[100] TMI, t. 1, pp. 267-268.
[101] TMI, t. IX, p. 655.
[102] Léon Poliakov, *Le Procès de Nuremberg, op. cit.*, p. 214.
[103] TMI, t. XVIII.
[104] Citado por Yves Ternon, *L'État criminel. Les génocides au XXe siècle*, París, Le Seuil, 1995, p. 17.
[105] R. W. Cooper, *Le Procès de Nuremberg, op. cit.*, p. 108.

6. Las organizaciones

[106] Telford Taylor, *The Anatomy of the Nuremberg Trials, op. cit.*, p. 501.
[107] Sobre el descubrimiento de los campos, ver Annette Wieviorka, *Déportation et génocide. Entre la mémoire et l'oubli*, París, Plon, 1992.
[108] Raul Hilberg, *La Destruction des Juifs d'Europe, op. cit.*

[109] Esa lista figura en Raul Hilberg, *La Destruction des Juifs d'Europe, op. cit.*, p. 924.

[110] TMI, t. 1, pp. 82-87.

[111] Didier Lazard, *Le Procès de Nuremberg, récit d'un témoin, op. cit.*, pp. 270-271.

[112] Telford Taylor, *The Anatomy of the Nuremberg Trials, op. cit.*, p. 507.

[113] Léon Poliakov, *Le Bréviaire de la haine*, París, Calmann-Lévy, 1951, p. 218.

[114] Raul Hilberg, *La Destruction des Juifs d'Europe, op. cit.*, p. 757.

[115] Dennis L. Bark et David R. Gress, *Histoire de l'Allemagne depuis 1945*, París, Laffont, 1992, p. 65.

[116] Citado en Gerhard E. Gründler y Arnim von Manikowsky, *Nuremberg ou la justice des vainqueurs, op. cit.*, p. 290.

[117] El fallo sobre las «organizaciones» se encuentra en TMI, t. 1, pp. 269-95.

[118] Bradley Smith, *The Road to Nuremberg*, citado por Dennis L. Bark y David R. Gress, *Histoire de l'Allemagne depuis 1945, op. cit.*, p. 64.

7. El veredicto

[119] G. M. Gilbert, *Le Journal de Nuremberg, op. cit.*, p. 431.

[120] G. M. Gilbert, *Le Journal de Nuremberg, op. cit.*, p. 432.

[121] G. M. Gilbert, *Le Journal de Nuremberg, op. cit.*, p. 433.

[122] Seguimos aquí a Telford Taylor, *The Anatomy of the Nuremberg Trials, op. cit.*, pp. 547-570.

[123] Citado por Taylor, *The Anatomy of the Nuremberg Trials, op. cit.*, p. 560.

[124] Joe E. Heydecker y Johannes Leeb, *Le Procès de Nuremberg, op. cit.*, p. 332.

[125] Citado en Gerhard E. Gründler y Arnim von Manikowsky, *Nuremberg ou la justice des vainqueurs, op. cit.*, p. 196.

[126] Citado en Gerhard E. Gründler y Arnim von Manikowsky, *Nuremberg ou la justice des vainqueurs, op. cit.*, pp. 198-199.

[127] G. M. Gilbert, *Le Journal de Nuremberg, op. cit.*, p. 201.

[128] Didier Lazard, *Le Procès de Nuremberg, récit d'un témoin, op. cit.*, pp. 288-289.

[129] G. M. Gilbert, *Le Journal de Nuremberg, op. cit.*, p. 99.

[130] Edgar Faure, *La Persécution, op. cit.*, p. 49.

[131] Didier Lazard, *Le Procès de Nuremberg, récit d'un témoin, op. cit.*, p. 293.

[132] Didier Lazard, *Le Procès de Nuremberg, récit d'un témoin, op. cit.*, p. 314.

[133] TMI, t. 1, p. 305.

[134] TMI, t. 1, p. 309.

[135] Didier Lazard, *Le Procès de Nuremberg, récit d'un témoin, op. cit.*, p. 296.

[136] Didier Lazard, *Le Procès de Nuremberg, récit d'un témoin, op. cit.*, p. 298.

[137] Hans Fritzsche, citado por Gerhard E. Gründler y Arnim von Manikowsky, *Nuremberg ou la justice des vainqueurs, op. cit.*, p. 239.

[138] TMI, t. 1, p. 317.

[139] Didier Lazard, *Le Procès de Nuremberg, récit d'un témoin, op. cit.*, p. 323.

[140] Didier Lazard, *Le Procès de Nuremberg, récit d'un témoin, op. cit.*, p. 316.

[141] Didier Lazard, *Le Procès de Nuremberg, récit d'un témoin, op. cit.*, p. 331.

244 | LOS JUICIOS DE NÚREMBERG

[142] TMI, t. 1, p. 331.

[143] Ver capítulo 4, pp. 126-132.

[144] Didier Lazard, *Le Procès de Nuremberg, récit d'un témoin*, *op. cit.*, p. 302.

[145] TMI, t. 1, p. 345.

[146] Didier Lazard, *Le Procès de Nuremberg, récit d'un témoin*, *op. cit.*, p. 328.

[147] Didier Lazard, *Le Procès de Nuremberg, récit d'un témoin*, *op. cit.*, p. 312.

[148] Citado en Gerhard E. Gründler y Arnim von Manikowsky, *Nuremberg ou la justice des vainqueurs*, *op. cit.*, p. 292.

[149] G. M. Gilbert, *Le Journal de Nuremberg*, *op. cit.*, p. 433.

[150] G. M. Gilbert, *Le Journal de Nuremberg*, *op. cit.*, pp. 434-436.

[151] Telford Taylor, *The Anatomy of the Nuremberg Trials*, *op. cit.*, p. 608.

[152] Gerhard E. Gründler y Arnim von Manikowsky, *Nuremberg ou la justice des vainqueurs*, *op. cit.*, p. 304.

8. La posteridad del proceso

[153] Citado en Léon Poliakov, *op. cit.*, p. 274.

[154] *L'Histoire*, n° 136, septiembre de 1990, p. 63.

[155] *L'Histoire*, n° 136, septiembre de 1990, p. 63.

[156] Léon Poliakov, *Bréviaire de la haine*, *op. cit.*, p. 274.

[157] Léon Poliakov, *op. cit.*, p. 276.

[158] André Kaspi, «Fallait-il bombarder Hiroshima?», *L'Histoire*, n° 188, mayo de 1995, pp. 42-49.

[159] Dennis L. Bark y David R. Gress, *Histoire de l'Allemagne depuis 1945*, *op. cit.*, p. 65.

[160] La versión consultada fue la traducida al francés y publicada en París por Les Belles-Lettres, 1994.

[161] Citado por Tom Seguev, *Le Septième Million*, París, Liana Levi, p. 400.

[162] Citado por Pierre Truche, « Le crime contre l'humanité », en *Les Cahiers de la Shoah*, bajo la dirección de André Kaspi, Liana Levi, p. 35.

[163] Citado por Pierre Merindol, *Barbie, Le Procès*, París, 1987, p. 14.

[164] Pierre Truche, «Le crime contre l'humanité», *op. cit.*, p. 39.

[165] *Le Monde juif*, n°s 60-61, octubre-marzo de 1971.

[166] Casamayor, *Nuremberg, 1945*, *op. cit.*, p. 14.

[167] Edgar Faure, *La Persécution*, *op. cit.*, pp. 13-14.

Post scriptum

[168] Pierre Truche, «Le crime contre l'humanité», *op. cit.*, p. 37.

[169] Philippe Sands, *Retour à Lemberg*, Albin Michel, 2017, p. 445.

Índice onomástico